［新装版］

最善の答えが見つかる魔法のツール

カバラの叡智
生命の木
パーフェクトガイドBOOK

はじめに

この本を手にとっていただき、ありがとうございます。

あなたがこの本を手にとったきっかけは何でしょう？

生命の木というタイトルにひかれて
何となく目についたから
カバラに興味がある
自分のことを理解したい
悩みを解決したい　　など

きっかけはさまざまかと思いますが、この本を手にとったということは、

「宇宙の叡智《えいち》を受け取る準備ＯＫ」

というサインです。

「カバラ」とは、ヘブライ語で「受け取る」という意味を持ちます。

この本は、古代より「ユダヤの秘教」として、求める人にのみ伝えられてきた「カバラ」の教えの中心となる「生命の木」について書かれています。

「生命の木」は、自分自身を含めたこの世界、宇宙全体を理解するための優れた道具です。

現代では、インターネットで「カバラ」や「生命の木」を検索すれば、誰でも、簡単に情報が手に入るようになりました。

けれども、どんなに優れた道具であっても、使い方がわからないと役に立ちません。

この本は、宇宙の叡智である「生命の木」という道具を日常で活かすための説明書です。

説明書を読んで、「面白そう！」と思ったところから、どんどん使ってみてください。使っていくうちに、「こんな便利な機能があるんだ」と気づいたり、意味がわからなかったことが、ある時、すっと入ってくることもあります。

「生命の木」に親しむと、さまざまな気づきがやってきます。十分に使いこなせれば、自分自身や世界を、異なる視点から見ることができます。目の前にある問題も、宇宙的な視点から見ると、問題ですらないことに気づくかもしれません。

愛とパワー、善と悪、天と地、男性性と女性性など、二元性の中で揺れ動く私たちが、上手にバランスをとりながら、この世界で心地よく生きること。

自分の才能を活かして、お互いに助け合い協力し合いながら、地球に貢献し、成長すること。

そのために、天から与えられた道具が「生命の木」であると、私は思っています。

私たち一人一人の生命の木が地球にしっかりと根づき、今この瞬間に美しく調和して輝きますように。

この本が、皆様の中にある生命の木を育てるきっかけになれば、うれしいです。

カバラの叡智 〔新装版〕生命の木パーフェクトガイドBOOK 目次

第2章　10のセフィロト　57

第3章　生命の木のワーク　120

応用編

第1章 22のパス　162

●エクササイズ一覧

ブック&カードデザイン　takaokadesign
カバー画像　Legolena/Shutterstock.com
タロットカード図版提供　西洋魔術博物館
http://www.elfindog.sakura.ne.jp

基礎編

第1章　生命の木の仕組み

生命の木とは？

生命の木は、ユダヤ教の秘教であるカバラの中心となる教えです。その名の通り、生命あるものすべての背後に存在する、宇宙の法則を表した図です。世界がどのように創造されたのかを示す創造の歴史であり、私たちがどのように今の状態に至り、どのように故郷に戻るかを示す地図でもあります。生命の木には、宇宙のあらゆるものを分類整理し、理解するための方法が示されています。

宇宙のすべてですから、そこには人間も含まれます。生命の木に働きかけると、宇宙の叡智につながる回路が開かれます。生命の木は「自分自身を理解する」助けになります。人生で道に迷った時には、現在地や目的地を示してくれる地図やナビゲーションとして使うことができます。また、さまざまな物事を分類整理し、いつでも必要な情報や解決策を取り出せる、自分専用の便利な〈整理棚〉としても使うことができます。

私たちが日常生活で感じるストレスは、「どこかバランスが乱れています」という合図です。初めは小さなストレスでも、そのまま放置しておくと体調をくずしたり、やる気をなくしたり、人生の彩りを欠いてしまうことがあります。すぐに対処できればいいのですが、原因がわかっても対処法が見つからない、何が原因なのか判断がつかないことも多々あります。そうした時に生命の木を通して自分自身を見つめると、今まで気づかなかった解決方法を見つけることができます。生命の木は、私たちが意識を成長させ、人生にバランスと調和をもたらすために、スピリットの世界から人間に与えられたギフトなのです。

大変便利な道具である生命の木ですが、ベースとなる知識がないと、興味があってもなかなか使いこなすのが難しくもあります。古代の叡智が詰まった生命の木ですから、その中には一生かけても学びきれないほどの情報が存在します。

この本は生命の木を初めて知る方にもわかりやすく、日常に生命の木を活用できるように、できる限りシンプルな内容にまとめました。この本を読んで、「生命の木って面白い」と思っていただけたなら、カバラや生命の木については多くの書籍が出版されていますので、ぜひピンとくるものを読んでみてください。

難解なものも多いのですが、読んだ時に内容が理解できなくても、しばらく時間をおきましょう。生命の木に働きかけ、自分自身の生命の木が成長するにつれ、「今までわからなかったのに、いつの間にか理解できるようになった」ということが起こります。私は20年以上、カバラや生命の木を学んでいますが、いまだに理解できないことが山ほどあります。でも、自分の意識が成長すればもう少し理解が進むこと、日々の経験を通して気づきが増すことがわかっています。植物の成長には、枝葉が伸びてぐんぐん成長する時期もあれば、目には見えなくても大地にしっかり根を張る時期もあります。だから、焦らずマイペースで自分の生命の木を育てるようにしています。

カバラは、「受け取る」という意味のヘブライ語です。古代より、「師が弟子の成長の過程に応じて適切な内容を授ける」という手法で伝えられてきました。現代においても、生命の木と向き合うと多くのインスピレーションを受け取ることができます。書籍からも必要な知識を得ることができますし、カバラや生命の木について学べるスクールやセミナーもあります。カバラの叡智はさまざまなスピリチュアルな教えの背景に溶け込んでいますので、別の体系を通して学ぶこともできます。

「学ぶ準備が整えば師が現れる」という諺《ことわざ》があります。進化のスピードが加速する今この時代では、師が人間であるとは限りません。植物や動物、鉱物、惑星、大天使やマスターなど、あらゆる存在が師となり、私たち人間の成長を助けようと協力してくれています。神性を持つ人間本来の姿として、目覚めて生きたいと願う人は、すでに「受け取る」準備が整っています。学ぶ姿勢があれば必要な知恵が与えられ、受け取った知恵を日々の生活に活かしながら、生命の木を天に向かって上っていく。そうして私たちは、いくつもの人生をかけて魂を成長させる旅を続けているのでしょう。

生命の木を使いこなすために

まずは生命の木の全体の構造を把握しましょう。次に占星術やタロット、色や香り、身体など、あなたの興味のある分野から生命の木とのつながりを作ってください。つながりを作るには、頭で考えるだけでなく、身体を動かす、フィーリングを受け取る、瞑想する、など、さまざまな方法があります。五感を活用することが、生命の木の4つの世界の扉を開く鍵となります。各項目の終わりに、簡単にできるエクササイズを紹介していますので、ぜひ試してみてください。エクササイズは、「何となくわかる」という感覚がつかめればＯＫです。楽しみながら進めましょう。学ぶ時に、楽しむことはとても大切です。楽しいことは簡単に覚えられ、楽しいから繰り返すことが苦にならず、繰り返し行うことで自然に身につき、さらに探求したくなるものです。

生命の木を育てるために必要なのは、水と肥料と土、そして光と愛。水は大いなる宇宙への信頼、肥料は知識、土は体験、光は気づきです。愛はあるがままを受け入れることです。私たち一人一人が周囲に光と愛を放つ生命の木となって、地球と一緒に成長し、宇宙全体の進化に貢献できるよう、生命の木は導いてくれます。

カバラと生命の木の歴史

生命の木はどのようにして、この地上にもたらされたのでしょう？

カバラではこのように説明しています。

神は自分の姿を見たいと思い、すべてを満たしている全体から、少しだけ身体を縮めました。するとそこに神が神自身を見る鏡となるスペースが作られ、神の意志が光となって流れ出ます。流れ出た光は雷光のようにジグザグに進みながら、10個の結晶を生み出します。それは鏡に映し出された神自身の姿である神性の顕《あらわ》れでした。

伝説では、神が大天使に、神の叡智（カバラ）について話したと伝えられています。常に神の傍らに控える大天使ラツィエル（もしくは大天使ラジエル）は、神の言葉をすべて書き写しました。それは「ラツィエル（ラジエル）の書」と呼ばれています。大天使ラツィエルは、アダムとイブが楽園を出る際に、「この本はパラダイス（天国）[*1]に戻る地図だから、決して失くさないように」と伝えて渡します。アダムは「ラツィエルの書」を「大切な本だから失くさないように」と子孫に伝え残しますが、どこかで失われてしまいます。その後、「ラツィエルの書」はアブラハムに授けられますが、子孫に受け継がれるうちに、再び失われてしまいます（アブラハムが洞窟に隠したという説もあります）。その後、「ラツィエルの書」は、エジプトからユダヤの民を脱出させたモーセに授けられます。それが現在のカバラの源であると伝えられています。

＊1　「パラダイス」の語源はヘブライ語の「pardes」（果樹園）に由来します。

実際のところ、カバラの歴史的起源ははっきりしていません。アブラハムがセーラム（イスラエル）の王メルキゼデクから秘儀として伝授されたもののうち、〝文字には示せない〟秘密の教えがルーツであるという説があります。また、「チャリオットの仕事」[＊2]と呼ばれる古くからの瞑想法がルーツであり、紀元前6世紀から紀元前1世紀ごろにかけてカバラとして発達したという説もあります。いずれにしても、長い間、秘密の教えとして隠されてきましたが、13世紀になって一部の人々の前に現れたことから、教えが広まりました。カバラでは、「トーラ」[＊3]、「創造の書」[＊4]、「ゾハール」[＊5]の3つを経典としています。

＊2　「チャリオットの仕事」（マアセ・メルカバー）：瞑想を通して神と一体になる修行法。

＊3　「トーラ」（律法の書）：モーセが書いたと伝えられる旧約聖書の最初の5つの書。創世記、出エジプト記、レビ記、民数記、申命記。

＊４　「創造の書」（セフィール　イエッツラー）または「形成の書」：アブラハムにより書かれたと伝えられていますが、３〜６世紀ごろにラビ・アキバとラビ・ハラビによって書かれたとも考えられています。セフィロトの概念、宇宙の創造やヘブライ語のアレフベートの神秘について説明されています。

＊５　「ゾハール」（光輝の書）：13世紀にスペインで発見された複数の小冊子を、ラビ・シモン・バー・ヨハイ、あるいはモーゼス・デ・レオンが編纂《へんさん》したと考えられ、生命の木やアダムカドモンなど「トーラ」の神秘的な解釈についてまとめられています。

生命の木の構造

生命の木は10個の光の輪と、それをつなぐ22本のライン、1個の輪で構成されています。光の輪をヘブライ語でセフィラ（単数形）、セフィロト（複数形）と呼び、ラインをパス（小径）と呼びます。点線で描かれた輪は、ダアトと呼ばれ、セフィラではないとされています。

セフィロトおよびセフィラの語源は「サファイア」や「シファー」（数）に関係すると考えられています。

セフィロトには、閃光が降りる順番に1〜10の数がふられ、各セフィラの特質を表すヘブライ語の名前があります。伝統的には、生命の木全体のセフィロトとパスを合わせて「32の知恵の経路」と呼びます。

世界の始まり

カバラでは世界の始まりを次のように説明します。アインからアイン　ソフ、アイン　ソフ　オールが現れ、一点に集まります。その一点が生命の木の最初のセフィラのケテルです。ケテルは、後に生まれてくる9個のセフィラの種を含んでいます。ケテルから閃光が瞬く間に走り抜け、最後のセフィラのマルクトに到達し、形なきものから世界が形となって現れます。

・アイン　無　何も存在しない絶対的な無

アイン[*6]は何もないことを意味するヘブライ語です。アインはすべての現れの元ですが、それ自体は存在していない、絶対的な無です。何かが存在するためには、無が存在している必要があります。ここには、無が存在することに気づいている意識があります。それを神[*7]とするならば、神は存在を超えていて、未知なるものであり、時間や空間を超えて、あらゆるところに満ちています。カバラの経典の1つである「ゾハール」（光輝の書）には、「この世界にどんな姿も造る前、この世界にどんな形も与える前、『彼』は一人きりであり、形もなく、何物にも似てはいなかった。その時、誰が『彼』を『彼』として認めることができようか、創造の時、即ち『彼』が形を持たぬ時に？」とあります。アインは、知性で理解できるものではなく、言葉で表現することもできないものです。

・アイン ソフ　無限

アイン ソフは、限りがないことを意味します。神が自分自身を見たいと望んだことで、アインから現れたもので、アイン ソフは、限りがなくあらゆるところに存在しています。アイン ソフは、存在するものと存在しないものを合わせた全体を表します。

・アイン ソフ オール　無限光

オールは光を意味し、光は神の意志を表します。無から無限、そして無限光が現れ、そこから一筋の光が流れ出し、最初のセフィラが結晶化し、全部で10個のセフィラを持つ生命の木が顕現します。

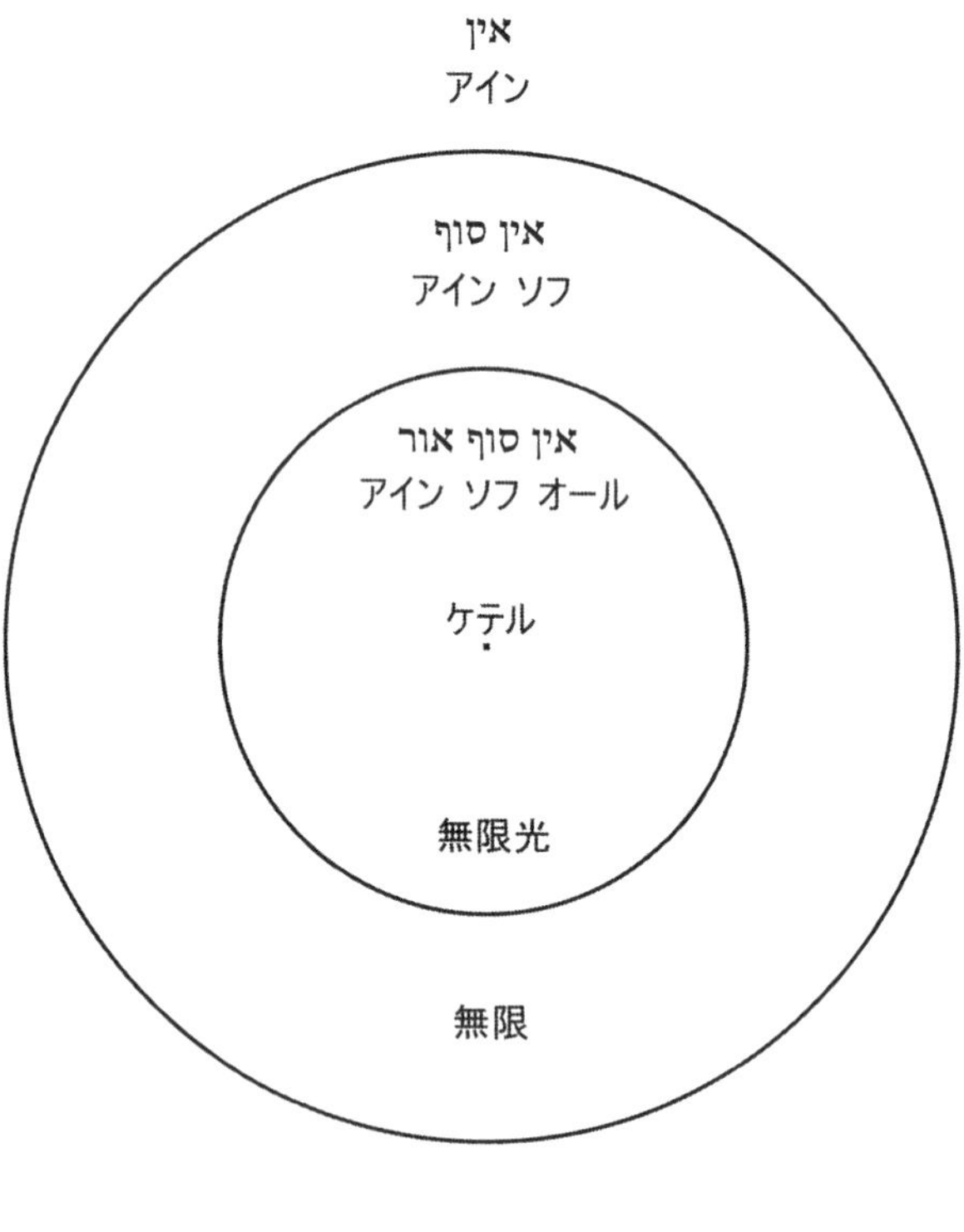
אין
アイン
אין סוף
アイン ソフ
אין סוף אור
アイン ソフ オール
ケテル
無限光
無限
無

図1　世界の始まり

エクササイズ1　世界の始まり

リラックスして目を閉じます。

世界の始まりをイメージしましょう。

まったく何もない暗闇の中に閃光が生まれます。閃光はジグザグに稲妻のように走り、あたり一面すべてが輝き、しばらくして光は消えます。後にはジグザグの光の残像と、残像の一部に光の輪が残ります。生命の木の誕生です。

＊6　「アイン」という表記が浸透していますので、それに倣《なら》って表記していますが、発音すると「エイン」に近い音になります。

＊7　この本における「神」という言葉は、特定の神を意味するものではなく、この世界を創造した創造主、あるいは光、何らかの意志を表しています。

セフィロト

生命の木の10個の輪をセフィロトと呼びます。セフィロトは、神から流れ出た10の神性（神の性質）です。各セフィラには、神性を表すヘブライ語の名前がつけられています。

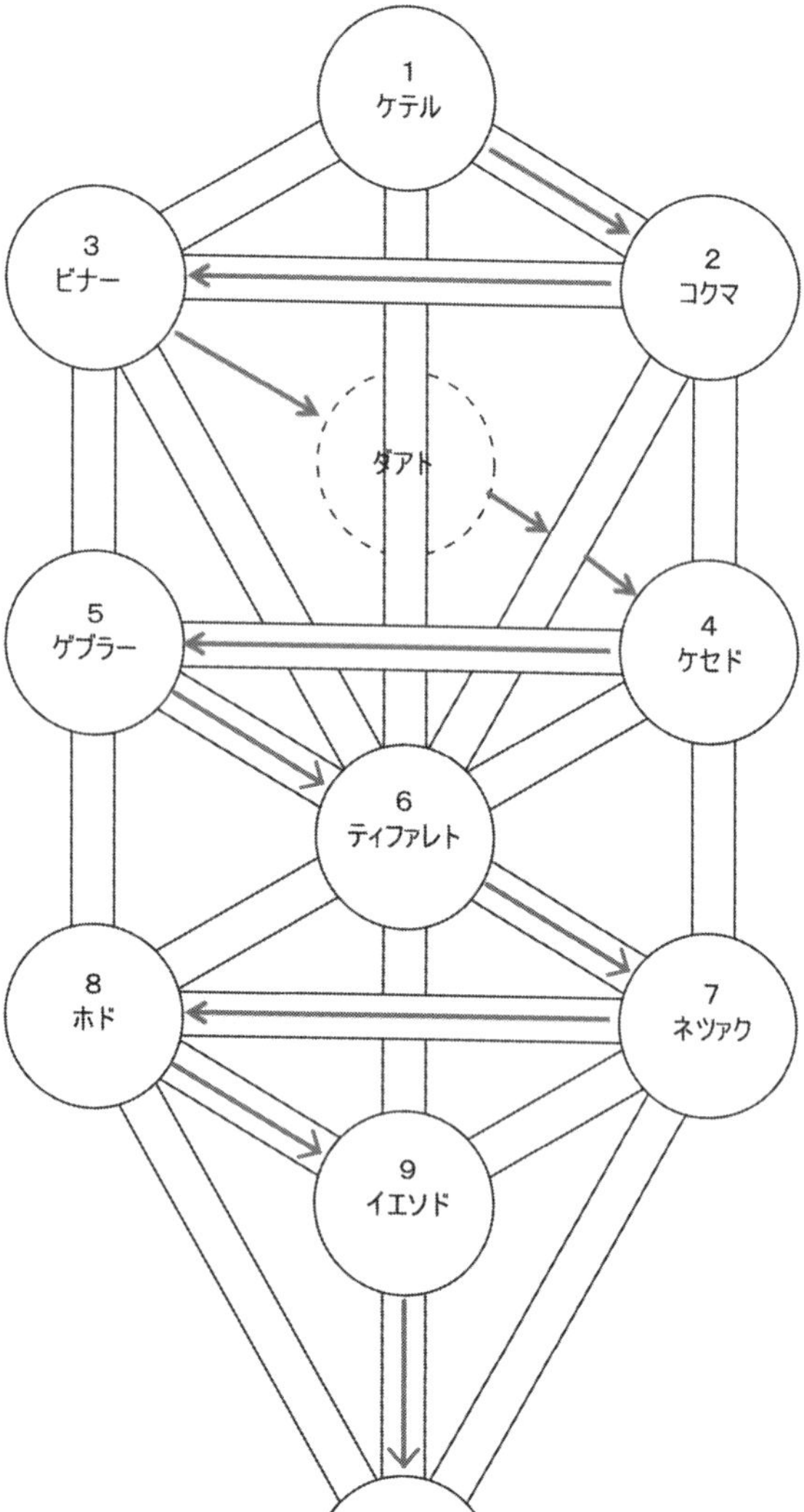
1
ケテル
3
ビナー
2
コクマ
ダアト
5
ゲブラー
4
ケセド
6
ティファレト
8
ホド
7
ネツァク
9
イエソド
10
マルクト

図２　閃光

カバラでは、占星術とタロット[*8]は「カバラの2人の娘」と言われ、古くから生命の木を理解するツールとして使われています。セフィロトは、惑星、およびタロットの小アルカナと関連づけられます。

（例）6番目のセフィラであるティファレトはヘブライ語で「美」を意味し、惑星は太陽、タロットは小アルカナの4つのスート（組）の6とキングが対応します。

＊8　タロット：大アルカナ（21枚）と小アルカナ（56枚）の78枚のカードで構成されます。アルカナは、ラテン語で「神秘」を意味します。大アルカナには、0〜21までの数が振られ、各カードには象徴的な絵が描かれ、名前があります。小アルカナには、ワンド、ソード、カップ、ペンタクル（コイン）の4つのスートからなる1〜10の数札40枚と、キング、クイーン、ナイト、ペイジ（ナイト、クイーン、プリンス、プリンセスの場合もあり）の4人の宮廷の人々が描かれたコートカード16枚があります。

セフィロトについては基礎編第2章（57ページ〜）で詳しく解説します。

ダアト

カバラの経典の1つである「創造の書」には、「9個でも11個でもなく、10個の光の輪が存在する」と書かれています。ダアトは、「輪でありながら輪ではない」、セフィロトとは異なる次元に存在します。

アダムとイブが楽園から追放された時に、ダアトから物質界が落下したとされ、「ダアトは人間が再び楽園に戻るポイントであり、神はダアトを通して人間に接触すると考えられています。

アビス（深淵）

アビスは、ケテル、コクマ、ビナーの世界と、その下にある世界を隔てるように存在しています。すべての障害が廃棄される場所で、邪悪なもの、偽り、間違ったものなど生に反するものは、ここを通ることはできません。アビスには宇宙全体の失われたもの、廃棄されたものが集まり、分解され、リサイクルされます。

パス（小径）

10個のセフィラをつなぐ22本のラインをパス（小径）と呼びます。パスは、22文字のヘブライ語のアレフベート、タロットの大アルカナと対応します。

パスを理解するには、ヘブライ文字、タロットの絵に表現されるイメージ、数、シンボル、現れる順番やストーリーを見ることが役立ちます。

パスについては応用編の第１章（１６２ページ～）で詳しく解説します。

エクササイズ2　生命の木を描く

生命の木を使いこなすために、セフィロトの名前（意味）と生命の木を描いてみましょう。

① 10個の実線の輪＝セフィロトと、1個の点線の輪＝ダアトを描きます。

② セフィロトをつなぐ22本のパスを描きます。パスを描く時には、縦のラインと横のラインの交差するポイントに注意します。

③ セフィロトに名前と意味を書き入れます。

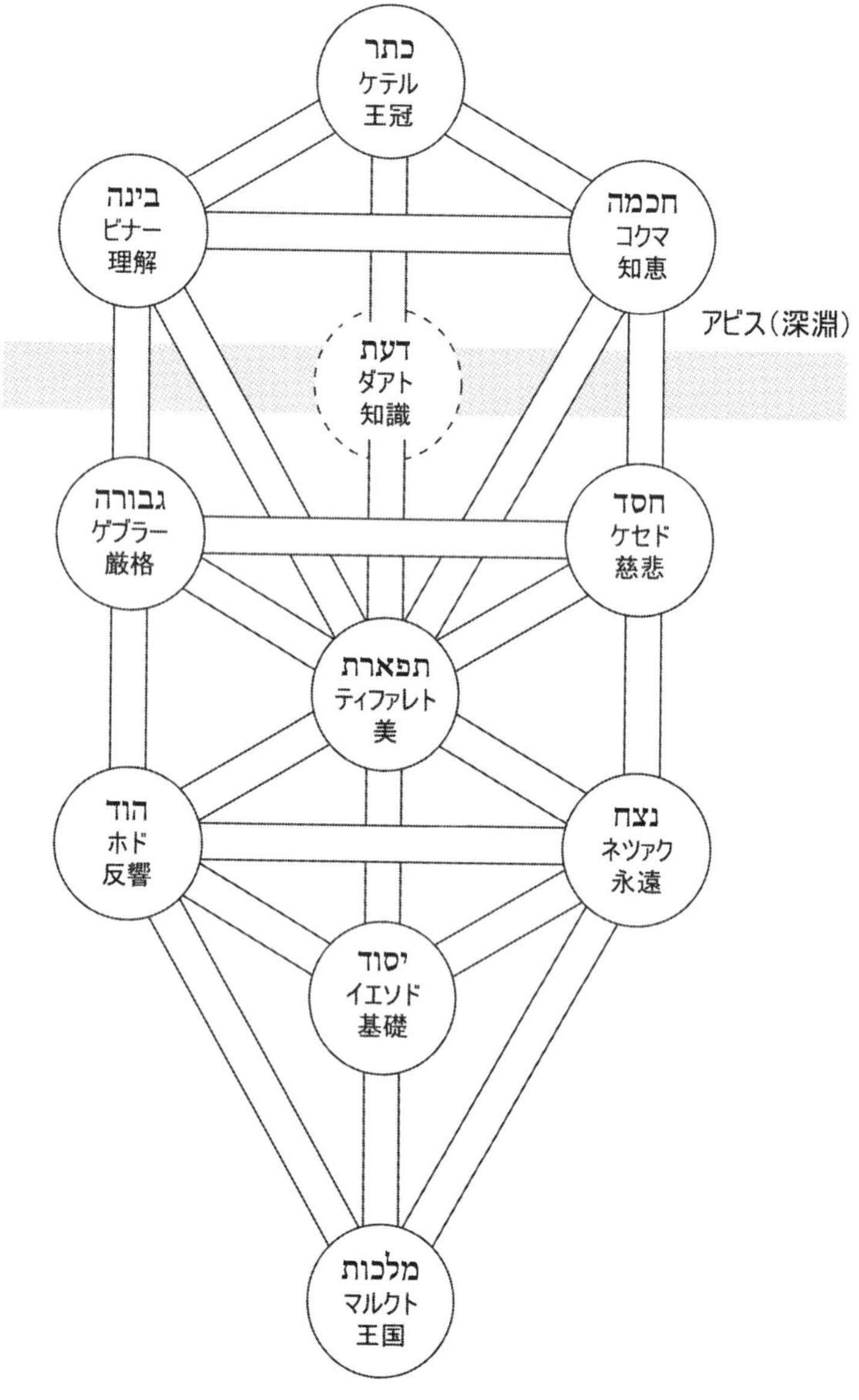
כתר
ケテル
王冠
בינה
ビナー
理解
חכמה
コクマ
知恵
アビス(深淵)
דעת
ダアト
知識
גבורה
ゲブラー
厳格
חסד
ケセド
慈悲
תפארת
ティファレト
美
הוד
ホド
反響
נצח
ネツァク
永遠
יסוד
イエソド
基礎
מלכות
マルクト
王国

図3 生命の木

４つの世界

生命の木は、宇宙のあらゆるものが地上で形になるまでの過程が示されています。その過程は４つの世界で表され、上から順番に、アツィルト（流出界）、ブリアー（創造界）、イエッツラー（形成界）、アッシャー（活動界）と呼ばれます。それぞれの世界には異なる役割がありますが、地上のあらゆる存在は、この４つの世界すべてを持っています。

４つの世界には、それぞれの世界に対応する生命の木があります。同時に、生命の木の中にも４つの世界が存在しています。

４つの世界は、存在の４つのレベルを表します。例えば、私たちは、物質界に存在していますので、普段は物質界の観点から物事を見て理解します。けれども、物質界の上には目には見えない３つの世界も存在しています。

人間を例に考えてみましょう。人間の肉体の周囲には、目には見えないオーラ、あるいはサトルボディと呼ばれる光の身体があります。オーラは、ロシアの民芸品の人形のマトリョーシカのように、いくつもの層になっています。各層は４つの世界、４つの身体と対応しています。

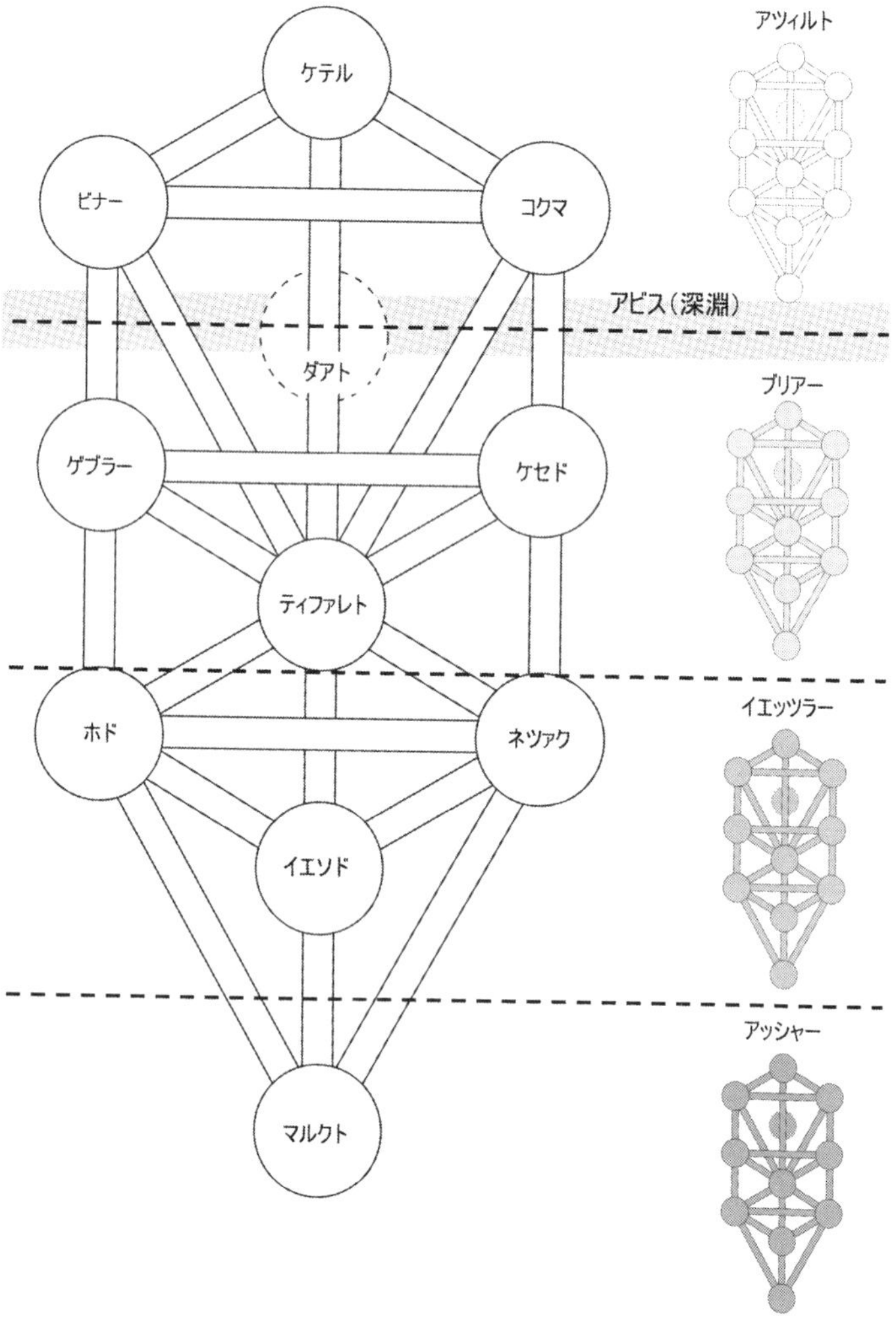
ケテル
ビナー
コクマ
アツィルト
アビス（深淵）
ダアト
ブリアー
ゲブラー
ケセド
ティファレト
ホド
ネツァク
イエッツラー
イエソド
アッシャー
マルクト

図4　4つの世界

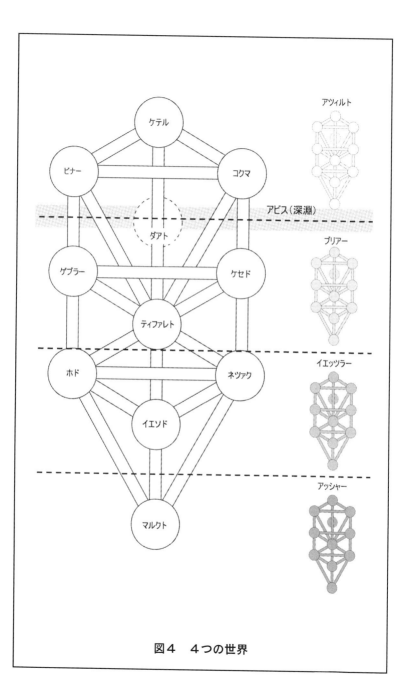

人間は、肉体（アッシャー）、感情体（イエッツラー）、精神体（ブリアー）、スピリット（アツィルト）の4つの身体を持つと考えられます。4つの世界の理解は、あらゆるものを日常とは異なる観点から見ることを助けてくれます。

4つの世界には、世界を構成する要素とされる四大元素（火、風、水、地）が関連します。4つの世界はそれぞれが独立したものではなく、お互いに影響を与え合っています。人間の身体をとっても、熱があり（火）、呼吸があり（風）、血液と体液があり（水）、骨や臓器（地）があります。各元素の性質を考えると4つの世界がイメージしやすいでしょう。

4つの世界には象徴する色があります。また、神、大天使、天使、人間は異なる世界に属し、それぞれのセフィラに異なる神性、大天使、天使が対応します。

4つの世界を通して神性が物質化するまでの流れを、上から順番に見ていきましょう。

・アツィルト／流出界　スピリチュアルワールド（元型の世界）

目には見えず、感じることも知覚することもできませんが、神性の閃《ひらめ》きであり、これから顕れるものの基本的なパターンを含むアーキタイプ（元型）の世界です。

火の元素に関連し、スピリットを表します。火は上昇する性質を持ち、不浄なものを燃やして純化します。火の暖かさはくつろぎをもたらし、くつろぎから気づきや集中が生まれます。火はとどまることなく広がる性質を持ちます。

アツィルトは神が存在する世界であり、神性そのものの顕れです。色は、透明な輝きを放つ光を表す白です。

1つの生命の木を4つの世界に分けた時には、ケテル、コクマ、ビナーのエリアがアツィルトです。

・ブリアー／創造界　メンタルワールド（精神の世界）

アツィルトからのインスピレーションを受け取り、創造が始まります。これから現れるもののブループリント（設計図）が浮かび上がる世界です。

風の元素に関連し、クリエイティブなパワー、精神、知性を表します。風は動きがあることから、思考やコミュニケーション、呼吸と関連します。呼吸は生命を吹き込み、深い呼吸はマインドを鎮め、静けさをもたらします。

ブリアーには、神性の意図を表す存在である大天使が属しています。大天使の仕事は、主に宇宙全体の流れを特定の方向に推し進めることで、天使のグループとともに働きます。色は、天を象徴するブルーです。

ケセド、ゲブラー、ティファレトのエリアがブリアーです。

・イエッツラー／形成界　エモーショナルワールド（感情の世界）

ブリアーのブループリントから、さらにイメージを膨らませ、形にするために必要な材料を集める世界です。

水の元素に関連し、感情を表します。水は流動的で柔軟性があり、常に上から下に流れます。雨粒が集まって一筋の流れとなり、やがては川になり海に注がれるように、水の性質はお互いを引き合い１つにします。乾いてひび割れた大地は、雨によって再び１つにまとまります。

イエッツラーは天使が属する世界です。天使は神のコミュニケーションを担う存在です。天使は神性の感情の顕れであり、あらゆる種類の情報をさまざまな方法で物質界に届けるメッセンジャーとして働きます。

色は、天のブルーと大地のレッドを合わせたバイオレットです。

ネツァク、ホド、イエソドのエリアがイエッツラーです。

・アッシャー／活動界　フィジカルワールド（物質の世界）

イエッツラーで集められた材料がいよいよ形になり、体験する世界です。この世界ですべての物事が物質化、現実化します。

地の元素に関連し、身体や固体を表します。地は、安定をもたらし、すべてのものが活動するベースを作り、物事の発展、拡大を促します。

アッシャーは私たちが生きる人間の世界です。人間は神の似姿として創造された神性を体現する存在であり、神は人間によって神自身を体験することができます。人間の身体は、スピリット、精神、感情を表現するベースであり、感覚を通して外にあるものを認識します。

色は、大地を表すレッドです。

マルクトのエリアがアッシャーです。

4つの世界を理解するには、このように考えてみるとよいでしょう。例えば、家を建てようと考えた時、まず初めに「家を建てる」という意志が、どこからかやってきます。そこから、

「家を建てよう」というアイディアが湧き上がり（アツィルト）、どんな素材を使い、どのような建築方法にするかなど、具体的な内容が検討されて、設計図が出来上がります（ブリアー）。そして、必要な材料が集められ、建築工事が行われ（イエッツラー）、やがて完成し、新しい家での生活が始まります（アッシャー）。このように、私たちが見て触れて感じることができる物質界にあるすべてのものは、上の３つの世界を通して形になっています。アツィルトで生まれたエネルギーが、ブリアーで概念化され、イエッツラーで理解され、アッシャーで物質化します。

４つの世界[*9]は、それぞれが関係し合っていますので、明確に分かれているわけではなく、上の世界が下の世界に少しずつ浸透し、やがて変化するといったイメージです。四大元素で考えてみると、熱（火）は空気（風）に浸透し、空気（風）は水分（水）を含み、水は大地（地）に浸透します。

＊９　４つの世界とセフィロトの区分けについては、さまざまな考え方があります。

（例）

①アツィルト（ケテル）、ブリアー（コクマ、ビナー）、イエッツラー（ケセド、ゲブラー、ティファレ

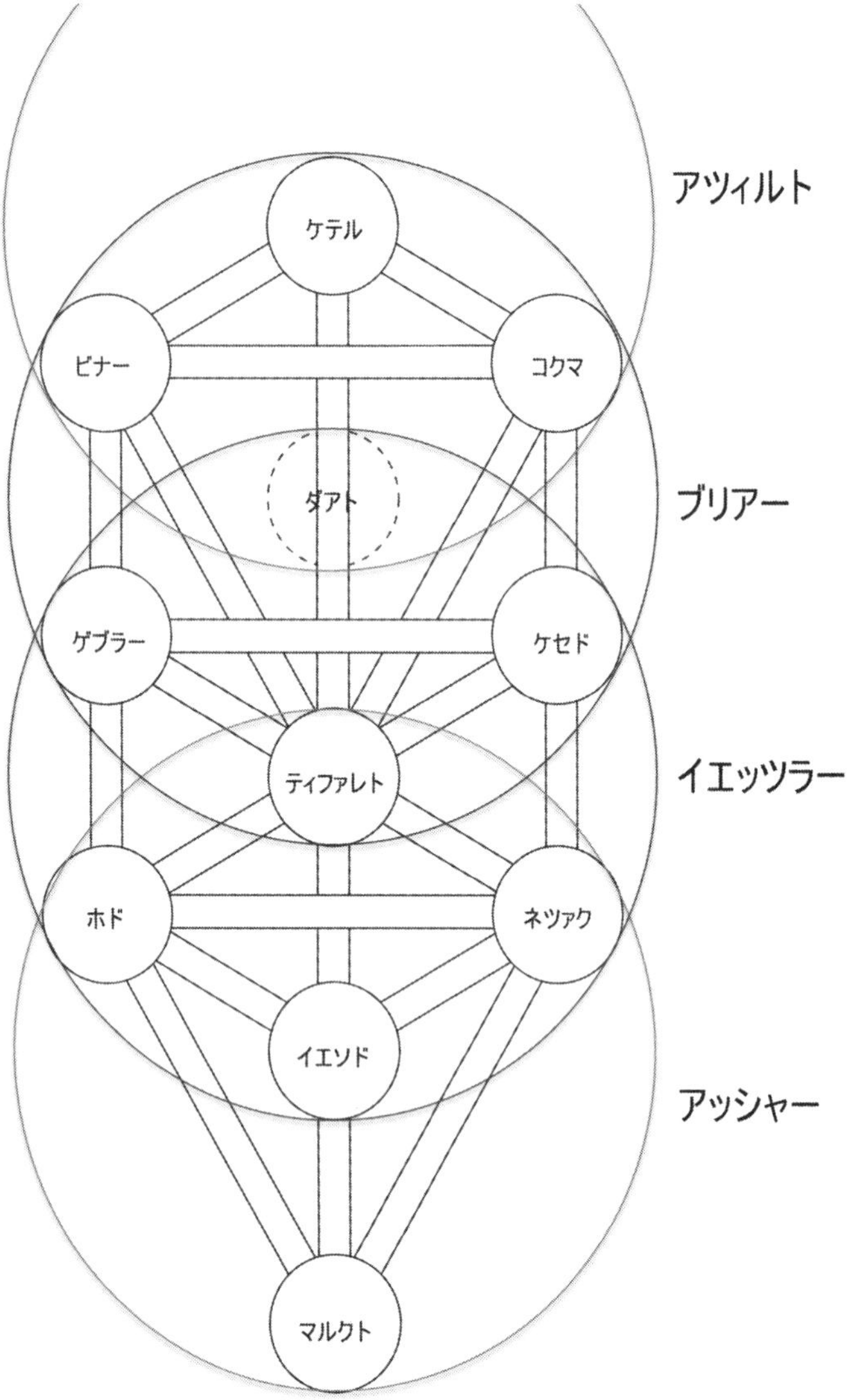

図５　４つの世界の異なる区分け

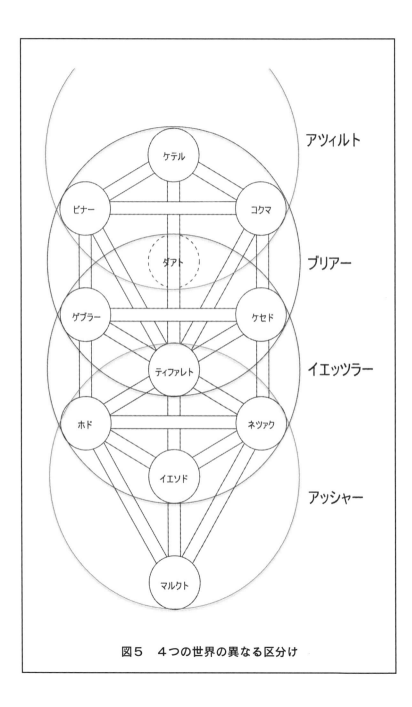

ト、ネツァク、ホド）、アッシャー（マルクト）
②アツィルト（ケテル、コクマ、ビナー）、ブリアー（ケテル、コクマ、ビナー、ケセド、ゲブラー、ティファアレト）、イエッツラー（ケセド、ゲブラー、ティファアレト、ネツァク、ホド、イエソド）、アッシャー（ティファアレト、ネツァク、ホド、イエソド、マルクト）

ヤコブの梯子《はしご》

生命の木の中には４つの世界があり、木の上から下への下降は物質化、神の世界から人間の世界に下りる流れです。逆に下から上への上昇は意識の進化、物質界に存在する人間の意識が成長し、神性に近づくことを表します。

アツィルト、ブリアー、イエッツラー、アッシャーの４つの生命の木はつながり合って存在し、４つの生命の木をつなげたものを「ヤコブの梯子」と呼びます。

「ヤコブの梯子」という名前は、旧約聖書の創世記の話*10から名づけられています。

「旅の途中で野宿をしていると、大地から天にまで届く長い梯子がかかり、その梯子を天使たちが上り下りしていた」というヤコブが見た夢の話です。その梯子こそが、４つの生命の木が

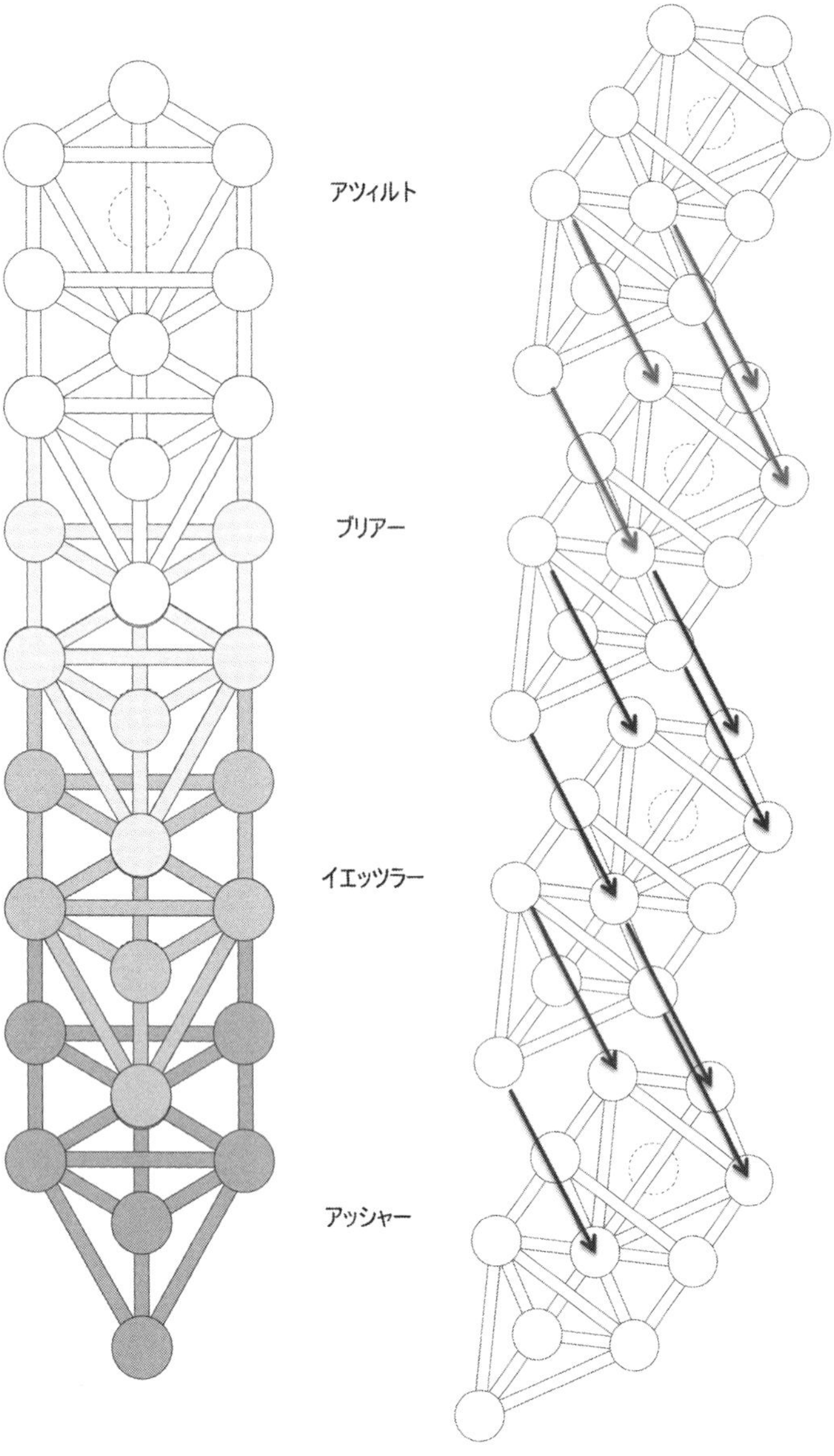

図６　ヤコブの梯子

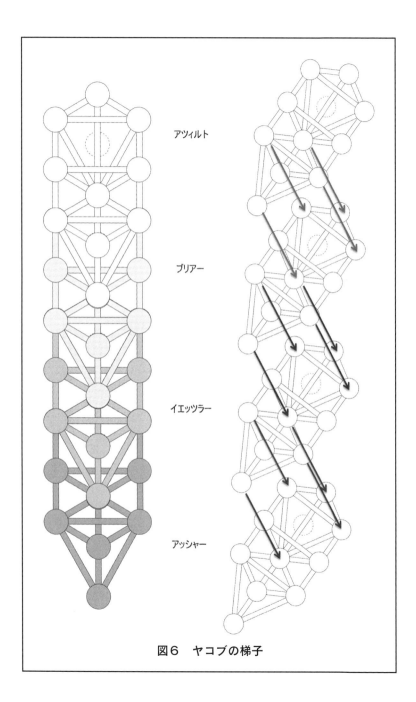

つながる「ヤコブの梯子」です。「ヤコブの梯子」は、人間が本来、存在していた神の世界に戻るための鍵であり、人間の意識が進化するにつれて神性が顕れ、人間が神に近づくという過程を示しています。

ヤコブの梯子の構造は、上の世界と下の世界が一直線につながるのではなく、下の世界のケテルが上の世界のティファレトに重なるようにつながります。このような形で４つの世界の生命の木がつながり、ヤコブの梯子になると、木の中心には10個のセフィラとダアトが一列に並んだ、５つ目の生命の木が現れます。

神の似姿として誕生した人間は、いくつもの人生をかけて左右の柱を統合し、神性を体現する存在となるべく、一段一段梯子を上がっていきます。

＊10　創世記28章：「彼は夢を見た。見ると、１つの梯子が地に向かって立てられ、梯子の先は天に届いていた。しかも、神の御使たちがそれを上り下りしていた」

表1　４つの世界まとめ

世界	性質	存在	元素	タロット	色
アツィルト流出界	霊性（元型、意志）	神	火	ワンド	ホワイト
ブリアー創造界	精神（思考、知性）	大天使	風	ソード	ブルー
イエッツラー形成界	感情（フィーリング）	天使	水	カップ	バイオレット
アッシャー活動界	物質（肉体、活動）	人間	地	ペンタクル	レッド

エクササイズ３　ヤコブの梯子の作成

①生命の木のシートを４枚準備します。
②そのうちの３枚のシートは、ネツァクとホドから下の部分を生命の木の形に沿って切り取ります。
③切り取った３枚のうち２枚の生命の木それぞれの背景に、ブルーとバイオレットの色を塗ります。
④切り取りのない生命の木の背景にはレッドの色を塗ります。
⑤４枚の生命の木を正しい位置で重ね合わせると、４つの世界がつながり、ヤコブの梯子が完成します。

３本の柱

生命の木には、３つの縦のラインがあります。このラインを「３本の柱」と呼びます。中心の柱は、左右のバランスをとり、統合する働きをする平衡の柱（Pillar of Equilibrium）、右の

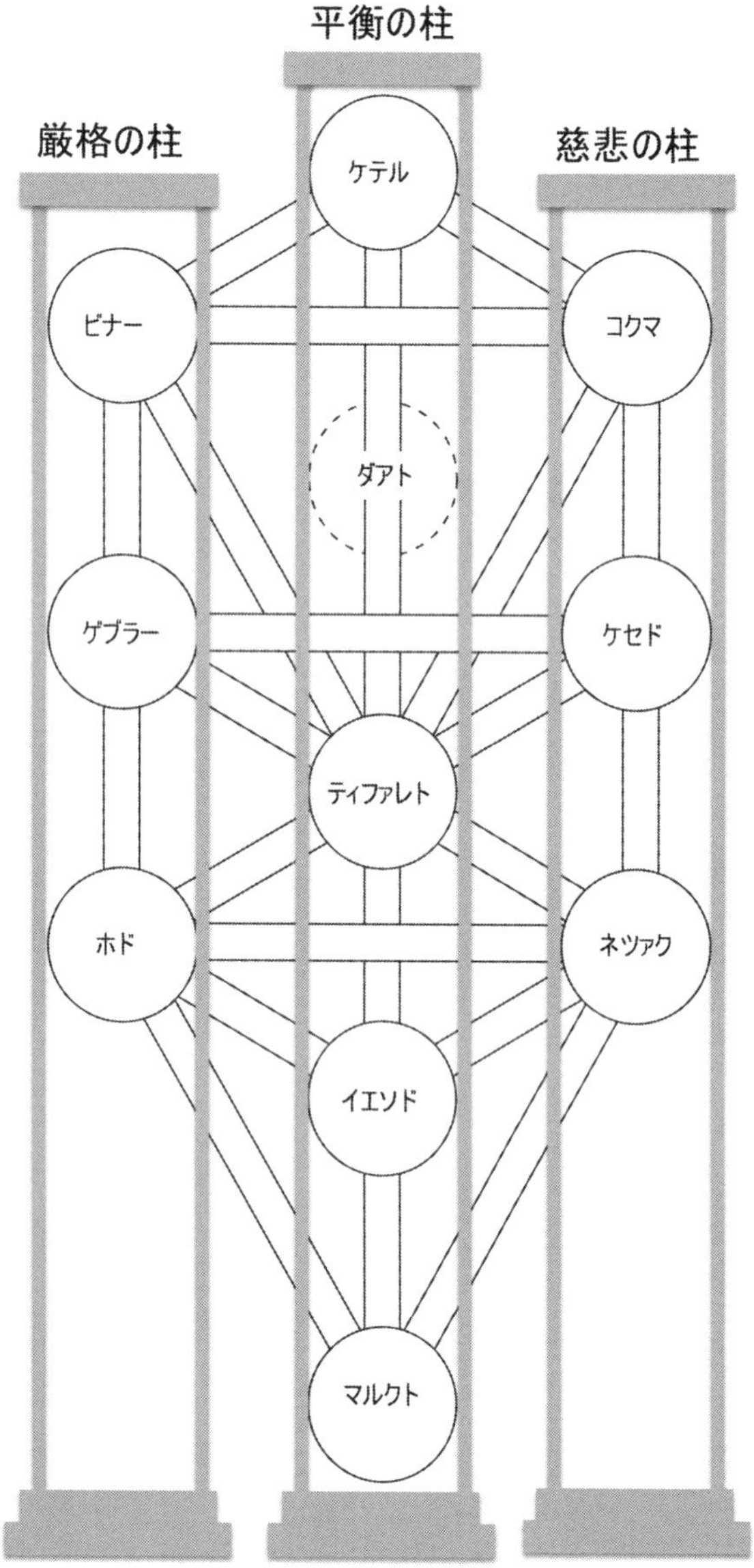
平衡の柱
厳格の柱
慈悲の柱
ケテル
ビナー
コクマ
ダアト
ゲブラー
ケセド
ティファレト
ホド
ネツァク
イエソド
マルクト

図７　３本の柱

柱は拡大する動き、能動的な男性性の質を持つ慈悲の柱（Pillar of Mercy）、左の柱は収縮し形を作る、受動的な女性性の質を持つ厳格の柱（Pillar of Severity）です。私たちは、常にこの3つの柱の間を行き来しています。

例えば、「明日の休みはどうしよう？」と考える時、「最近話題のあのカフェに行こうかな？いや待てよ、久々の休みだから家でゆっくりしようかな」といった日常的なレベルから、「独立して自分でビジネスを立ち上げるべきか、安定した会社員を続けるべきか」といった人生の決断に至るまで、常に右と左に揺れ動いています。

時には、仕事を断れずに残業続きで身体を壊してしまう（厳格の柱の機能不全）、相手の短所ばかりが目について相手を受け入れられない（慈悲の柱の機能不全）など、左右の柱のバランスがうまくとれずに苦しむこともあります。こうした人間の心の状態から、宇宙の流れに至るまで、3本の柱で象徴される3つの力が働いています。3本の柱がどのように機能しているのかを確認することで、バランスが必要なエリアを見つけることができます。

3つのカップと2つの顔

生命の木の中にはさまざまな図形を見ることができます。まずは三角形に注目してください。ケテル、コクマ、ビナーで作られるアツィルトの三角形、ケセド、ゲブラー、ティファレト

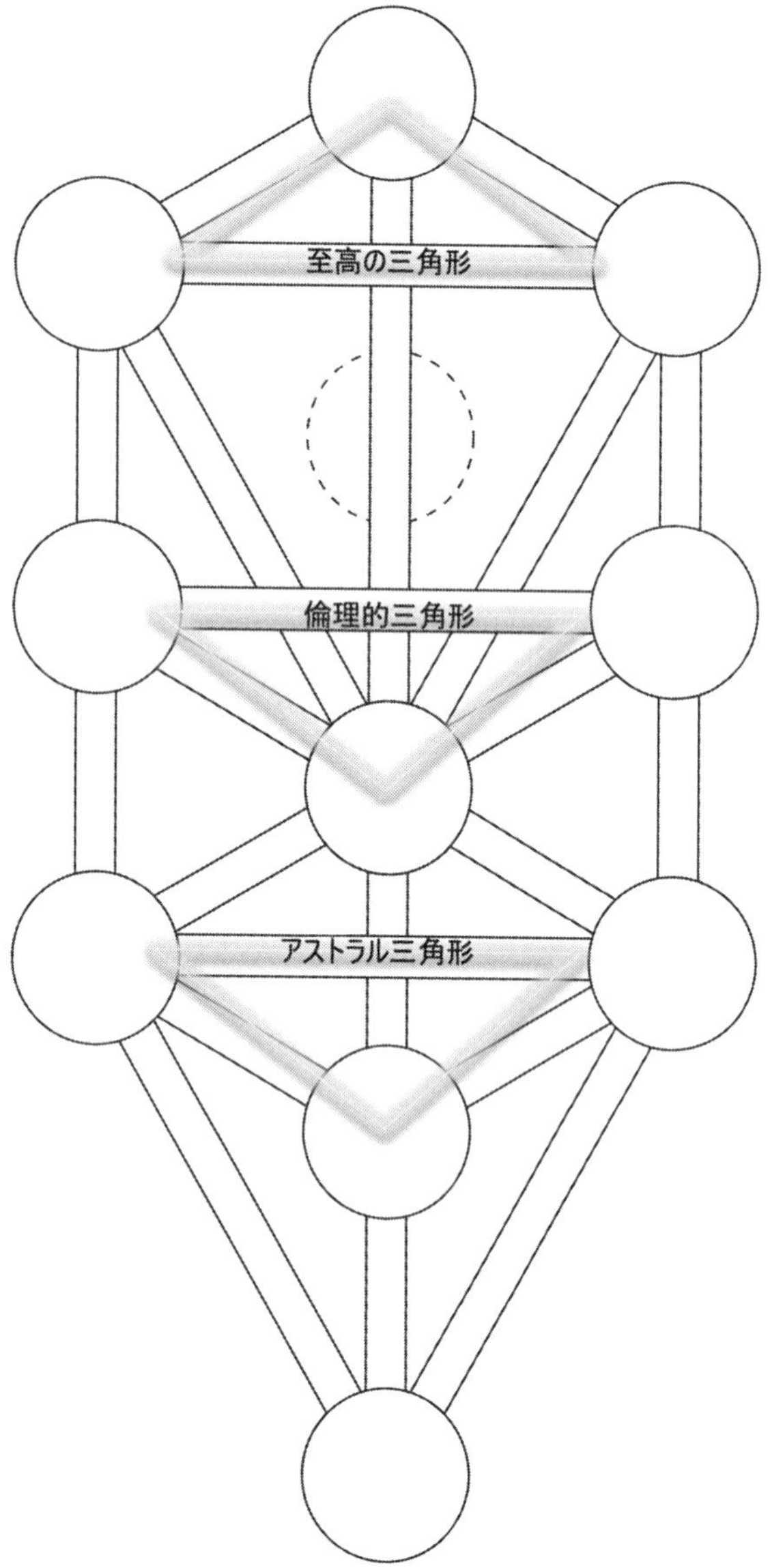

図８　３つのカップ

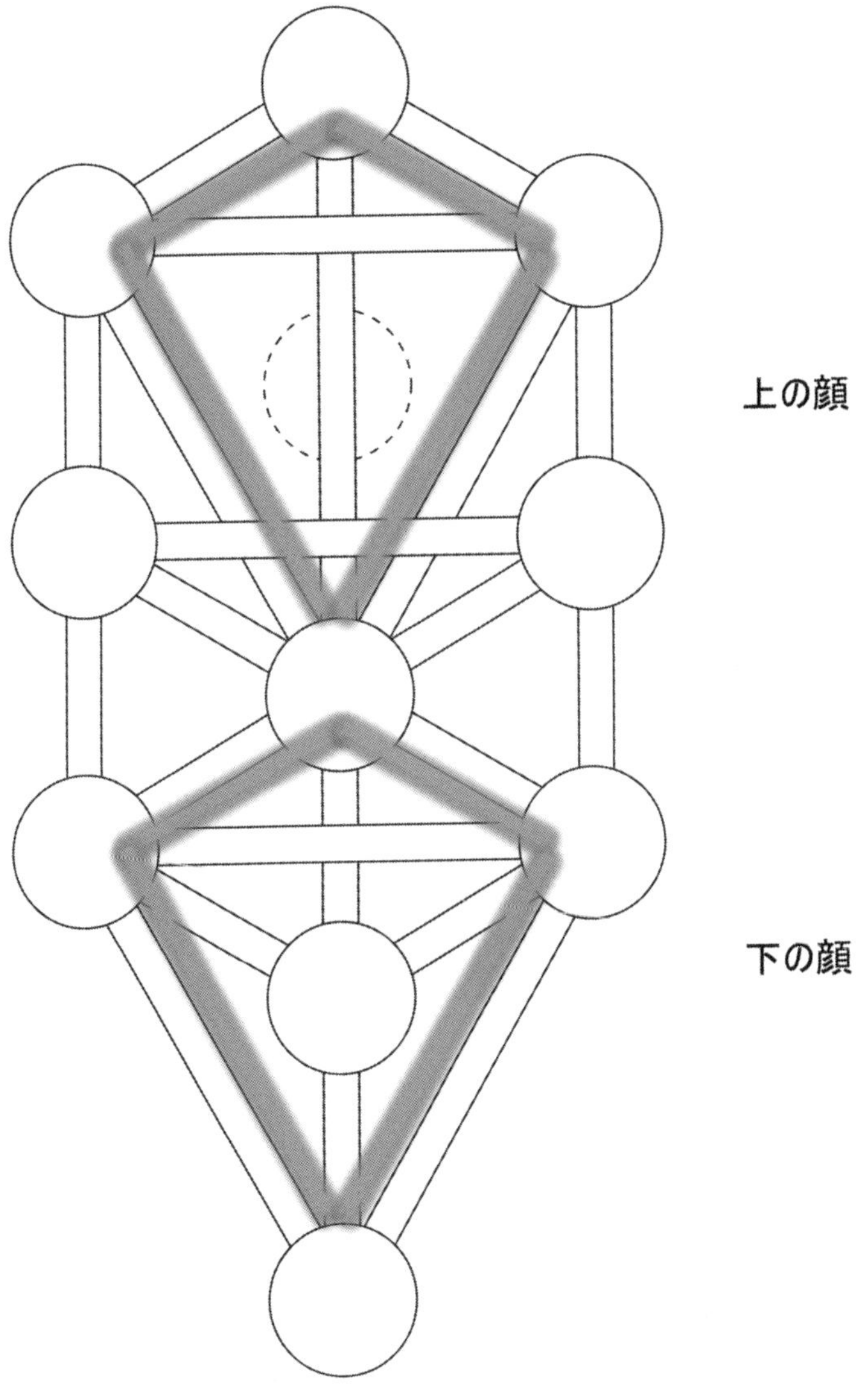

図９　２つの顔

で作られるブリアーの三角形、ネツァク、ホド、イエソドで作られるイエッツラーの三角形、この3つの三角形を3つのカップと呼びます。

3つのカップは、人間のスピリット（霊）、ソウル（魂）、パーソナリティ（人格）を表します。人間は誰もが、神性なスピリット、ユニークなソウル、パーソナリティを持っています。スピリットを海にたとえるなら、海からすくいあげた海水がソウルで、それを容器に入れるとパーソナリティになります。人間は、独自のパーソナリティを持ちますが、源をたどれば誰もが神に行き着きます。

次にケテル、コクマ、ビナー、ティファレトで作られる凧のような形に注目してください。同じ形がティファレト、ネツァク、ホド、マルクトにも見られます。この2つの形を、上の顔と下の顔と呼びます。上の顔は神の顔、下の顔は、神の映しである人間の顔を表します。この世界は神が自分自身の姿を見ようとしたことから物質化した世界です。「天にあるがごとく地にもある」ように、神の持つ特質は、人間にも映し出されています。

小宇宙としての人間

生命の木は、大宇宙の創造図として見ることも、小宇宙としての人間の構造図として見ることもできます。人間の身体に生命の木を対応させるとケテルは頭の上、コクマは頭の右側、ビナーは頭の左側、ダアトは喉、ケセドは右肩、ゲブラーは左肩、ティファレトは胸もしくは胃の辺り、ネツァクは右腰、ホドは左腰、イエソドは生殖器、マルクトは足元と考えられます。

チャクラ[*11]のシステムと対応させると、ケテルが第7チャクラ（クラウン）、コクマとビナーが第6チャクラ（眉間）、ダアトが第5チャクラ（喉）ケセドとゲブラーが第4チャクラ（ハート）、ティファレトが第3チャクラ（太陽神経叢）、ネツァクとホドが第2チャクラ（仙骨）、イエソドが第1チャクラ（基底部）、マルクトは地球につながるアーススターと考えられます。

＊11　チャクラ：サンスクリット語で「車輪」を意味し、人間の肉体や精神、感情などの働きと関連した特定のエネルギーを出し入れする、目には見えない身体の7つのセンターです。それぞれのセンターは、肉体を取り囲むオーラとサトルボディに対応しています。

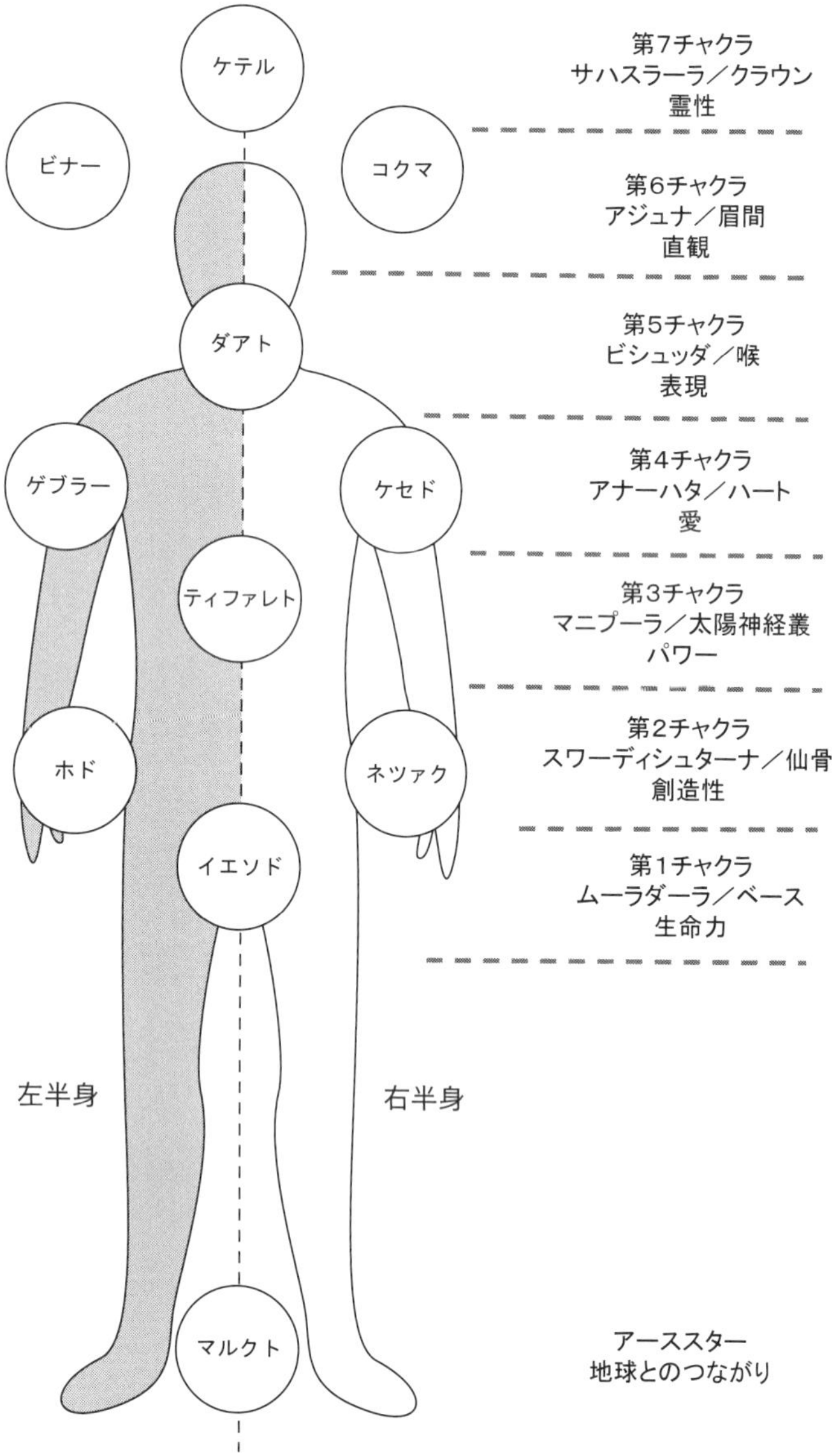

図10　生命の木とチャクラ
（身体を背面から見た場合）

エクササイズ４　生命の木の種まき

セフィロトに対応する身体の部位に沿って光の種をまき、身体のエネルギーの流れを活性化します。

①「アイン、アイン ソフ、アイン ソフ オール」と言いながら両腕を頭の上に向かって円を描くように上げていきます。

②「ケテル」と言いながら頭の上で両手を合わせます。

③「コクマ」と言いながら、右手で頭の右側に触れます。

④「ビナー」と言いながら、左手で頭の左側に触れます。

⑤「ダアト」と言いながら、両手を喉に重ねます。

⑥「ケセド」と言いながら、右手で右肩に触れます。

⑦「ゲブラー」と言いながら、左手で左肩に触れます。

⑧「ティファレト」と言いながら、両手をハートに重ねます。

⑨「ネツァク」と言いながら、右手で右腰に触れます。

⑩「ホド」と言いながら、左手で左腰に触れます。

⑪「イエソド」と言いながら、両手を下腹部に重ねます。

⑫「マルクト」と言いながら、身体を前傾し両手を大地に向けます。
⑬そのままの姿勢で再び「マルクト」と言います。
⑭ここからは動いてきた順序を逆にたどり、「アイン」で終わります。
※メロディをつけて歌うとさらにエネルギーが活性化します。

第2章　10のセフィロト

セフィロトとは？

ここからは、セフィロトについて詳しく見ていきます。生命の木においてセフィロトは状態を表し、パスは動きを表します。セフィロトはBeing（在る）、パスはDoing（する）を表し、セフィロトは客観的で、パスは主観的だと考えられます。

セフィロト	パス
・状態	・動き
・Being（在る）	・Doing（する）
・客観的	・主観的

生命の木が鉄道のシステムだと考えてみましょう。

セフィロトは駅で、パスは駅間をつなぐ線路です。電車に乗って目的地に向かう場合と同じく、マルクトからケテルまで移動するには、いく通りもの経路が考えられます。通勤で電車に乗る場合、見知った駅や乗り慣れた路線を選びます。そのほうが迷うことなく安全だと考えるからです。

同じように、生命の木のセフィロトとパスにおいても、私たちはすべてをくまなく動いているわけではなく、自分のパターンの中を動いています。

「どうしてこう同じようなことばかり起こるんだろう」と感じた経験はありませんか？　特定のパターンの中を動いていると、多少の違いはあるものの、出会う人や状況、学ぶべきテーマは似通ってきます。それは自分で選択しているものですが、無意識レベルなので「どうして？」と思うわけです。

生命の木に自分の状況を当てはめてみると、「ここは何度も通っているな」とか「ここは初めてかも？」といった自分のパターンが浮かび上がります。そのパターンに気づけば、無意識の繰り返しから目覚めて、意識的に選択できるようになります。電車に乗る時にいつもと違う路線を選べば、乗換駅も変わり、窓から見える景色も変わり、新たな発見もあるでしょう。

生命の木で自分の全体像を見て、バランスをとるように行動すれば、自分自身も周囲の状況も、今までよりも自分らしく心地よいものに変えることができます。

誰もが今回の人生で学ぶべきことを自分で選んできています。この世界には「カルマ」と呼ばれる原因と結果の法則があります。カルマとは、「蒔《ま》いた種は刈り取る」という自然の法則です。

カルマと聞くと、自分ではどうにもできない恐ろしいことのように思われますが、それは「自分が最も成長する可能性を含んだ種」として、自ら選んで今世に持ってきたもので、恐ろしいものではありません。ハードなチャレンジを頑張って乗り越え、一気に成長しようと思ってきた人もいれば、徐々にステップアップしようと思ってきた人もいます。自分にふさわしい種を選んできているのです。

カルマが自分で刈り取るべき種だとすると、選んで持ってきた種を変えることはできませんが、どう育てるかは選ぶことができます。自分の向き合い方、働きかけによって、成長し刈り取るものは変わってきます。

自分の状況を生命の木に当てはめると、宇宙的な視点から自分を見ることができます。すると、「無意識に種を蒔いて育った結果に愕然《がくぜん》とする」という状況から抜け出し、意識的に種の成長を助けることで、美しい花を咲かせ、美味しい果実が実る、自分自身の生命の木を育てることができます。

セフィロトの性質

生命の木の果実にあたるのがセフィロトです。生命の木には10個のセフィラとダアトがあります。セフィラの特質を見る時に、自分の体験と重なることがないかを考えてみてください。

ここでは、各セフィラの特質、惑星、[*1]タロット、[*2]チャレンジ（バランスが乱れた状態）、セフィラとの調和を確認する質問、特質を活性化するアファメーション[*3]（肯定的な宣言）、つながりを深めるエクササイズを紹介します。

＊1　惑星の対応：セフィロトとダアトには、太陽、月、水星、金星、地球、火星、木星、土星、天王星、海王星、冥王星が対応します。外惑星が発見される以前の時代では、コクマには獣帯（黄道十二宮）が対応し、ケテルとダアトに対応する惑星はありませんでした。

＊2　タロットの対応：セフィロトには、56枚の小アルカナ（ワンド、ソード、カップ、ペンタクルの1～10とコートカードのキング、クイーン、ナイト、ペイジ）が対応します。
＊3　アファメーション：声に出すことで、潜在意識に働きかけ、宣言の実現を促す方法です。

平衡の柱のセフィロト

まず、生命の木の幹にあたる平衡の柱上のセフィロトから見ていきましょう。平衡の柱には、上からケテル、ティファアレト、イエソド、マルクトの４つのセフィラとダアトがあります。平衡の柱にあるセフィロトは、私たちが左右の柱を統合し調和させることで、本来の自分自身としての才能を発揮し、バランスよく生きるのを助けます。

平衡の柱は、私たちの意識の柱であり、４つのセフィラは意識の成長の段階を表します。ケテルは神の意識、ティファアレトはハイヤーセルフ[＊4]（高次の自己）の意識、イエソドは日常の自己意識、マルクトは肉体の意識です。生命の木の下から上、マルクトからケテルに向かって意識は成長していきます。

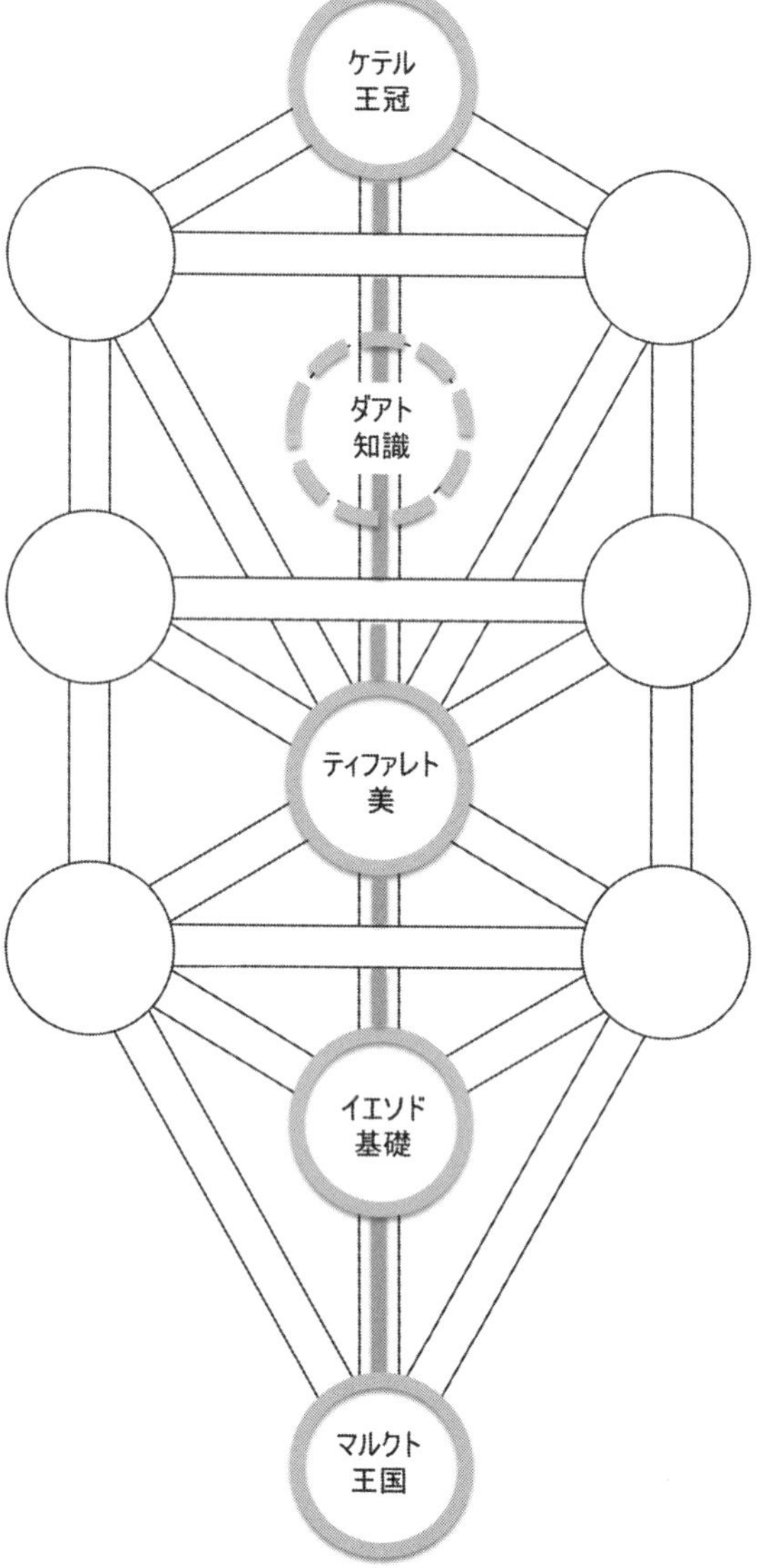

図11　平衡の柱
ケテル／ダアト／ティファレト／イエソド／マルクト

＊４　ハイヤーセルフ：「日常の私」を超えた意識であり、普段あまり気づいていない「本当の私」を意味します。ハイヤーセルフは、「エゴ」（自我）に対する「真我」と考えられ、個という分離した意識を超えた普遍的な意識を表します。

マルクト（王国）

マルクトは「Kingdom／王国」を意味し、私たちが今この瞬間に生きている地球と対応します。

マルクトは平衡の柱の一番下に位置し、肉体の意識を表します。「思わず身体が動いてしまった」という言葉に表されるように、肉体にも意識があります。私たちが日々の生活を通して、肉体の意識を成長させていく場所がマルクトです。

「王国」の意味するところは、「今、あなたがいる場所があなたの王国であり、王はあなたです」ということです。家庭はもちろん、勤務先や通っているスポーツクラブ、お気に入りのお店など、あなたの行動範囲はすべてあなたの領土です。あなたが出会う人、親しみを感じる人は、すべてあなたが自分の王国に招き入れた人々です。あなたは招いた人をどのようにもてなしていますか？　あなたの王国は美しく整備され安全でしょうか？　豊かな王国で誰もが心地よく暮らしているでしょうか？　王国の最高責任者は王であり、王であるあなたには、すべてを決める権限があります。同時に、王国で起こることすべてに責任があります。あなたは王として、自分の王国を繁栄に導くことも、王としての責任の重さに圧倒されて身を引くことも、暴君となって周囲を省みずに進むことも、どのような選択も可能です。

生命の木を上昇するにあたって、マルクトはスタート地点です。ここで私たちは選択ができます。マルクトの物質世界にとどまり、「食べて寝て働いて、意識の成長など興味なし」という人生を選ぶこともできますし、「人生の使命や目的を理解し、自分の可能性を追求しよう」とケテルに向けて旅に出ることもできます。人間は自由意志を持っていますので、旅を始めるかどうかの選択も自分次第です。

マルクトは、肉体、感覚と対応し、物質的な側面すべてと関わる人間の世界です。ここで1つ上の世界に住む天使と人間を比べてみましょう。いつも神の祝福とともにある天使たちは、私たち人間から見ると、辛いことは何もなさそうで羨ましくも思えます。天使たちは肉体を持たない世界にいるため、人間のように痛みを感じることはありませんが、温泉につかって身体がゆるむ心地よさも、美味しい料理の味わいも体験することはできません。

人間はアイディアを形にし、それを体験することができます。もし、ピアノを弾きたいと思えば、ピアノの前に座って鍵盤を叩けば音が出ます。好きな曲を弾いて楽しむこともできるし、自分の演奏を誰かに届けたいと願うなら演奏会を企画することもできます。日程を決め会場をおさえて観客を集めれば、願いを実現することができるのです。けれども、天使たちは自分の意志で行動し、創造することはできません。神から自由意志を与えられているのは人間だけで、最高位の天使であっても、創造性を持ち合わせていません。神の隣にいた最も美しく賢い光の大天使ルシファーの堕天は、このことを伝えています。

大天使ルシファーは、新たに神が作り出した生き物である人間よりも、自分のほうが賢く、愚かな人間に仕えるのは間違いだと主張しました。そこで神はルシファーに、すべての天使の立会いのもと、アダムと勝負するように命じました。勝負の内容は、まだ名前がない動物たちを名づけるというものです。アダムは、何の苦労もなく次々と名前をつけていきますが、ルシファーは１つとして名前を思い浮かべることができず、名づけることができませんでした。勝負に敗れたルシファーは天から追放されます。天から下るルシファーの身体は蛇に変化し、エデンの園の知恵の木に住まうことになりました。神はこのルシファーとアダムの勝負の時に、唯一、大天使と天使たちに自らの意志で選択することを許したと伝えられています。こうして光の大天使ルシファーは、サタン（悪魔）として人間にさまざまな誘惑を仕掛ける存在になりました。ヘブライ語におけるサタンは、「妨げるもの」という意味を持ちます。ルシファーはサタンとなり、人間が道を外すことがないように、神の意志から外れるものをテストする役割を担っています。

私たち人間はイメージし、創造し、体験し、体験を通して成長することができます。それはマルクトという形ある世界に存在しているからです。こうして考えると、神と同じく創造ができる人間とは、何と素晴らしい生き物でしょう。マルクトは、人間の特権として与えられた肉体と感覚を存分に使って活動し、思い描いた理想を現実にしていく世界です。

◆マルクト　מלכות

意味：王国
特質：肉体、感覚、物質世界での学び
惑星：地球

タロット：ワンド、ソード、カップ、ペンタクルの10とペイジ

チャレンジ：
肉体や日常の生活に注意を払わない
人生に喜びや生きがいを感じられない
お金や物質的なものに執着する

質問：
人生をギフトとして受け入れ、自分の王国に責任を持っているだろうか？
仕事や生活を重荷に感じ、責任を放棄したり、誰かに責任を押しつけていないだろうか？
肉体をケアし、五感で感じる喜びを味わっているだろうか？

アファメーション：
私は自分自身を愛し、自分の王国と住人を愛し、王国を繁栄へと導きます。

エクササイズ5　四大元素の体感（マルクトのワーク）

①身体がくつろぐ姿勢で座ります。

②目を閉じて、呼吸に意識を向けます。身体の中に呼吸が出たり入ったりしているのを感じます。呼吸は風の要素です。

③呼吸の動きに従って、肺や横隔膜が動いているのを感じます。

④呼吸が深まり十分にくつろいできたら、身体に意識を向けます。足の裏が床に、お尻が椅子に支えられている感覚、衣服が皮膚に触れている感触、身体の重さを感じます。身体は地の要素です。

⑤次に心臓の鼓動や脈拍とともに、身体を循環している血液や体液に意識を向けて、流れを感じましょう。血液や体液は水の要素です。

⑥次に身体の中の温かさを感じます。

⑦そしておへその少し上の身体の中心部分に意識を向けましょう。そこには自己の本質の光が輝いています。それは火の要素です。

⑧その中心の光が全身に広がっていくのをイメージしましょう。

⑨全身が光に満たされ、その光は身体の周りに広がっていきます。

⑩ しばらく、光とともにくつろぎます。
⑪ 十分だと感じたら、再び、身体に意識を向けて、吐く息とともに目を開けます。

次に、マルクトとは対極にあり、最も神の世界近くに位置するケテルを見ていきましょう。

「As above, So below」（上なる如く下もまた然り）という言葉で表されるように、ケテルにあるものはマルクトにあり、マルクトにあるものはケテルにあると言われます。

ケテル（王冠）

ケテルは、「Crown／王冠」を意味します。王冠が頭上に輝くものであるように、ケテルは私たちが到達しうる最も高いところを表します。神性の輝き、人生で見出していくスピリチュアルな目的です。

世界の始まりを思い出してください。この世界に神性が流れ出し結晶化した最初のセフィラがケテルです。ケテルはこれから生まれてくるものすべての種を含んでいます。ケテルが存在しなければ、私たちはこの世界に生まれていません。「私の生まれてきた目的、使命は何だろう？」その問いの答えはケテルにあります。ケテルとつながることで、自分の存在理由を見つけられるかもしれません。

ケテルは神性、神の意識を表します。人間である私たちが神の意識に到達するのは至難のわざですが、それでも人間は内側に神性を宿している存在であり、「神には、今の私はどんな風に見えるのだろう？」と想像することはできます。ケテルは、「神や源とのつながり」を作るセフィラです。もし、あなたが宇宙の創造主であったとして、善悪や好き嫌いといった二元性を超えた純粋な視点から物事を眺めることができるとしたら、どのように見えるでしょうか？　例えば、仕事で大失敗をした、失恋したなど絶望的な気持ちでいる時はどうでしょう？　反対に昇進した、宝くじで大金を当てたなど、大喜びしている状況はどうでしょう？　創造主としての視点と自分の視点を比べてみてください。

ケテルは潜在能力に満ちています。同様に私たちも無限の可能性を持っていると知ることが大切です。

◆ケテル　כתר

意味：王冠、山頂

特質：過去、現在、未来を含む世界の始まりであり終わり、源、神性、静寂、純粋、スピリチュアリティ

惑星：海王星

タロット：ワンド、ソード、カップ、ペンタクルの１（エース）

チャレンジ：

神や聖なる存在を信じない、つながりを作るのは難しいと感じる

スピリチュアルな世界にのみフォーカスし地に足がついていない

自分の力で成し遂げることができない、制限があると感じる

質問：

私の人生で最も大切なこと、価値あることは何だろう？

自分勝手にできないと思い込んでいることはないだろうか？

必要な時にはサポートがあることを信頼しているだろうか？

アファメーション：
私は制限を解き放ち、無限の可能性に開きます。

エクササイズ6　瞑想（ケテルのワーク）

ケテルは通常の人間の意識では知ることができないと伝えられています。そのようなケテルを感じるためにできることは、日常的な雑音を追い払い、心身ともにくつろいで、静寂の世界を体験することでしょう。

最近はビジネスの世界においてもストレスの軽減や、集中力を高める方法として、「マインドフルネス」が注目されています。マインドフルネスは「ジャッジすることなく、今、ここに集中する」心のあり方とされています。

呼び名は何であれ、瞑想は古くから世界各国で心を鎮める方法として実践されてきました。瞑想にはさまざまな種類がありますので、あなたにとって続けやすい方法で生活に取り入れるとよいでしょう。ここではシンプルな方法を紹介します。

①座るか横になるかして、身体が楽になる姿勢をとります。
②呼吸に意識を向けます。

③すべてのストレスが吐く息とともに身体の外に出ていくようにイメージしましょう。
④頭の中の考えも、心の中の思いも、吐く息とともに外に出ていきます。
⑤浮かんできたことも、ただそれを吐く息とともに手放します。
⑥そのまましばらく続けます。
⑦頭と心が落ち着き、十分だと感じたら、吐く息とともに目を開けます。

「何も考えないようにしようと思えば思うほど考えてしまい、瞑想ができない」という話をよく聞きますが、そうした場合には、無理に考えないようにするのではなく、「あ、今○○が浮かんできたな」と頭に浮かんできたことをただ観察します。その際に、浮かんできたことについてあれこれ判断するのは避けて、ただ観察し、吐く息とともに手放します。そうして繰り返していくと、いつの間にか静けさにくつろぐことができるようになります。瞑想する時間をとることが難しい場合でも、通勤、通学の電車の中や、お昼休みの仕事に戻る前、夜眠る前など、日常の中で少しだけでも時間をとって瞑想する習慣をつけましょう。

ティファレト（美）

ティファレトは、ケテルとマルクトをつなぐ平衡の柱にあり、生命の木の中央に位置し、マルクトを除く全てのセフィラとパスでつながっています。ティファレトは、生命の木の中心で全体に滞りがないかを観察し、調和をもたらすよう働きます。ティファレトがうまく機能しなくなると、あちこちのバランスが乱れて不具合が生じます。逆にティファレトが正しく機能しているなら、バランスの乱れをいち早く察知し、対処することができます。ティファレトは、人間の身体では、胃や腸、肝臓、膵臓《すいぞう》など主要な臓器とつながる神経が集まる太陽神経叢《たいようしんけいそう》、もしくはハートに対応します。

ティファレトは「Beauty／美」を意味します。ティファレトはすべてのものに美しさを見出すことができる質です。私たちが美しいと感じるものは、それぞれが繊細なバランスを保っています。例えば、「薔薇の花は美しい」と感じるとしたら、それは花びら、雄しべ、雌しべ、額の形や色、質感が一体となって調和しているからです。あらゆる花は繊細なバランスで成り立ち美しさを放っています。

私たち人間も一人一人が異なるユニークな姿形で存在しています。思考や感情、食事や睡眠、仕事やプライベートなど、さまざまな部分のバランスがとれていれば、心身ともに健やかでいられます。ティファレトは、美しく調和のとれた人生を生きるためのバランスを促します。

ティファレトと周囲のセフィラの関係を見てみましょう。平衡の柱の上にはケテル、下にはイエソドがあります。中央のティファレトは、神の意識（ケテル）と日常の自己意識（イエソド）の調和をとっています。ティファレトは、ケテルの神の意識を映し出す鏡としてのハイヤーセルフを表します。

ハイヤーセルフは、「日常の私」を超えた「本当の私」です。物質世界という荒波にのまれ四苦八苦しもがいている「日常の私」を見て、「こちらに手を伸ばせばいつでも助けるよ」と常に見守っているのが、ハイヤーセルフの「本当の私」です。時には、自分がしたとは思えない勇気ある行動で誰かを助けたり、ふいに高いところから見下ろすように物事が明晰に見えたりすることがありませんか？　そんな時はハイヤーセルフのティファレトが働いています。このハイヤーセルフの意識を保つことができれば、自分自身の真の美しさに気づくとともに、他の人々やあらゆるものの美しさが見えてきます。ティファレトまで意識が成長すれば、エゴを超えた普遍的な意識で物事を見ることができます。ティファレトは人間の本質として捉えることができるでしょう。

ティファレトは斜め上に位置するケセドとゲブラーに対する見張り機能を備えています。愛し受け入れること（ケセド）と厳しさを持ち判断すること（ゲブラー）が行きすぎることなく、ほどよい加減で働くように調整しています。同様に斜め下に位置する情動（ネツァク）と知性（ホド）を調整しています。このようにティファレトは生命の木全体のバランスをとり、「本当の私」として世界と調和して生きる可能性を示しています。

◆ティファレト　תפארת

意味：美、調和、バランス
特質：ハイヤーセルフ
惑星：太陽
タロット：ワンド、ソード、カップ、ペンタクルの6とキング

チャレンジ：
自分を導くガイドやハイヤーセルフにつながることへの恐れ
自分の美しさを表現するのをためらう
極端に走る傾向

質問：
日々の生活のバランスがとれているだろうか？
極端に走りすぎていることはないだろうか？
自分の美しさを活かし、表現しているだろうか？

アファメーション：
私は人生のバランスをとり、自分自身の美しさを表現します。

エクササイズ7　ハートを育てる（ティファレトのワーク）

ティファレトは、ハートチャクラ（アナハータ／第４）、もしくは太陽神経叢のチャクラ（マニプーラ／第３）と対応しています。ここでは、すべてのチャクラとつながりを持つハートに意識を向け、ハートを感じてみましょう。
通常、ものを見るのは目、聴くのは耳ですが、ハートで見ること、聴くことに切り替えてみるエクササイズです。

ハートで見る

①身近にあるものを1つ選びます。花でも、マグカップでも、ぬいぐるみでも、ペンでも、どのようなものでも構いません。
②まずは普通にそれを見ます。形や色、感触や香りなど、どのように感じるかを観察し、覚えておきます。例えば「可愛いな」「ずいぶん使い込んでいるな」などです。あるいはそれを購入した時のことを思い出すかもしれません。
③次に、目を閉じて、胸の中心のハートに意識を向けます。助けになるようなら、両手をハートに置きます。
④そのまま、呼吸の動きとともにハートを感じます。
⑤息を吸うたびに、ハートが広がっていくのをイメージしましょう。
⑥そのまましばらく続けて、ハートが広がって自分自身がハートそのものになったように感じたら、目を開けます。

⑦先ほど見たものを再び見てみます。普通の目で見た時と、ハートから見た時の違いを感じるでしょうか？

ハートで聴く
①好きな曲を選んで、まずは普通に耳で聴いてみます。
②次に前ページの「ハートで見る」のエクササイズの③〜⑥を行います。
③同じ曲を今度は、ハートで聴いてみましょう。音楽を聴こうとする必要はなく、ハートに耳がついているので、自然に音楽がハートに流れ込んできます。普通に聴いた時と、ハートで聴いた時の違いを感じるでしょうか？

＊このエクササイズを日常でも試してみましょう。景色を見る時や、話を聞く時、また、イライラしたり、落ち込んだり、気分がよくない時にも試してみましょう。

イエソド（基礎）

ティファレトとマルクトの間に位置するイエソドは「日常の私」の意識を表します。イエソドは「私は◯◯だ」という時の主語の「私」であり、自分自身が持っている自分のイメージです。私たちは、この「私」を自分自身だと認識しています。生命の木では、この「私」は、イエソドの「日常の私」であり、ティファレトの「本当の私」と区別しています。ティファレトとイエソドは平衡の柱でつながっていますので、私たちは通常この2つの「私」の間を行き来しています。ただし、気づきを持って生きていない場合は、ほとんどをイエソドの「日常の私」で過ごしています。では、「日常の私」とはどんな「私」なのでしょうか？

生まれてから今まで関わってきた人々、環境、状況から、「日常の私」は作られています。例えば、「私は歌が上手い」と思っている人は、今までにたくさんの人から「歌が上手いね」と褒められてきたでしょう。「私は人見知りだ」と思っている人は、人と話す時に緊張し、初対面の人に話しかけるのに躊躇《ちゅうちょ》した経験から、人見知りだと思っているのではないでしょうか？　このようにさまざまな経験が蓄積されてできあがった「私」が「日常の私」です。

「日常の私」は、パーソナリティ（人格）として捉えることができます。パーソナリティは、両親からの遺伝的要素を含んだ気質を元に、3歳ぐらいまでに性格が形成され、毎日の行動の積み重ねから習慣的な性格が加わり、学校や職場での立場から役割的な性格が加わって形成されます。

パーソナリティの語源は、ラテン語のペルソナ（仮面）です。古代ギリシャ劇では、複数の演者が同じ役柄を演じたり、一人の演者が複数の役割を演じたりすることがあり、観客が混乱しないように演者は役柄を表す仮面をつけて演じました。イエソドの「日常の私」は、外の世界に向けてつける仮面のようなものです。仮面ではありますが、周囲の人はその仮面を本人だと認識し、自分でもいつしか仮面をつけているのを忘れて、その仮面が自分自身だと思い込んでしまいます。するといずれは、仮面の持つ役割に縛られて苦しむことになります。仮面とは別に、ティファレトの「本当の私」が存在していることを、忘れないようにしましょう。

イエソドの「日常の私」も、実生活においては大切です。例えば、家庭では母親としての役割と妻の役割を演じ、職場では部下を指導する上司の役割とショップで接客するスタッフの役割を演じるなど、誰もが場面や状況に適した役割としての行動をとることで、家庭生活、社会生活をスムーズに送ることができるからです。イエソドの「日常の私」は、今まで蓄積してきたあらゆる経験を元に、その場に最もふさわしい仮面を瞬時に選んで身につけます。それは無意識に行われるので、「日常の私」を変化させたい場合には、その土台にどんな考えや感情、信念があるのかを探ってみる必要があります。

イエソドは、「Foundation／基礎」を意味します。私たちの意識には、顕在意識（気づいている意識）と潜在意識（気づいていない意識、無意識）があり、潜在意識は、個人的な経験だけではなく、個人の領域を超えた人類の集合無意識をも含むと考えられています。イエソドには、意識の土台となる潜在意識につながる扉があります。イエソドに意識を向けることで、夢や空想を通して潜在意識からやってくる体験がもたらされます。

◆イエソド　יסוד

意味：基礎、土台
特質：パーソナリティ、潜在意識、無意識、自我
惑星：月
タロット：ワンド、ソード、カップ、ペンタクルの9
チャレンジ：

家庭や社会での役割に縛られる
内側から湧き出るエネルギーを抑圧する
幻想に陥る

質問：
私は日常でどんなパーソナリティを演じ分けているだろうか？
どんな信念を人生の土台においているだろうか？
私にとっての「自分らしさ」とはどんなことだろうか？

アファメーション：
私は日常の自分が本当の自分ではないことを知っています。その上で人生という舞台で演じる役柄を楽しみます。

エクササイズ8　夢日記をつける（イエソドのワーク）

夢は潜在意識、無意識とつながっています。未来を予知する、ガイダンスや質問の答えを得る、過去生を見るなど、夢のメッセージを読み解くことは、古くから世界中で行われてきました。

旧約聖書の創世記には、ヨセフがファラオの夢を読み解き、エジプトの飢饉《ききん》を救う話があり、夢は神からのメッセージであると信じられてきました。

日本でも、平安時代には夢は現実になると信じられ、夢で吉凶を判断する「夢解き（夢合わせ）」が盛んに行われました。現代でも書店には「夢占い」に関する本がずらりと並んでいます。

夢のメッセージから探し物が見つかったり、親しい人の近況を知ったり、病気に気づくこともあります。

①起きた時に夢を記入するペンとノートを、枕元に用意します。

②ガイダンスや質問の答えを受け取りたい場合は、眠りにつく前に、ハイヤーセルフ、守護天使など、ガイダンスをもたらしてくれる存在に、質問内容を伝え、夢で得た答えを覚えていられるように頼みます。質問を書いたメモを枕の下に入れるという伝統的な方法もあります。

③夢を見たら、見た夢のストーリー、登場人物、色、自分の感情や感触など、覚えていることをできる限り詳しく書きとめます。

④はっきりと目が覚めてから、改めてノートを確認し、その夢のメッセージがどのようなものかを読み解きます。夢にはさまざまな解釈の仕方がありますので、１つのことを多方面から考えてみましょう。まずは、自分自身で読み解いて、その内容をノートに記入します。

⑤「夢占い」「夢判断」などで検索するとインターネットには多くのサイトがありますし、書籍もありますので、見た夢のキーワードなどで調べることができます。

⑥①～⑤をしばらく続けてみると、夢の中にアイディアや潜在的に考えていることなどが表れていることに気づくでしょう。

ダアト（知識）

生命の木においてダアトは、異なる次元につながる扉だと考えられています。ヤコブの梯子で見ると、上の世界のイエソドと下の世界のダアトがつながっています。上からの流れで見れば、上の世界のものがイエソドを通して下の世界のダアトに下りてきます。下からの流れで見るなら、下の世界のダアトの何らかの経験は、上の世界のイエソドの扉を開く鍵となります。

ダアトは「Knowledge／知識」を意味します。ダアトの知識とは学んで得る知識ではなく、神の高次の知識を意味します。また、ダアトは神を直接知る体験を表します。

◆ダアト　דעת

意味：知識
特質：神を知る体験
惑星：冥王星

　ここからは、生命の木の幹から両側に伸びた枝、左右の柱をつなぐセフィロトを見ていきましょう。右側の慈悲の柱には、コクマ、ケセド、ネツァクがあり、左側の厳格の柱には、ビナー、ゲブラー、ホドがあります。それぞれの柱の3つのセフィラは、力と形、拡大と収縮、男性性と女性性といった対極の質を持ちながら、左右で対を成しています。生命の木には左右の柱をつなぐパスが3本ありますが、どれも他のパスの上を横切るようにつながっています。これは左右の関係が重要であることを表します。

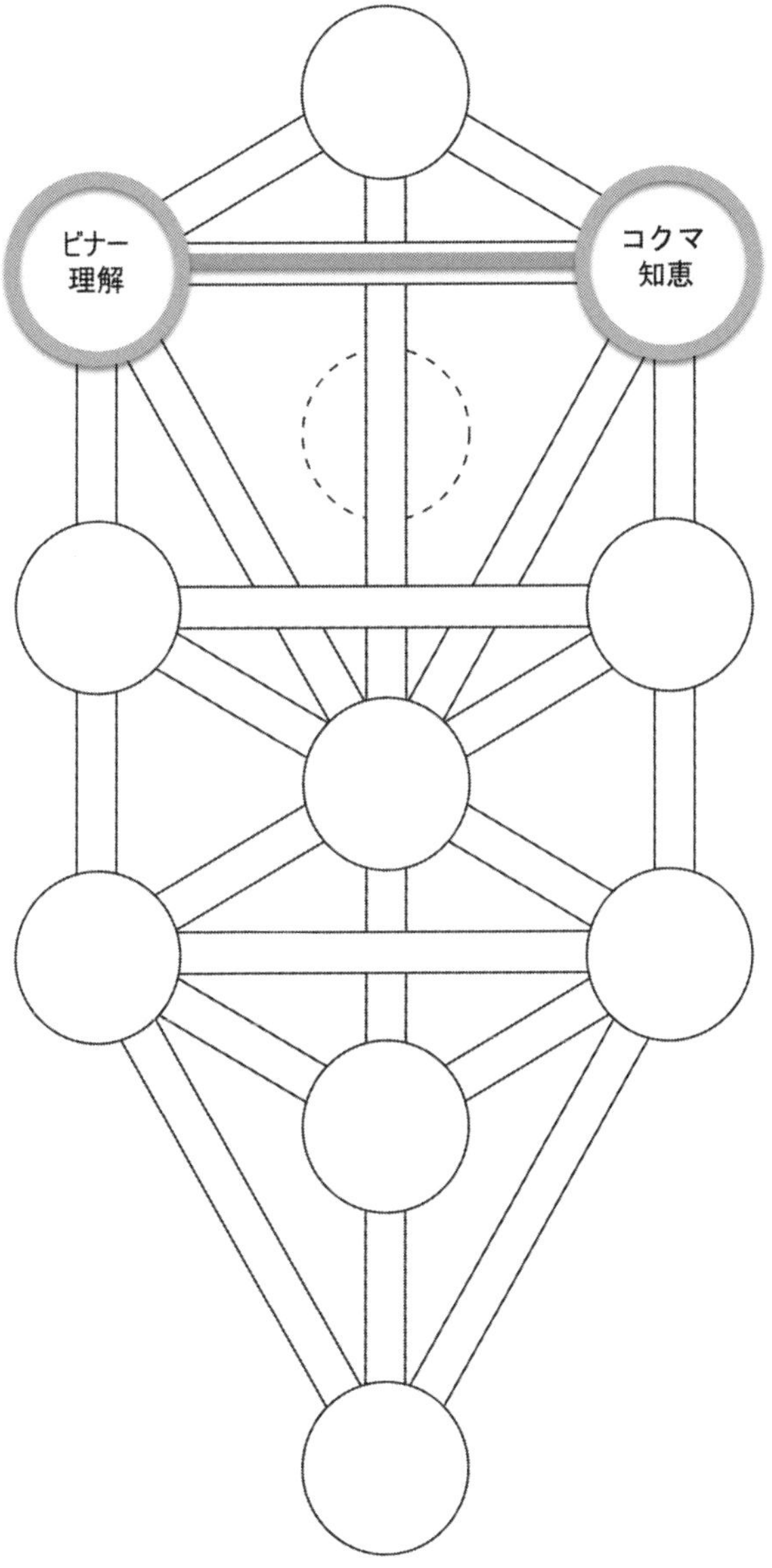

図12　コクマ／ビナー

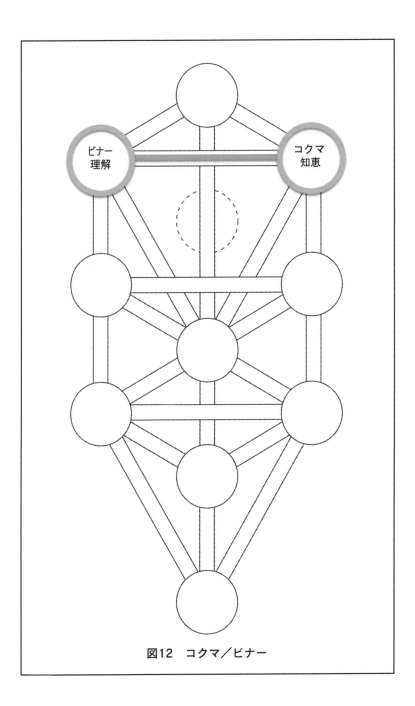

慈悲の柱・厳格の柱のセフィロト

コクマ（知恵）

コクマは「Wisdom／知恵」を意味します。コクマの知恵とは、閃きや、直観、インスピレーション、霊感、啓示という表現がふさわしいものです。

アインシュタイン[*5]の相対性理論のように、その後の世界を変えるような発見は、コクマによって生み出されます。看護学の基礎を築いたナイチンゲール[*6]は、「我に仕えよ」という神の声を聞き、自分がなすべきことを確信し看護の道を選びました。こうした神の啓示はコクマの働きです。

世紀の大発明でなくても、突然の閃きや、自分の内側から響く声が聞こえたという経験は、誰もがあるのではないでしょうか？

＊5　アルベルト・アインシュタイン（1879～1955）：特殊相対性理論などの発見により、物理学の認識を根本から変える偉業を成し遂げた理論物理学者。

＊6　フローレンス・ナイチンゲール（1820～1910）：クリミア戦争での負傷兵への献身的な働

きから「クリミアの天使」と呼ばれ、統計に基づく医療衛生改革を行った近代看護教育の母。

知恵とは、賢い方法で物事を行うことです。何をするにしても、自分の本質を活かして創意工夫を凝らすことによって、物事に生命が吹き込まれます。

コクマは慈悲の柱の一番上に位置します。個人的なレベルを超えて人類全体、宇宙全体に広がる愛を表します。宇宙のすべては神の一部であり、宇宙に存在するすべてのものは相互につながり合っています。すべてがつながりあっているのなら、相手を傷つける行為は、自分を傷つけることであり、地球を傷つける行為は、地球に生きるすべての生命を傷つけることであり、それはまた他の惑星を傷つけ、宇宙全体の調和を乱すことになります。コクマは、宇宙が調和するための愛の叡智をもたらします。

コクマは、原初の男性原理であり、力強く外に押し出すエネルギーで止むことはありません。例えば、水道の蛇口をひねればすぐに水が出るように、水道管には水が満ちています。水が満ちた状態がケテルだとすると、蛇口をひねって勢いよく水が流れ出る状態がコクマです。このダイナミックな力を賢く使うことができれば、多くの人や状況に役立つ創造ができるでしょう。

◆コクマ　חכמה

意味：知恵

特質：閃き、直観、陽の原型、原初の男性原理、至高の父

惑星：天王星

タロット：ワンド、ソード、カップ、ペンタクルの2とナイト

チャレンジ：

自分で何かを始めるのを面倒に感じる

パワーを自己中心的に用いる

閃きや直観を否定する

質問：

私は閃きを大切にし、実行に移しているだろうか？

理由がわからずともやるべきだと感じた時に行動しているだろうか？

直観で受け取ったことがすぐに形にならなくても、諦めずに役立つ方法を考えているだろうか？

アファメーション：
私は今静けさの中で受け取ります。受け取るものが何であれ、賢い方法で使います。

エクササイズ9　閃きにフォーカスする（コクマのワーク）

①今日一日、閃いたこと、気になったことを書きとめましょう。例えば、朝のニュース、電車の広告や街の看板で目に飛び込んできた情報、突然思い出したこと、友人との会話のトピックなど、理由は考える必要はありません、何であれピンときたものを書きとめます。
②一日の終わりに、書きとめた内容に目を通します。何か共通していることはありませんか？　なぜかわからないけれど、重要だと感じることはあるでしょうか？
③②で気になった内容は、ピックアップして別のところに書き写します。
④①～③をしばらく続けたのち、書き写した内容を振り返ってみましょう。何か気づく

ことはありませんか？　関連ある状況が思い浮かんだり、何かの答えが見つかるかもしれません。もし、何もなくても、しばらくそのままにしておきます。時間が経って振り返ってみると、思わぬメッセージに気づくこともあります。

ビナー（理解）

コクマからのダイナミックな流れを、受け入れる器がビナーです。ビナーは、コクマと向かい合う厳格の柱の一番上に位置します。

ビナーは原初の女性原理であり、陰の原型です。コクマはエネルギーを外に拡大し、ビナーはそれを内に取り込み凝縮します。これは、受精のプロセスとして考えることができます。多くの精子の中から卵が1つの精子を受け入れると、他の精子は遠ざけられます。通常は複数の精子が侵入しても融合できるのは1つのみです。このように形にするためには、多くの要素から受け入れるものと排除するものを判断する必要があります。

ビナーは「Understanding／理解」を意味します。判断するためには、目的や状況を理解することが大切です。何の理解もなくすべてを取り込んだら、うまく形を成さないか、雑多なものができあがってしまいます。水道の蛇口の下に、水を受け取る容器を置かなければ、水はただ流れ出て無駄になります。水を飲むのであればグラスを、野菜を煮込むのであれば鍋を、お風呂を沸かすのであればバスタブを蛇口の下に置く必要があります。目的を理解した上でそれに合わせた器を準備し受け取ることでまとまりが生まれます。

ビナーは、ケテルの神性を含んだコクマの閃きを受け入れ、創造を促します。現代は多くの情報があふれています。目的地に到達するには、最も重要なものが何かを理解していないと、簡単に迷子になってしまいます。ビナーは、邪魔なものを遮断して、私たちが進むべき真の方向を選択できるように導きます。

理解は、人間関係におけるコミュニケーションの要です。お互いに異なる意見を持っていても、相手の立場に立って理解しようと努め、自分を理解してもらうための働きかけを諦めなければ、お互いの接点を見つけることができます。たとえ接点が見つからなくても、お互いに「理解された」と感じるなら、関係性が壊れることはないでしょう。人間はそれぞれユニークなパーソナリティを持ち、自分とは異なる相手を理解する能力を備えています。異なることへの理解は自分自身を知ることを深め、お互いに協力し合うことで、より優れた創造ができます。

◆ビナー　בינה

意味：理解
特質：陰の原型、原初の女性原理、至高の母
惑星：土星
タロット：ワンド、ソード、カップ、ペンタクルの3とクイーン

チャレンジ：
何を受け入れるべきかわからない
やってくるものが大きすぎて、自分には手に負えないと感じる
自分の見方にこだわり、本質を理解しようとしない
質問：
私が心から創造したいものは何だろうか？

相手の立場に立って理解しようと努めているだろうか？
十分に理解することなく、反射的に拒否していることはないだろうか？

アファメーション：
私はやってくるものを受け取る器になります。自分の持つものすべてを活かして創造します。

エクササイズ10　器を作る（ビナーのワーク）

ビナーは、形を定めるセフィラです。コクマから流れ出るダイナミックなエネルギーをどのように使うか、方向性や目標を定める必要があります。

もし、どんなことでも実現可能だとしたら、あなたは何を創造しますか？　お金や時間、人など、一切の制限がないと考えてリストを作りましょう。現実レベルで考えたら実現不可能なものでも構いません。大切なのはダイナミックなエネルギーを受け止める器を作ることです。あなたが創造したいと考えることが器となります。器はいくつでも作ることができます。コクマのエクササイズを行っているなら、その中にもヒントがあるかもしれません。

ケテル、コクマ、ビナーのアツィルト（流出界）は、物質世界の原型として存在し、そこでの決定がブループリントとなり、現実世界に形として現れます。イメージしたものと全く同じ形で現れるとは限りませんが、ここで作ったリストは、これから花開く種になります。種を植えなければ、花は咲きません。どんな花を咲かせたいかをイメージして、リストを作りましょう。

ケテル、コクマ、ビナーは、4つの世界のうち最上部に位置するアツィルト（流出界）にあります。ここから次のケセド、ゲブラー、ティファレトのブリアー（創造界）に下りるには、アビス（深淵）を越えなければなりません。神の世界と人間の世界、アビスは2つの世界の間に大きなギャップがあることを示しています。

例えば、小説を書くという過程を考えてみましょう。まず、最初にアイディアがやってきます。まだストーリーや登場人物は思い浮かびませんが、これから展開するであろう物語の閃きは頭の中にあります。ここがアツィルトです。ここから具体的な内容を決めて執筆し作品に仕上げるためにはブリアーに下りる必要があります。アツィルトとブリアーの間には、アビス（深淵）が横たわっています。ここでアビスを越えることができないと、「確かに何か閃きがあったはずなのに消えてしまった」とアイディアは小説のプロットになることなく消えていきます。

ここからは、ブリアー（創造界）にある対のセフィロト、ケセドとゲブラーを見ていきましょう。ここは、メンタルワールド（精神世界）で、私たちにも馴染みがある世界です。創作活動であれば、いよいよインスピレーションやアイディアが形になるために動き出します。頭にはさまざまなイメージが浮かび、描きたいテーマを検討し、どれを取り入れどれを捨てるかを選択します。もし、浮かんできた内容どれもが捨てがたく、すべてを1つに盛り込んだらどうなるでしょう？　逆に、あれもダメこれもダメと次々と切り捨てたらどうでしょう？　ここでケセドとゲブラーが互いに逆方向に引き合う中で、バランスを見出す必要があります。

ケセド（慈悲）

ケセドは、慈悲の柱の中央、コクマの下に位置します。

ケセドは「Mercy／慈悲」を意味します。慈悲とは、あるがままを受け入れ許すこと、無条件の愛を表します。通常、私たちが「愛している」という状態は、もう一段階、下の世界の愛を表します。なぜなら、たいていの場合は愛に条件がついているからです。「あなたのすべてを愛している」と思っていたのに、相手への熱が冷めたら、「こんな人だとは思わなかった」

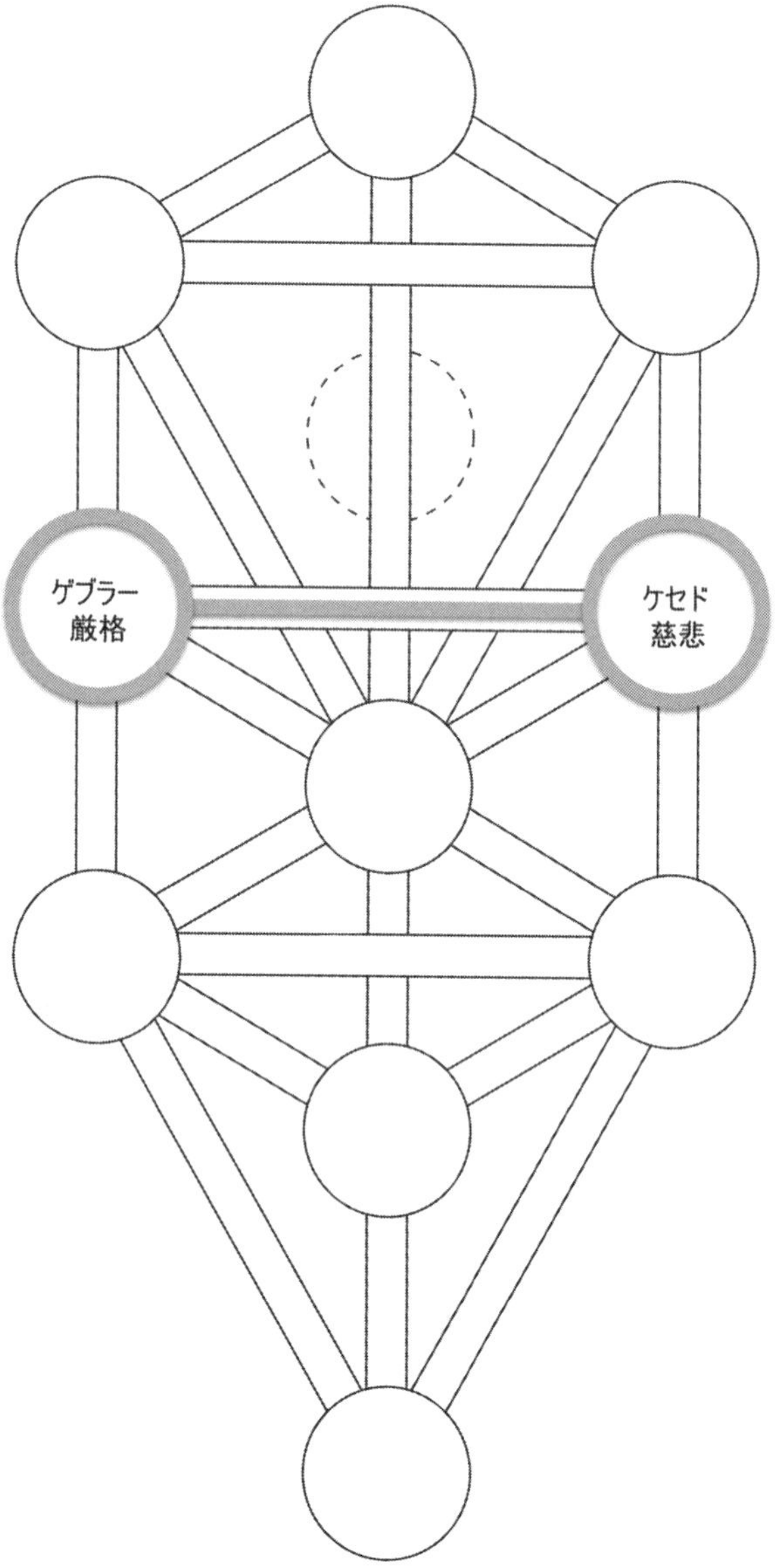

図13　ケセド／ゲブラー

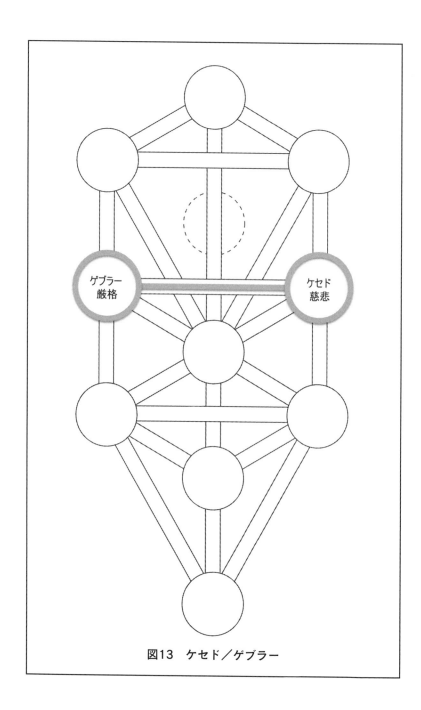

と思い始め、「私の期待に応えてくれないなら愛せない」となります。こうした日常にあふれる愛の形は、明らかに条件つきの愛です。「見返りを期待することなくただ愛し愛される」そんな真実の愛を誰もが求めていますが、自分自身でさえも、あるがままを愛することができずにいます。

「愛と思いやりに満ちた人になる」そのための第一歩は、自分自身を愛することです。どんな自分であろうとも、そのままの自分を愛し受け入れることができれば、自分のカップを愛で満たすことができます。カップが満たされていれば、いつでも愛を分かち合うことができます。男女の恋愛問題から、親子問題、国同士の戦争、環境破壊に至るまで、すべては愛の不足から起きています。不足している愛の代わりを何か（お金や権力など）で補おうとする行為が、世界に不調和を生み出します。けれども、愛の不足というのも幻想です。愛は増えたり無くなったりするものではなく、常にあるからです。残念ながら愛を目で見ることはできません。「私は愛されていない」と信じるのであれば、現実に愛されない体験を引き寄せてしまいます。この世界では、内側にあるものが外側に映し出されます。現実の世界で愛されないという体験を通して、自分を愛することに目覚めるよう導かれるのです。

◆ケセド　חסד

意味：慈悲
特質：無条件の愛、思いやり、優しさ、献身
惑星：木星
タロット：ワンド、ソード、カップ、ペンタクルの4

チャレンジ：
過去の傷ついた経験から許すのが難しい
所有欲や支配欲からの自己満足な愛、溺愛、打算的な愛
頑なで柔軟性に欠ける

質問：
誰かを傷つけてしまった自分を、あるいは自分を傷つけた相手を許すことができるだろうか？
嫌われるのを恐れて断るべきことを受け入れていないだろうか？
日常の些細なことも、愛と配慮を持って行っているだろうか？

アファメーション：
私はあるがままの私を受け入れ、必要なところすべてに愛と思いやりをもたらします。

エクササイズ11　慈愛をもたらす（ケセドのワーク）

このエクササイズの目的は、自分自身に慈悲深くあることの実践です。

この世界では、いわれのない攻撃や嫌がらせを受けたり、理不尽な対応をされたりすることがあります。インターネットやテレビでも、炎上やバッシングなどが日常茶飯事ですし、パワハラ、セクハラ、モラハラなど「○○ハラスメント」といった行為もあふれています。

納得いかない出来事が起きた時、怒りや悲しみ、相手を憎んだり恨んだりする気持ちが湧き上がることもあるでしょう。なんとか仕返ししてやりたいと思うこともあるかもしれません。

そうした時に、少し立ち止まって考えてみましょう。怒りや悲しみなど、どんな感情であれ感じることは自由ですし、湧いてくる感情を否定する必要はありません。感情は誰にでもあり、常に動いています。

しかし、自分に痛みや苦しみを与える感情を持ち続けると、自分自身に大きなダメージを与えます。１００％相手に問題があったとしても、いつまでもネガティブな感情を持ち続けると、自分自身を傷つけてしまいます。

ネガティブな感情にとらわれた時に、このエクササイズを試してみてください。相手を変えることはできませんが、自分が変わることはできます。自分が変わると、日常レベルでは気づかない程度であったとしても、確実に相手も変わります。何よりも、自分自身が穏やかで心地よくあることを大切にしましょう。

①自分自身や他の誰かに対して、怒りを感じること、許せないと思っていること、あるいはもっと慈悲深くありたいと思う状況を思い浮かべるか、紙に書きます。
②目を閉じて呼吸に意識を向けます。息を吐くたびに緊張を手放して、リラックスします。
③十分にくつろいだらハートに意識を向けます。息を吸うたびに、ハートが大きく広がっていくのをイメージしましょう。
④ハートが大きく広がって、自分自身が大きなハートに包まれていきます。心地よく感じられたら、先ほどの状況を思い出します。怒りや痛みがやってきたら、ただそれを観察します。もし苦しくなったら、吸う息とともにさらにハートが大きく広がってい

くのをイメージして、ハートの中でくつろぎましょう。ハートはどのような感情も吸収し、溶かしてくれます。

⑤次に、思い浮かべた状況の中で、「本当はこうだったらよかったのに」「本当はこうしたかった」と思うことをイメージします。例えば、誰かに投げかけられた言葉で傷ついたとしたら、それがどんな言葉だったら受け入れられたのか、ひどい仕打ちを受けて許せないと感じているのなら、それがどう変化すれば状況が改善されるのか、自分の行動で苦しんでいるのなら、本当にとりたかった行動をとってみるなど、あなたが望むように状況を変化させてみましょう。

⑥しばらくの間、あなたが望んだ最善の状況の中にいます。もう、すべきことは終え十分だと感じたら、イメージした状況から離れましょう。

⑦何度か深呼吸をして、目を開けます。相手に対して、あるいは自分に対して、今どんなふうに感じていますか？　思いや状況を書いた紙は「ありがとう」と燃やしましょう。

※一度でうまくできなくても、繰り返し行ってみましょう。繰り返すうちにいつの間にか解放されて軽やかになります。気分が重く感じる時には、②③を行うと楽になりますので、試してみてください。

ゲブラー（厳格）

ゲブラーは厳格の柱の中央、ビナーの下に位置します。ゲブラーは「Strength／強さ」「Severity／厳しさ」、判断、公正、識別、正義といった意味を持ち、向かい合うケセド（慈悲）とバランスをとります。

ケセドが、すべてを許し受け入れる無条件の愛だとしたら、ゲブラーは愛ある厳しさを表します。例えば、友人が自分自身を傷つけるような言動をしていたら、たとえ友人から嫌われようとも、ダメなものはダメと毅然とした態度で伝えるといった、相手を思いやればこその厳しさです。

自分自身に厳しく規律を課すことが、何らかの目標を達成するために必要な場合もあります。子供のころは、「夜8時には寝る」「宿題をしてから遊びに行く」「制服を正しく着用する」といった親が決めたルールや、学校の規則がありました。大人も社会のモラルやマナー、法律に従う必要がありますが、個人的な人生の目的を達成するための規則はありません。

もし、バレリーナになりたいなら、毎日のレッスンは欠かせませんし、体型を維持するために好きな食べ物も我慢しなければならないでしょう。漫画家になりたいなら、漫画を描くことはもちろん、新人賞に応募したり、出版社に持ち込んだり、ネットで発表するなど、誰かに認めてもらうまで諦めずに描き続けなければなりません。

「いいよ、いいよ」と緩める方向に引っ張るケセドに対抗して、「それはダメ！」と引き締める方向にゲブラーは引っ張ります。何らかの枠組みや制限を設けることで、本当に進むべき方向に焦点を絞ることができます。

ゲブラーは古くなって役に立たないものを切り捨てることで、新しいものに道を開きます。何を捨て、何を残すかを、大きな視野で識別するのがゲブラーです。

◆ゲブラー　גבורה

意味：厳しさ、強さ
特質：判断する、公正さ、識別する
惑星：火星
タロット：ワンド、ソード、カップ、ペンタクルの5

チャレンジ：
自分に規律を課すことができない
自分にも他人にも厳しすぎる
意見や考え方の違いを認めず攻撃的になる

質問：
目標を達成するためには、どのような規律を持てばいいだろうか？
どのような性格的な強さが必要だろうか？
強さを発揮するためにはどうすればいいだろうか？

アファメーション：
私には望みを達成する強さがあります。その強さで進むべき道を切り開きます。

エクササイズ12　目標達成に向けて規律を作る（ゲブラーのワーク）

①人生を向上させるために必要だと思われることを書き出してみましょう。

②その実現のためにどんな規律を持てばいいのかを考えます。実現可能なもので、すぐにできることを優先します。

③期限を決めて行い、期限が来たら振り返ります。実践できた場合にはその成果を、実践できなかった場合には、その理由と代案を書き出します。

④再び、期限を決めて行います。意識しなくてもできるように、習慣化するまで続けましょう。

こうしたエクササイズは、誰もが取り組んだ経験があると思います。「目標は立てたけれども、三日坊主で終わってしまった」ということもあったかもしれません。そうした時に、「やっぱり私はダメだ」と自分を責めたり、「そもそも私には無理だ」と諦めてしまうことがあります。

その時こそ、生命の木の慈悲の柱と厳格の柱、相反する2つの力のバランスを考えてみてください。2つの柱の間には平衡の柱があります。ゲブラーのバッサリと切り捨てる側面が強くなりすぎると、育つものも育たなくなります。反対に、ケセドの「いいよ、いいよ」とすべてにイエスを言う側面に甘えていると、育てたいものが雑草に紛れてしまいます。

大切なのは、自分の気持ちも含めて、取り組み状況を観察することです。うまくいかない場合は、最初の目標が心から達成したいことなのか、規律が厳しすぎないかを見直しましょう。そして、自分にダメ出しをしてしまいそうになったら、「今はこれでオーケー」と受け入れ、別な角度から目標達成のための規律を考え、チャレンジしましょう。
大切なのは、諦めずに、マイペースで確実に進めることです。

ここからはイエッツラー（形成界）に下りて、ネツァクとホドを見ていきましょう。慈悲の柱と厳格の柱の最も下に位置するネツァクとホドの働きは、少し意識を向ければ、日常でも気づくことができます。

ネツァクは強い感情、ホドは頭の働きと捉えることができます。平衡の柱のイエソドは、日常の私、ティファレトはハイヤーセルフ、マルクトは肉体です。

ネツァク（永遠）

ネツァクは、「Eternity／永遠」や「Victory／勝利」を意味します。永遠とは、意識せずとも生命がある限り呼吸や各臓器が自然な活動を続けるように、繰り返し続く動きを表します。

ネツァクは、湧き上がる感情、情熱、愛、性的本能と関係します。古今東西、恋愛は人生の大きなテーマです。誰もが愛する人と出会い結ばれたいと願い、テレビや映画、本の題材として恋愛は欠かせません。熱い思いは音楽や絵画など、アートを生み出す源にもなります。

恋をすると何もかもが輝いて見えますが、その反面、恋煩《こいわずら》いに苦しむこともあります。こうした恋愛に向かう性的本能はネツァクの働きであり、バイタリティを高めます。

人間は、バイタリティに満ちていると、元気で前向きな気持ちになり、集中力が増して物事に意欲的に取り組むことができます。

逆にバイタリティが不足すると疲れやすく不安がつのり、やる気に欠け怠惰になります。今よりも成長したいと願う向上心や、そのための行動もバイタリティがあるからこそと言えます。

ネツァクは、内側から湧き上がる情熱であり、クリエイティブなアートを生み出す源です。ネツァクの勝利という意味合いは、内側深くからの思いが成就することを表すのでしょう。

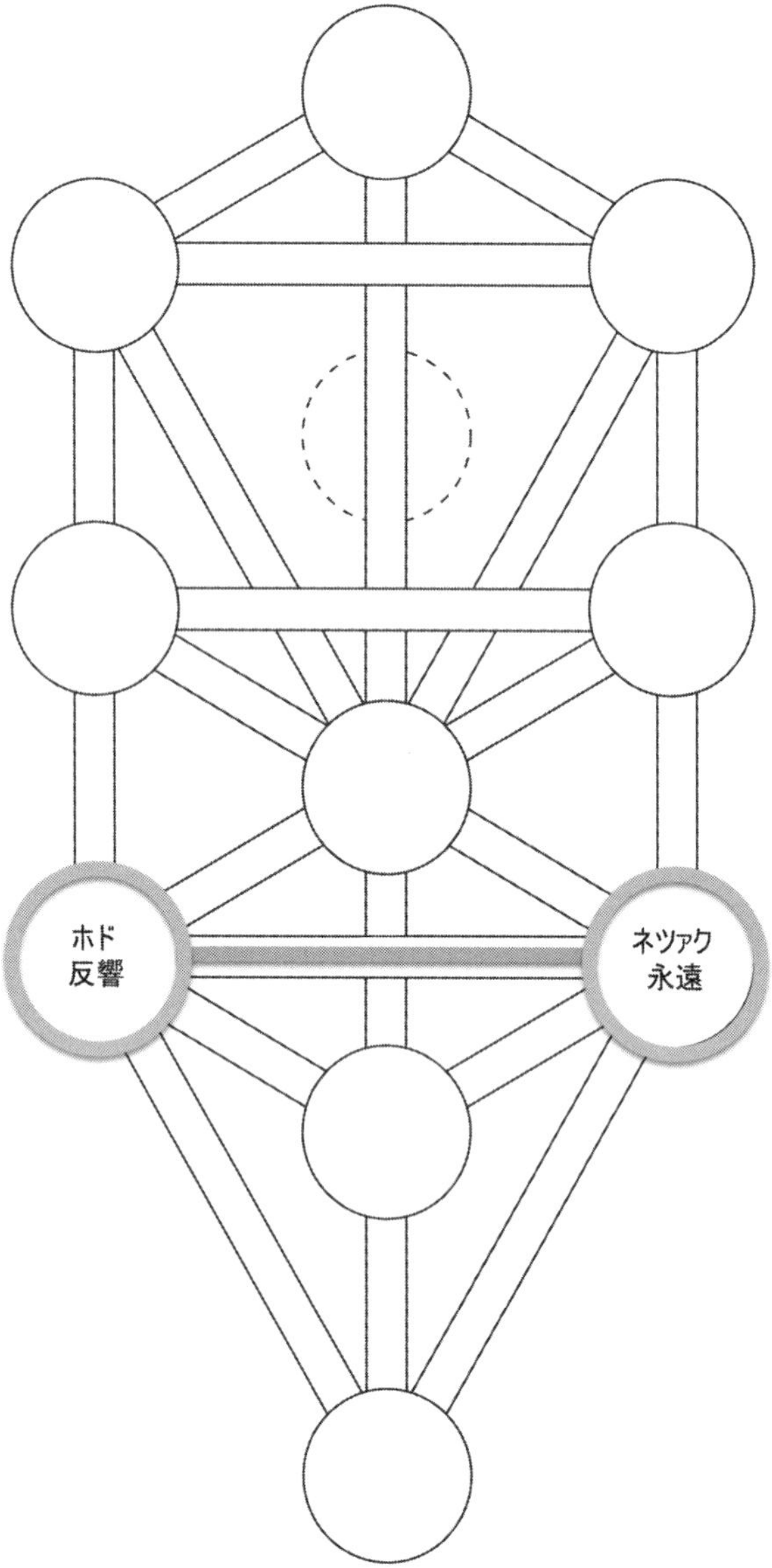

図14　ネツァク／ホド

◆ネツァク　נצח

意味：永遠、勝利
特質：感情、創造性、アート、性的本能、直感的アプローチ
惑星：金星
タロット：ワンド、ソード、カップ、ペンタクルの7

チャレンジ：
ネガティブなフィーリングにとらわれる
自分がしていることに情熱を感じない
自堕落になる

質問：
ワクワクと心が弾むことをしているだろうか？
情熱を持って取り組みたいことは何だろうか？
自分にとって人生の勝利とは何を意味するのか？

アファメーション：
私は湧き上がる情熱に従えば従うほど、クリエイティブになります。

エクササイズ13　やりたいことリストの作成（ネツァクのワーク）

心がワクワクドキドキする、本当にやりたいことをやってみましょう。

おかしなことに私たちは、時間がない、お金がない、才能がない、もう年だからなど、さまざまな理由をつけて、また、周囲の人の目を気にして、自分のやりたいことを後回しにする傾向があります。それでいて、「あの時、ああしていれば、今頃は…」など、過去を悔やんだりします。さらに自由に好きなことをやっている人を見ると、批判したり羨んだりもします。

好きなこと、やりたいことをして、心身ともに満たされるのは、人生にとって大切なことです。そうした経験がきっかけとなり、本当に自分が求めていること、人生の使命や目的に気づくことがあるからです。「思い立ったが吉日」という諺《ことわざ》があるように、「やりたいことはまずやってみる」ことが「本当の私」につながるのを助けます。

①心がワクワクする本当にやりたいことのリストを作ります。まとまったお休みやお金

が必要なこと、一人ではできないこと、今すぐには無理なことであっても、リストに書き入れます。実現したい日付を入れてもいいでしょう。
②実現したことには、チェックを入れます。
③やりたいことが見つかるたびに、リストに付け加えます。
④リストは定期的に見直します。１年後にどのぐらい実現したか振り返ってみましょう。
※コクマのエクササイズを実践しているなら、その内容と比べてみましょう。つながりが見つかったり、自分の真の望みや、導かれている方向性に気づくかもしれません。

ネツァクに偏りすぎると、何事もやりすぎてしまう傾向が現れます。仕事、お酒、ゲーム、買い物、恋愛など、何であれ自分の欲求に歯止めがきかなくなると、中毒や依存症状を生み出します。通常はそうならないように、ホドで自制心が働きバランスがとられています。

ホド（反響）

ホドは「Reverberation／反響」や「Glory／栄光」を意味します。反響とは、外からやってくるものに対しての反応を表します。自分の内側から湧き上がる感情と関係するネツァクに対して、ホドは外側のものを判断する頭の働き、理性と関係します。

私たちは毎日、数え切れないほど多くの物事を判断しています。「今日はどの服を着よう?」「ランチは何を食べよう?」「この仕事を今日中に片付けるか明日に回すか?」など、情報を取り入れ判断し選択し、素早く処理しています。また、「信号の赤は止まれ青は進め」といった常識に基づく判断や、靴紐を結ぶといった繰り返し行われる判断など、すでに学習されたことは、いちいち考えなくても済むように自動的に判断しています。

ホドは、物事の概念を理解し、自分の信念に基づく判断、行動を促します。「信念は山をも動かす」という諺があるように、人生をどのように歩むかは、その人の信念に基づいています。

ホドの栄光とは、自分自身を理解し、理想と信念に従って生きることからもたらされる輝きなのでしょう。

◆ホド　הוד

意味：栄光、反響
特質：理性、マインド

惑星：水星
タロット：ワンド、ソード、カップ、ペンタクルの8

チャレンジ：
考えすぎて行動に移せない
感情に触れるのを恐れる
自分の考えだけが正しいと思い込む

質問：
私はどのような信念を持っているだろうか？
自分自身のどんな部分を素晴らしく思えるだろうか？
物事を「良い悪い、正しい間違っている」のみで判断していないだろうか？

アファメーション：
私には知恵があります。いつでも内なる知恵の泉から、必要な答えがやってきます。

エクササイズ14　自動的な判断の見直し（ホドのワーク）

自分の行動を見直すのに、よいエクササイズです。普段何気なく判断していることを、いったん立ち止まって見直すには時間が必要ですし、やるべきことが詰まっているとストレスになる可能性がありますので、時間と心に余裕がある時に行うとよいでしょう。本当のところ、そうした状況の時こそ、普段のやり方を見直すことで、より効率的なやり方が見つかるのですが、まずは無理のない状況で試してみましょう。

①今日一日、あるいは午前中、これからの2時間など、時間を決めます。
②その間、普段は何も考えずに行っていること、1つ1つに注目し、普段よりもゆっくりと丁寧に行ったり、別のやり方を試してみます。
③そうした時に、どのように感じるか、何か気づいたことがあるかを観察します。
④普段よりも気持ちよくできたことや、効率よくできたことについては、継続して行うとよいでしょう。

私たちが毎日食べているもので身体が形成されるように、普段の無意識の選択と行いが、「私」の一部を作っています。時にはいつもの判断を見直すことが、人生に豊かさや喜びをもたらす助けになります。

自分自身も周囲のすべての物事も、過去と今、未来では異なります。私たちは、効率よく行動するために、過去の経験から物事を判断します。情報量が多くなればなるほど、瞬時に判断する必要性が生まれ、本当の目的を忘れて、機械のように自動的に判断することが増えていきます。最近の事件や事故のニュースを見聞きして、「どうしてこんなことが起こるの？　少し考えればわかるだろうに」と思ったことはありませんか？　世の中のスピードに合わせるうちに、「少し考える」という当たり前のことができなくなっています。時には、「どうしてそうするのか」を「少し考える」ことから、日常を見直してみましょう。

生命の木の中の２つの顔を思い出してください。ティファレト、ネツァク、ホド、イエソド、マルクトは、ティファレトを中心にして上下に分けた時の下の顔です。この下の顔は、人間としての生存を支える重要な部分です。下の顔のセフィロトが適切に機能しないと、生きることが難しくなります。

ネッアクの感情と欲求のみで行動していると、野生動物のようになってしまいますし、感情に触れることなくホドの理性的な判断のみで行動するなら、冷徹なロボットのようになってしまいます。私たちは、その時々で左右の柱のバランスをとりながら、平衡の柱にあるティファレトのハイヤーセルフへと意識を高めていきます。

ここまで、基本的なセフィロトの意味を見てきました。各セフィラの特質をつかむことができたでしょうか？　日頃、意識することはなくても、10個のセフィラのすべてが、私たちの中に存在しています。何か壁にぶつかるような出来事が起きた時には、どのセフィラが反映されているのかを考えてみてください。そして「これかな？」と思われるセフィラを見つけたら、そのセフィラから伸びるパスとつながる先のセフィラについても考えてみましょう。こうして生命の木に当てはめて考えてみると、何が問題かに気づき、自然と解決策も見えてきます。

エクササイズ15　セフィロトのイメージをつかむ

各セフィラのイメージを描いてみましょう。

好きな色を使って、特定のセフィラのシンボルを描きます。シンボルは花や景色、抽象的なイメージなど、セフィラを思い浮かべた時に心に浮かんでくるものを自由に描きます。

セフィラにつながり、インスピレーションを受け取り、色を使って感じながら、手を動かして描く、このエクササイズは４つの世界の体験でもあります。

すべての過程がスムーズに進みましたか？　それとも、なかなか先に進まないところがあったでしょうか？　エクササイズを行いながら、自分自身の状態を観察することで、４つの世界との関係性を見ることができます。どのセフィラから始めてもよいので、セフィラの特質を感じながら描きます。すべてできあがったら、生命の木の形に並べて、自分自身の生命の木を感じてみましょう。

※雑誌の切り抜きや写真などでコラージュを作成するのもお勧めです。

第3章　生命の木のワーク

生命の木は、その名の通り、生命あるものすべての背後にある宇宙の法則図です。あらゆるものをわかりやすく分類する整理棚でもあります。ここからは生命の木を使って、自分自身を探求する方法や、マインドマップとして使う方法を見ていきましょう。

セフィロトカードのリーディング（基礎編）

この本は生命の木に親しめるように、セフィロトの特徴を描いた「セフィロトカード」を付録にしています。ここでは、このカードを使ってセフィロトの理解を深め、パワーを感じる方法をいくつか紹介します。カードの使い方に決まりはありませんので、これ以外にも自由に使ってみてください。

1枚引き

①目を閉じて深く呼吸をし、心を落ち着けます。
②落ち着いたら、生命の木の全体像を思い浮かべます。
③質問の答えが得られるように願いながら、カードをシャッフルします。
質問例）「今日一日、私が意識するとよいのは、どのセフィラですか？」
「○○について助けになるのは、どのセフィラですか？」など
④十分だと感じたら、カードをひとまとめにして1枚選びます。
選ばれたカードのセフィラの特質について考えます。例えば、選ばれたカードが「ホド」なら、考えや判断、思い込みなど頭の働きに関係することを振り返ってみます。

3枚引き

テーマに関する全体像を把握したい時に役立ちます。あらかじめ、質問の目的に沿うように3枚のカードが何を表すかを決めておきます。
例）過去―現在―未来
現在―アドバイス―結果

テーマ―チャレンジ―解決
プラス面―マイナス面―結果
肉体―マインド―スピリット　など

①目を閉じて深く呼吸をし、心を落ち着けます。
②落ち着いたら、生命の木の全体像を思い浮かべます。
③質問の答えが得られるように願いながら、カードをシャッフルします。
質問例）「○○をすることは私にどのような影響を与えますか？」
「○○について教えてください」　など
④十分だと感じたら、カードをひとまとめにして3枚選びます。1枚ごとにカードが何を表すかを確認しながら選びます。
例）1枚目プラス面、2枚目マイナス面、3枚目結果　など
⑤選ばれたカードのセフィラの特質について考えます。
例）○○さんと親しくなることは私にどのような影響を与えますか？
プラス面　　ゲブラー　　強さや正しい判断力をもたらす
マイナス面　ティファレト　自分らしさを表現できない、バランスをとるのが難しい

結果　ビナー　形作ることのサポート、異なる側面への理解

質問の相手がビジネスパートナーであれば、視野が広がることで判断力が増し、目標達成のサポートになりそうです。ただし、自分のやり方では進められず、仕事量が増えてプライベートが犠牲になるかもしれません。もし、交際相手であれば、厳格の柱側のセフィロトが多いので、多少窮屈な思いをするかもしれませんが、あなた自身のパワーが引き出されるような安定した関係性になりそうです。これは解釈例の1つです。実際には、あなた自身の生命の木と向き合うことで適切な答えが得られるでしょう。

セフィロトカードのセフィラ活性化ワーク

次にセフィロトを活性化する11日間のエクササイズ[*1]を紹介します。1日1枚のカードに描かれているセフィラにフォーカスします。マルクトから始めて、11日間でケテルまで生命の木を上ります。その後も継続する場合は、今度はケテルからマルクトまで生命の木を下ります。生命の木全体のエネルギーが活性化すると、心身のバランスが整い、現実のさまざまなレベルで起きていることへの気づきが増し、よりクリエイティブになり、タイミングよく流れに乗るこ

とができます。

毎日、フォーカスするセフィラを覚えていられるように、その日のカードは持ち歩くか、目につくところに置きましょう。

①毎朝、その日のセフィラのカードを確認し、イメージを広げます。

②食事やお茶の時間、就寝前など、ひと息つく時にカードを見てセフィラの特質を思い出し、それを活かすように行動しましょう。関連する出来事はメモに残します。

③マルクトからスタートしてケセドまで7日間続け、ダアトにあたる8日目は、小休止として1週間の出来事を振り返ります。

④9日目は、ビナーから始めて11日目のケテルで終了します。

⑤11日間を振り返って、感じたことや気づいたことをメモします。

⑥継続する場合は、今度はケテルから始めて、マルクトで終えます。

＊1　11日間のエクササイズを何度か繰り返していると、特定のセフィラの日に同じような出来事が起こることに気づくかもしれません。もし、それが心地よく感じる出来事であるなら、そのセフィラの調和がとれています。反対に困難に感じる出来事が重なるようなら、そのセフィラの特質を

見直し、活性化するエクササイズを行うとよいでしょう。

3つの柱と4つの世界による現状把握

自分自身の現状を生命の木に当てはめて考えることで、客観視し、サポートになるセフィラを見つけます。

①現状の悩みや不安、願望を書き出し、どのセフィラに対応するかを考えます。

例）

コミュニケーション力を高めたい↓ホド

自分に自信が持てない↓ティファアレト

もっと痩せたい↓マルクト

収入を増やしたい↓マルクト

パートナーが欲しい↓ネツァク

仕事がつまらない↓ネツァク

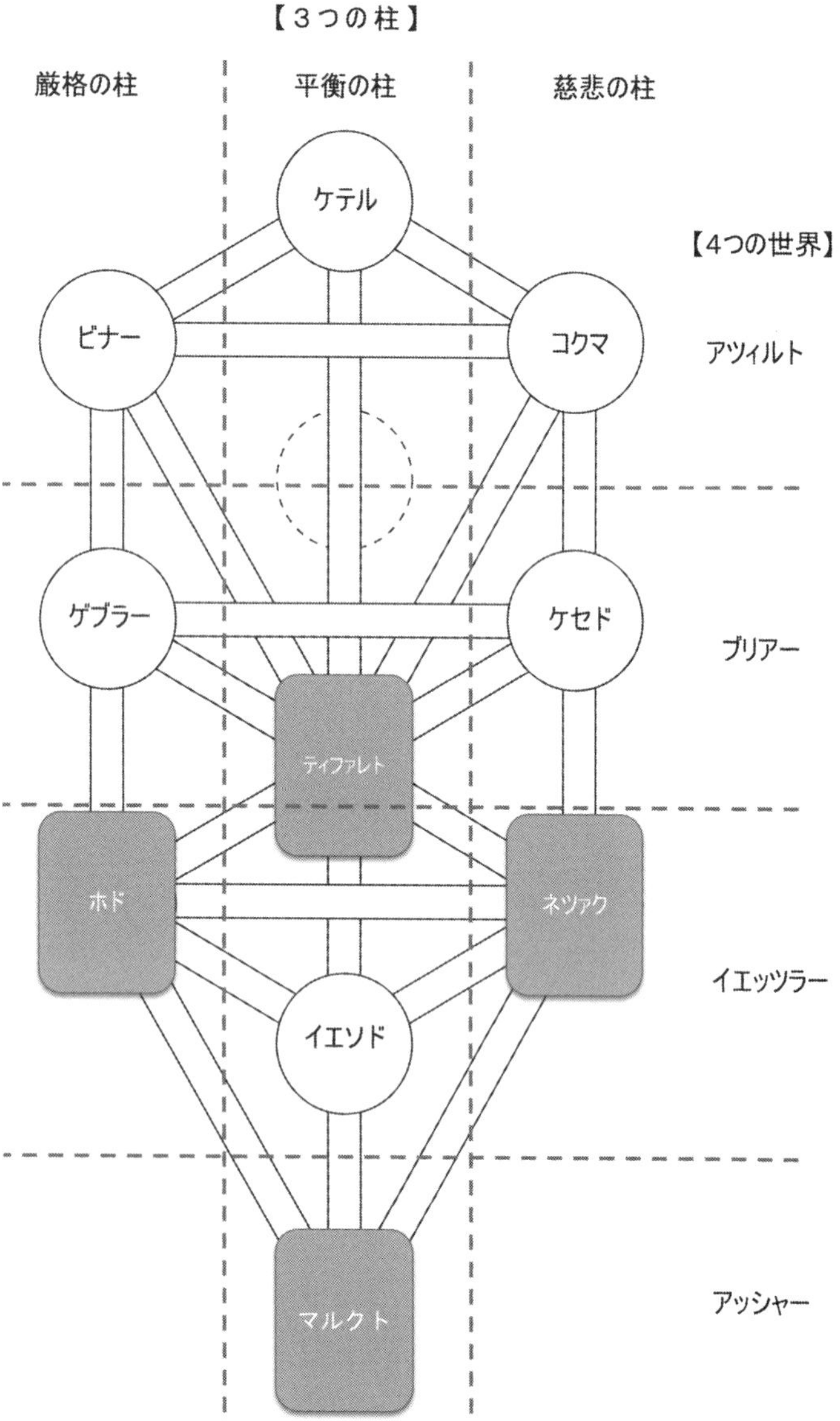

図15　３つの柱と４つの世界による現状把握

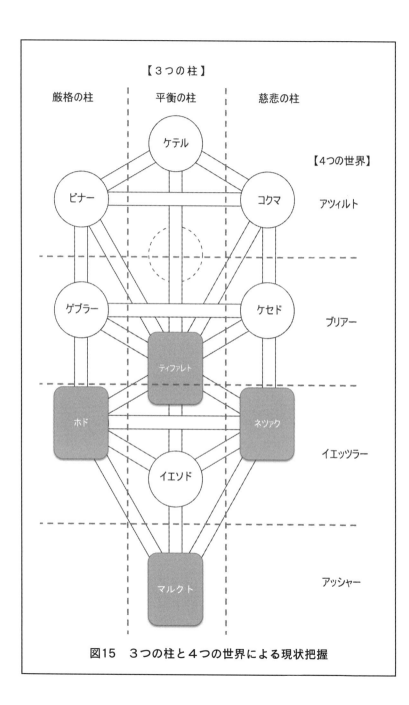

②生命の木のシート[*2]の上に対応するセフィロトカードを置きます。
③生命の木全体を見て現状を分析します。

3つの柱で見ると、中央の平衡の柱に2枚、左右の柱に1枚ずつカードがあります。4つの世界で考えると、イエッツラーに2枚のカードがありますが、イエソドは空白です。まず、選ばれているセフィラの特質が活用できているかを振り返ります。次に、バランスを整えるには、どうすればよいかを考えます。

この例では、人生の目的（ケテル）や土台となる信念（イエソド）を見直して、平衡の柱の機能を高めるとよいでしょう。

＊2　生命の木のシートは、巻末（332ページ）に掲載のものをコピーして使うか、白い紙に自分で描いたものを使います。

セルフカウンセリング

各セフィラに関連する質問の答えを書き出すことで、現状を振り返り、調和がとれているセフィラ、活性化すべきセフィラを確認します。

答えを考える時に、現状は時間や金銭的な余裕がなくても、そうした制限を外して考えてみます。

私たちはこれまでの人生でさまざまな制限を作り出しています。それは他者から作られたもの、自ら作ったもの、遺伝的に受け継がれたものなど、さまざまです。

人間の意識には制限がありますが、宇宙に制限はありません。うまく機能していないセフィラを活性化することで、制限を解き放ち、より自由に人生を創造することができます。

書き出した答えの中で、今すぐにでも実践できることがあるなら、早速取り組みましょう。

〈ケテル〉

① あなたの人生の使命、目的は何ですか？

②この世界を作った創造主に伝えたいメッセージは何ですか？
③日常に取り入れているスピリチュアルなワークはありますか？
④この世界がどのようになってほしいですか？　そのためにあなたが貢献できることは何ですか？
⑤あなたにとっての幸せとは？

〈コクマ〉

①人生が大きく変化した時に、助けになったのはどんなことですか？
②強力なサポートを得られるとしたら、何を実現させたいですか？
③今より視野を広げるために何ができますか？
④やってみたいけれど自分にはできないと思うことがありますか？　できないと思う理由は何ですか？　その理由は確かなものですか？
⑤なかなかスムーズに進まないことはありますか？　もしあるなら、それは心から望んでいることですか？　ゴールに到達する方法は他にありませんか？

〈ビナー〉

①嫌いな人がいるとしたら、その人のどこが嫌いですか？　似たような部分が自分の中にはありませんか？

②「私には手に負えない」と関わらずにいることはありませんか？　できるかどうか試してみることはできませんか？

③選択に迷っていることはありますか？　それぞれを選択した結果として何が起こりますか？　あなたにも周囲の人にも価値がある選択はどれですか？

④偏った見方や考え方、思い込みから拒否していることはありませんか？

⑤何かが違うと感じながらも、規則だから、あの人の言うことは間違いないから、いつもうまくいくからといった理由から、やみくもに受け入れていることはありませんか？

〈ケセド〉

①受け入れるのが難しい自分の側面はありますか？　それがあなたの中にあるのはどうしてだと思いますか？

②周囲に愛と配慮を必要としている人や物、状況はありませんか？　どんなサポートができますか？

③家族や所属するコミュニティのために、感謝や見返りを求めることなく、心からしたいことは何ですか？
④「何か（誰か）を許せない」という思いを持ち続け、自分自身を傷つけていませんか？
⑤健康を害する、喜びを感じない、無気力になるなど、我慢の限界を超えてまで行っていることはありませんか？
⑥嫌われたくないという思いから、行動していませんか？

〈ゲブラー〉

①今のあなたにとって心地よさを感じない関係性や物事はありますか？
②改善したほうがよいと思う習慣はありますか？　改善のために何ができますか？
③あなたが幸せであるために、日常的に実践していることはありますか？
④必要以上に自分に厳しくしていませんか？　その厳しさを他の人にも向けていませんか？
⑤できないことばかりに意識を向け、自分を責めていませんか？

〈ティファレト〉

①仕事や家庭、趣味、人間関係など、さらに充実させたいことはありますか？　そのために

何ができますか？
②皆に分かち合うことができるあなたの本質は何ですか？
③あなたはどのような美しさ（外見と内面）を持っていますか？
④他の人から褒められるあなたの長所は何ですか？　それをあなた自身も認めていますか？
⑤あるがままの自分を愛し、受け入れていますか？

〈ネツァク〉

①あなたが創造性を発揮できるのはどんな分野ですか？
②あなたが楽しいと感じるのは、どのようなことですか？　それを日常に取り入れていますか？
③憂鬱になったり、落ち込んだりする特定の状況はありますか？　その時の対処法として何が効果的ですか？
④「やめたいのにやめられない」、衝動を抑えられない時に、何をすれば気分転換できますか？
⑤モチベーションを高めるあなたなりの方法がありますか？

〈ホド〉

①さらに深めたい知識、新しく学びたい知識はありますか？　そのために何ができますか？
②この世を去ったあと、家族や友人からどんな人だったと思われたいですか？
③他の人にあなたが教えられるスキルは何ですか？
④「これだけは譲れない」という信念はありますか？
⑤考えすぎて行動できなくなった時に、どのように対処しますか？

〈イエソド〉

①あなたが、「こうありたい」と日常的に望むことは何ですか？
②あなたに求められる役割は何ですか？　その役割をうまく演じることができていますか？
③あなたのセルフイメージはどのようなものですか？
④子供時代に戻ってやり直したいことはありますか？　その中で、今からでもできることはありませんか？
⑤自分の長所や短所を初対面の人にどのように伝えますか？

〈マルクト〉

①身体を十分にケアしていますか？　健康のために行っていることはありますか？

②周囲の人や物と良好な関係を築くために何ができますか？
③自立していますか？　自立するために何ができますか？
④毎日をさらに楽しく充実させるために、何ができますか？
⑤五感（見る、聴く、味わう、嗅ぐ、触れる）を満たすことをしていますか？

マインドマップ

頭の中を整理したり、柔軟な発想を引き出すためのマインドマップとして、生命の木を使う方法を紹介します。10個のセフィラに関連する内容を記入するというシンプルな方法ですが、この過程を進める中で、自分の求めていることが明確になったり、細部を詰める必要があることに気づいたりします。ここでは、記入例を紹介しますので、クリエイティブに、あなた独自の生命の木を作ってみましょう。

◉検討する

日常の細々したことから、将来に関わる重大事項まで、毎日多くの選択の機会があります。

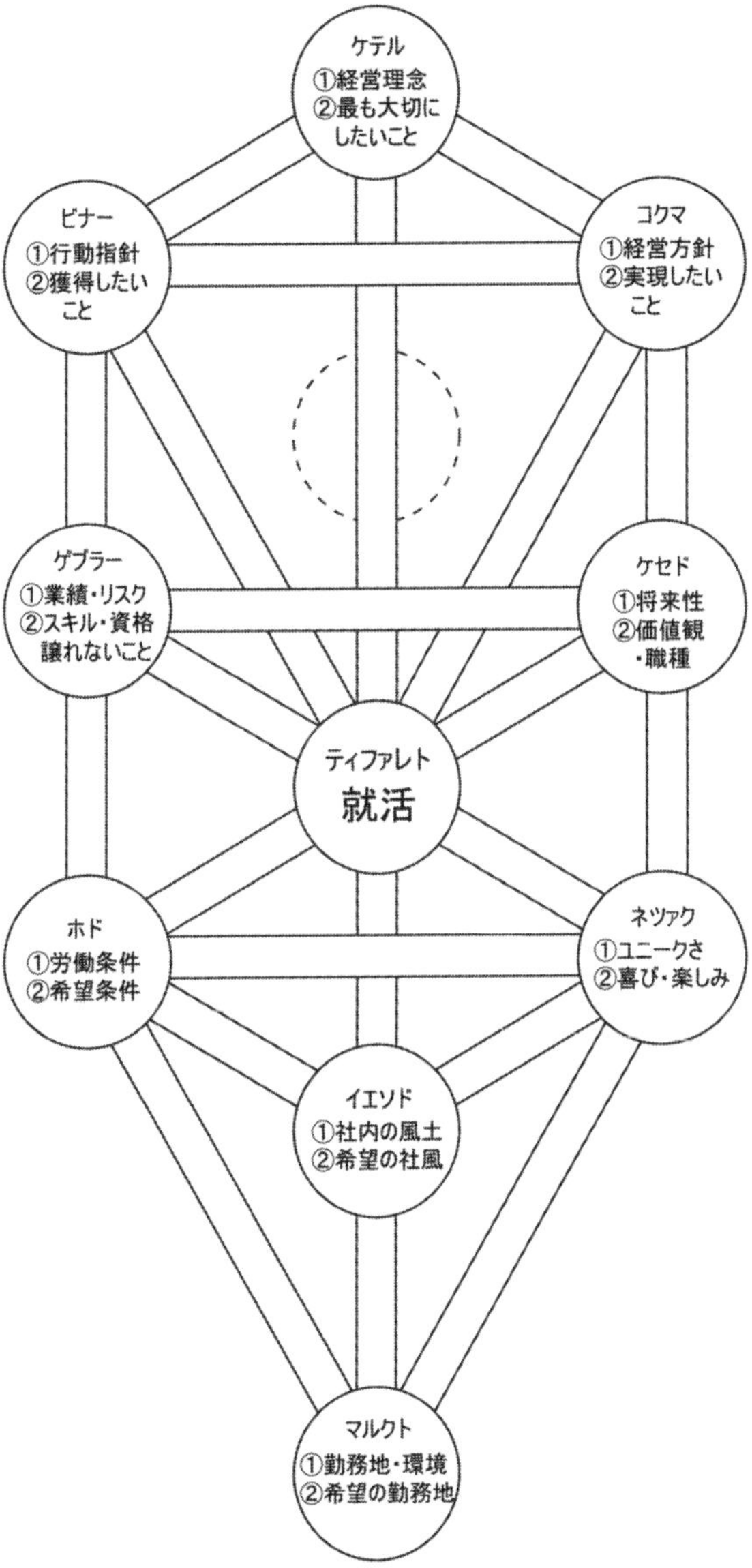

図16　生命の木のマインドマップ（検討）

さまざまな思いが交差して、自分が求めているのが何かを見失ってしまうこともあります。そうした時こそ、生命の木が役立ちます。すべてに記入できなくても構いません。空白のセフィラは、実はよくわかっていない部分であったり、見落としている部分であったりしますので、そのセフィラについてよく考えてみるとよいでしょう。

ここでは、「就活（就職活動）」というテーマで作成するとして、セフィロトにどのような内容を当てはめていくかの例を紹介します。自分にとって最適な企業を選択するために、２つの側面（①候補の企業、②自分自身の思い）から考えてみます。それぞれの内容の記入が終わったら、①と②の調和がとれているかどうか、さらに3本の柱や左右のバランスなど、生命の木全体を確認します。１つの生命の木に①と②を記入するか、①と②の２つの生命の木を作成して見比べながら検討します。

選択に迷った時や、自分の考えを明確にしたい時にこうした方法で生命の木を役立てることができます。

■テーマ「就活」

〈ケテル〉

①企業が最も大切にしていること
（経営理念や企業理念、ミッションステートメントなど）

②あなたが仕事で最も大切にしたいこと

〈コクマ〉

①企業のヴィジョン、経営方針

②あなたが仕事を通して実現したいこと

〈ビナー〉

①企業の行動基準や行動指針、社訓、教育制度、評価制度

②あなたが仕事を通じて獲得したいこと

〈ケセド〉

①企業の将来性

②あなたが大切にしたい価値観（仕事に求めるもの）、興味のある職種

〈ゲブラー〉

①企業の業績やリスク
②あなたの持っているスキルや資格、仕事において譲れないポイント

〈ティファレト〉

テーマ「就活」

〈ネツァク〉

①企業のユニークさ、CSR活動（ボランティア、環境活動、文化支援など企業の社会貢献の活動）、福利厚生（社会保険、各種手当、旅行など）
②あなたが仕事に求める喜びや楽しみ

〈ホド〉

①労働条件（給与、勤務時間など）
②あなたが希望する条件

〈イエソド〉

①社内の風土や雰囲気（人間関係、企業の評判など受け取る印象）

②あなたが希望する社風

〈マルクト〉

①勤務地や勤務する場所の環境

②あなたが希望する勤務地や環境

◉プランを立てる

プロジェクトの企画、旅行の計画など、プランを立てる時にも生命の木を使うことができます。ここでは、「同窓会」というテーマで作成した生命の木を紹介します。「エネルギー・拡大」の慈悲の柱側には今後も広がりがあること、「形・収縮」の厳格の柱側には決定事項や変更が難しいことを配置しています。まず、セフィロトに何を入れるかを決めて、詳細を付け加えていくと、漏れがなくなります。

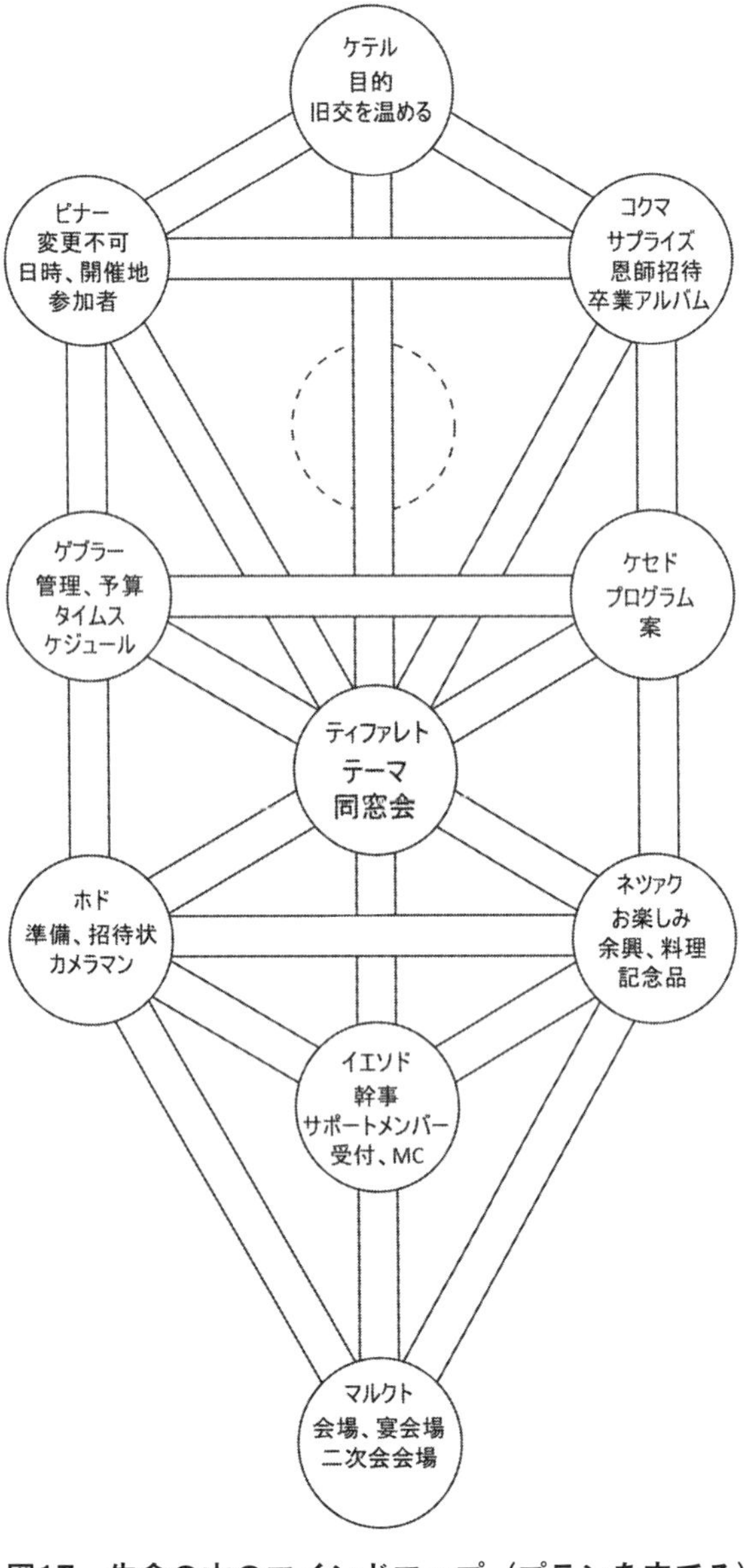

図17　生命の木のマインドマップ（プランを立てる）

■テーマ「同窓会」

〈ケテル　目的、一番大切なこと〉

旧交を温める

〈コクマ　サプライズ〉

恩師の先生、他ゲスト

卒業アルバムの写真を掲示

タイムカプセル作成

〈ビナー　変更不可事項〉

日時、参加者、開催地（東京）

〈ケセド　プログラム〉

案

〈ゲブラー　管理〉

タイムスケジュール

予算（会費）

〈ティファレト　テーマ〉

同窓会

〈ネツァク　お楽しみ〉

料理、ドリンクメニュー

余興（バンド演奏、ゲーム）、記念品

〈ホド　準備物・手配が必要な事柄〉

招待状、カメラマン

会場内機材（スクリーン、プロジェクター、音響）

〈イエソド　幹事〉

サポートメンバー、受付、司会進行

〈マルクト　会場〉

宴会場

二次会会場

◉目標を達成する

知識の習得や資格取得、トレーニングや日々の生活改善など、生命の木を使って目的を明確にし、目標達成を目指します。ここでは、「ダイエット」のための生命の木を紹介します。

■テーマ「ダイエット　3ヶ月で5kg減量」

〈ケテル　ダイエットのゴール・目的〉

美と健康を手に入れる

〈コクマ　メリット（目に見えない）・目標〉

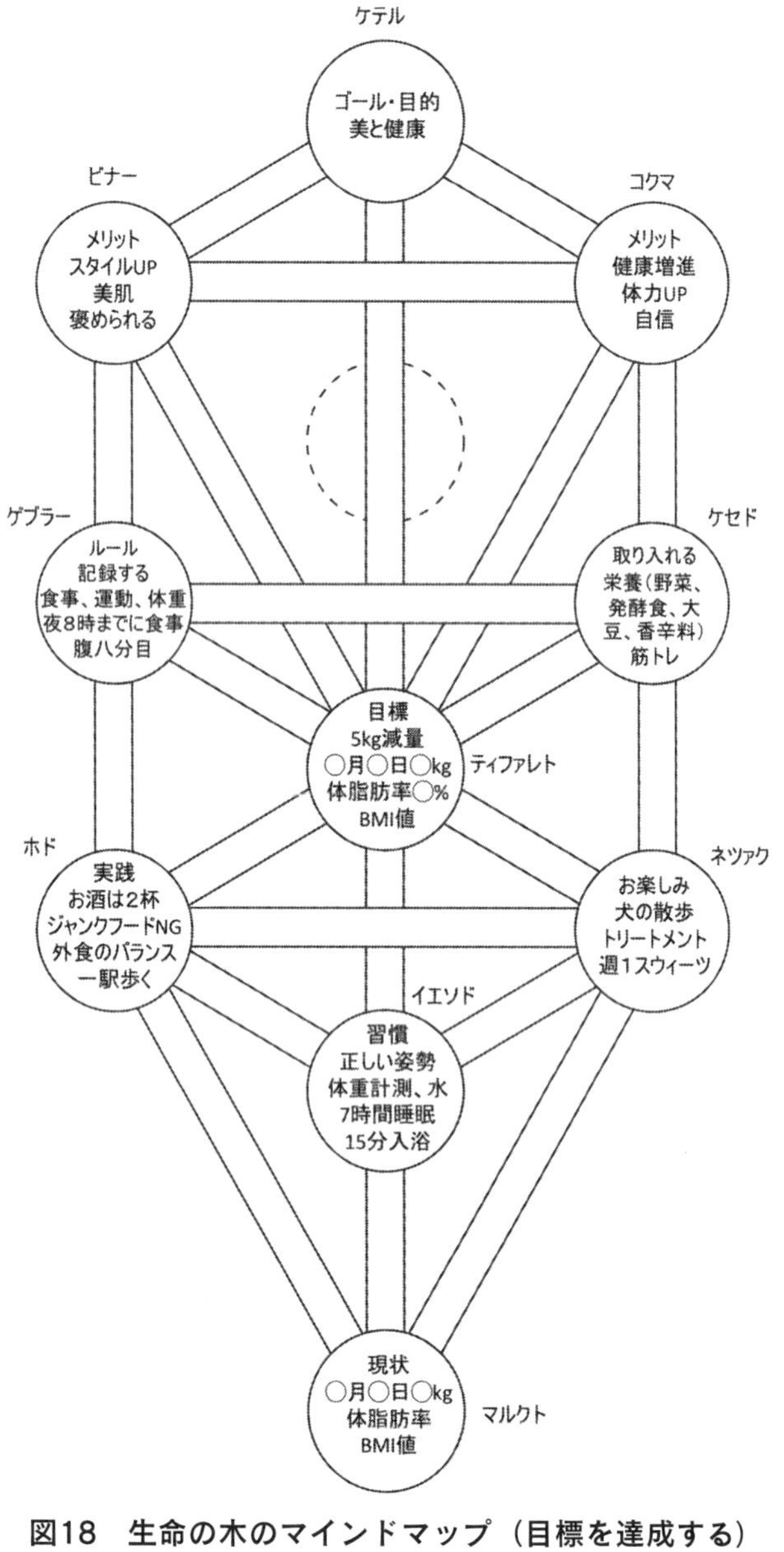

図18　生命の木のマインドマップ（目標を達成する）

健康増進、成人病予防
アンチエイジング
体力ＵＰ、疲れにくくなる
自信が持てる
ストレスフリー
前向きになる

〈ビナー　メリット（目にみえる）・目標〉

スタイルＵＰ、美肌
○○に褒められる（○○は、家族、友人やパートナーなど）
おしゃれができる、○○の服が着こなせる（○○は、ブランドやサイズなど）
写真写りがよくなる
パフォーマンス向上（仕事やスポーツや趣味など）

〈ケセド　積極的に取り入れたいこと〉

食／野菜、発酵食品、きのこ、海藻、大豆製品、

良い油（オリーブオイル、亜麻仁油など）
香辛料を活用
運動／ヨガ、筋トレ、ストレッチ

〈ゲブラー　ルール〉
食事、運動、体重の記録をつける
腹八分目を守る
食事は夜8時までに取る

〈ティファレト　具体的な達成目標〉
○○年○月○日　体脂肪率○％　ＢＭＩ値○○　○○kg
中間目標を設定してもＯＫ
①１ヶ月後○月○日（－２kg）②２ヶ月後○月○日（－２kg）

〈ネツァク　お楽しみ、ご褒美〉
朝夕の犬の散歩

アロマトリートメント（マッサージ、エステなど）
イベント時に限り、翌日調整できる範囲内であればルールフリー
週に1度はスウィーツを食べてもＯＫ

〈ホド　日々の実践〉

お酒は2杯まで（ワインでもビールでも日本酒でも）
ジャンクフード、揚げ物は避ける
一駅手前から歩く、階段利用
外食は一品ものではなくバランス重視
食事はゆっくり、噛む回数を増やす

〈イエソド　日々の習慣〉

正しい姿勢を維持する
毎日体重を量る
バスタイム、15分はお湯に浸かる
十分な睡眠（7時間以上）

朝コップ1杯の水を飲む

〈マルクト　現状〉

○○年○月○日、体脂肪率○○%

BMI値○○、○○kg

◉分類・整理

物事の分類、整理のために生命の木を使います。ここでは、「ワードローブ」を整理するための生命の木を紹介します。クローゼットにある服をリストアップして分類してみると、ライフスタイルにマッチしているかどうかを確認できます。こうして日頃から整理しておくと、買い足すアイテムが意識でき、セールにつられて必要ないものを買ってしまう失敗もなくなります。さまざまな種類の服がある場合は、コンサバ、モード、フェミニン、エスニック、ストリートなどジャンル別や、ブランド別で生命の木を作ることもできます。

■テーマ「ワードローブ」

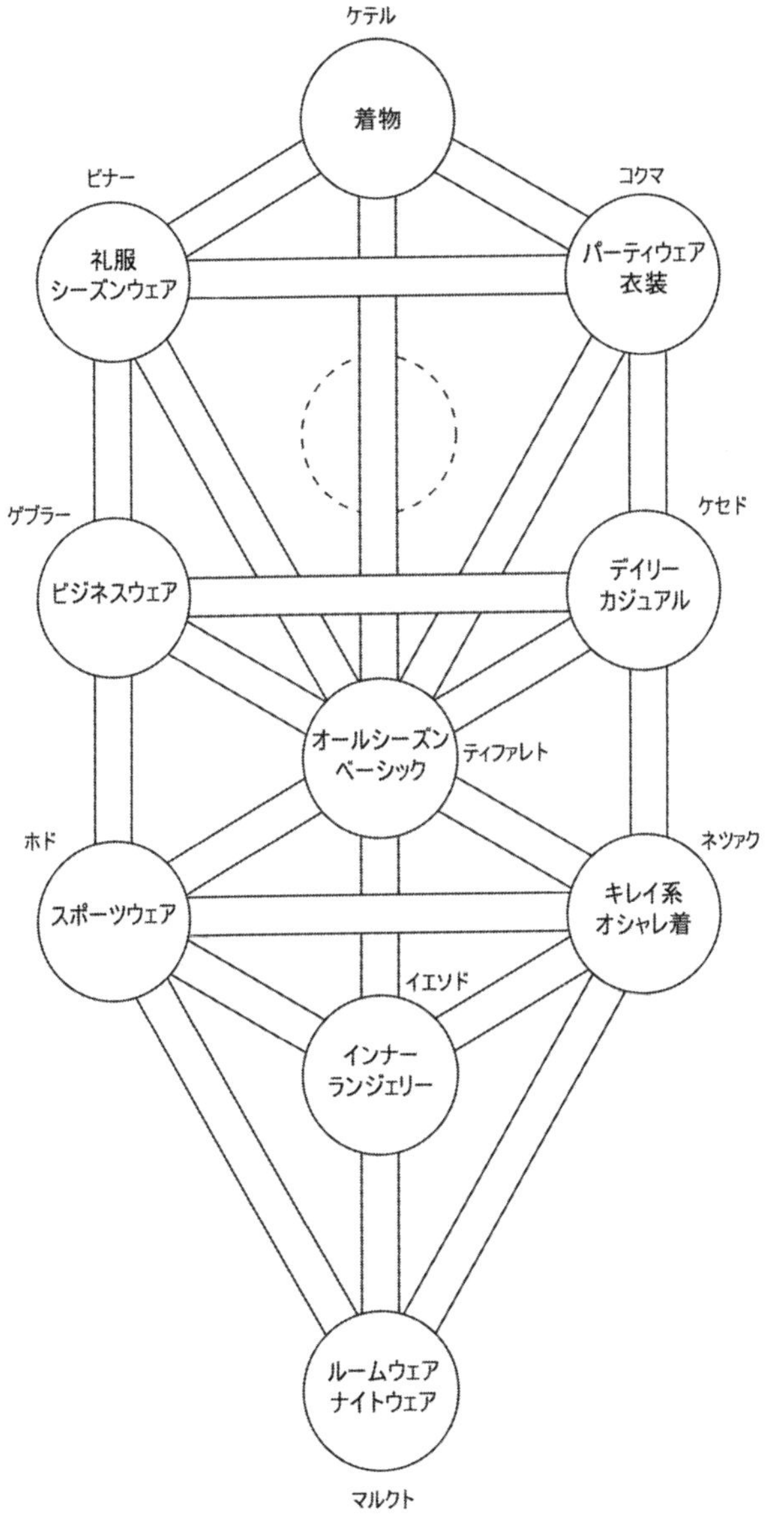

図19　生命の木のマインドマップ（分類、整理）

〈ケテル〉
着物
〈コクマ〉
パーティーウェア、衣装（発表会、仮装用）
〈ビナー〉
礼服
シーズンウェア（コート、水着、浴衣）
〈ケセド〉
デイリーカジュアル
〈ゲブラー〉
ビジネスウェア

〈ティファレト〉

オールシーズン着まわし可能

ベーシック

〈ネツァク〉

外出用キレイ系オシャレ着

〈ホド〉

スポーツウェア

〈イエソド〉

インナー、ランジェリー

〈マルクト〉

ルームウェア、ナイトウェア

エクササイズ16　生命の木のマインドマップの作成

例を参考にして、あなた独自の生命の木を作ってみましょう。初めは、少しとまどうかもしれませんが、生命の木に親しみ、使い方に慣れてくると簡単に作れるようになります。この方法が素晴らしいのは、通常のノートをとる方法と異なり、セフィラ間の関係性がひと目で見えて全体像が把握しやすく、生命の木からのインスピレーションで発想が広がることです。同じテーマで2つの方法（①ノートをとる、②生命の木マインドマップ）を試してみると、その違いがよくわかります。プレゼンテーションやマーケティング、人間関係相関図などビジネスでも活用できますので、さまざまなテーマで作ってみましょう。

第4章 セフィロトの理解を深めるために

意識の進化

生命の木の中央にある平衡の柱は、人間の意識の進化を表す「意識の柱」として見ることができます。カバラでは、人間の意識は段階を経て進化すると考えます。

〈第1段階：鉱物意識〉

アッシャー（物質界）のマルクトに固定された意識は、鉱物意識です。鉱物が成長するには長い年月が必要です。人間の目から見ると、鉱物はほとんど成長していないように見えます。同じように、鉱物意識の人々は、自分の意思で動ける範囲が限定されているため、成長を諦めてしまったかに見えます。世の中の動きに無関心で、何事にも関わりたくない、動きたくない

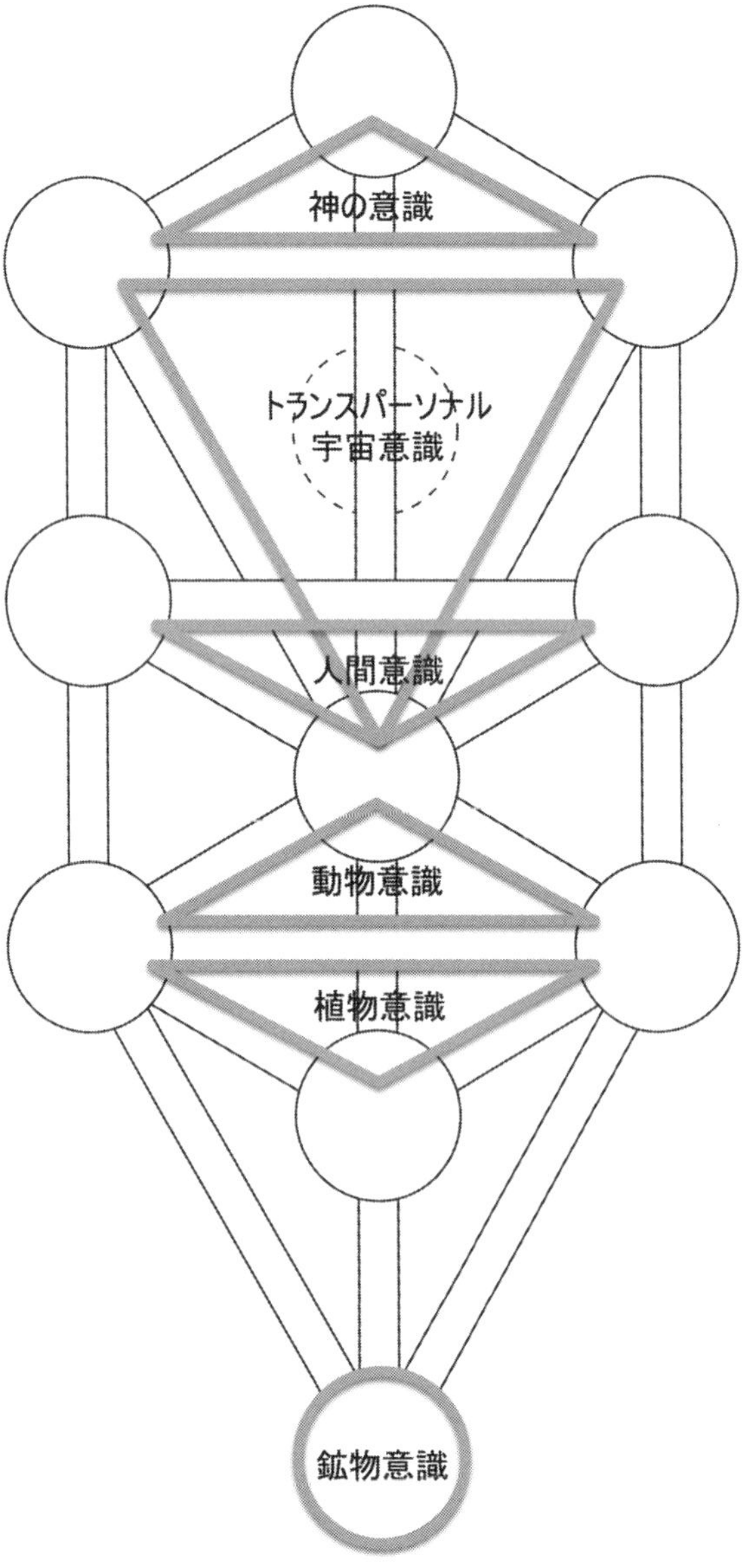

図20　意識の進化の生命の木

と固まっています。生活するために必要な最低限のことのみに意識を向け、置かれた状況の中で生きています。状況が悪くなっても自分から動いて何かを変えようとは思いません。そのような状態が長く続き、精神的に追い詰められると、何らかのきっかけで反社会的な行動に出る可能性も否めません。

〈第2段階：植物意識〉

イエッツラー（形成界）のネツァク、ホド、イエソドが作る三角形のエリアは、植物意識です。植物は厳しい環境の中でも、光に向かい成長する生命エネルギーに満ちています。大地に根を張り、花をつけ実を結んで種を残しますが、自らの意思で移動することはできません。同じように植物意識の人々は、「食べて寝て働き、産んで育てる」といった生命維持と子孫繁栄に焦点を絞った生き方をしています。競争を好まず平和的ですが、変化には消極的で、自分の目に見える範囲が幸せであれば満足です。

〈第3段階：動物意識〉

ブリアー（創造界）とイエッツラー（形成界）、両世界にまたがるティファレト、ネツァク、ホドが作る三角形のエリアは、動物意識です。動物は、自らの意思で餌や安全な住処を求めて移動し、生き残るために戦います。同じように動物意識の人々は、他人よりもより強く、より賢く、より良くなりたいという向上心、競争意識を持っています。頂点を極めたいという強い意志で行動を起こし、困難を乗り越えて力をつけます。スポーツや政治、芸能、ビジネス、どの世界においてもトップに立つ人々は動物意識を持っています。厳しい環境の中で、自分自身と真剣に向き合うことで、ティファレトのハイヤーセルフ（本当の自分）とのつながりが強まります。切磋琢磨するうちに魂が磨かれ、人間として成長していきます。

〈第4段階：人間意識〉

ブリアー（創造界）のケセド、ゲブラー、ティファレトが作る三角形のエリアが人間意識です。自己理解が進むと、自然に他者をも理解できるようになります。強さと慈悲心が育まれ、競争ではなく他者を思いやり協力し合う、誰もが幸せになる世界の実現に向けて行動し始めます。個人の欲望を満たすことを超えて、魂の喜びを追求する人生が始まります。ここで初めて真の人間としての意識に至ります。

〈第5段階：宇宙意識〉

アツィルト（流出界）とブリアー（創造界）、両世界にまたがるコクマ、ビナー、ティファァレトが作る三角形のエリアはトランスパーソナル（自己超越）、宇宙意識です。自己という枠を超え、人類全体、宇宙全体といったより大きな視点から物事を捉え、自己と他者の境がなくなり、無限に広がる感覚、宇宙と一体化するワンネスの状態です。

〈第6段階：神の意識〉

アツィルト（流出界）のケテル、コクマ、ビナーが作る三角形のエリアは、神の意識です。人間が宇宙意識まで到達すると、神の意識とはどのようなものなのかを垣間《かいま》見ることができるのかもしれません。

6段階の意識の進化を見てきましたが、あなたは今、どのレベルで生きていますか？　今回の人生でどのレベルまで到達したいですか？　あなたの望む生き方とは、どのようなものでしょうか？

今の時代は、私たちの曽祖父母の時代に比べると、3倍以上の速さで一生の学びが進むと言われています。曽祖父母の時代には、カルマの解消や魂の使命の達成などスピリチュアルな進化をもたらす経験は、一生かけても1つか2つでした。それが今の時代は、3倍だと考えると一生のうちに3～6つもの大きな変化を経験し、意識を成長させるチャンスがあります。チャンスと言っても、ある日突然、天使が舞い降り「あなたの人生に奇跡を起こします」と告げる、といったものではありません。そうしたことも起きる可能性はありますが、通常は、毎日の生活の中に目覚めのチャンスがあります。それは、大きな目標の達成のような歓びの体験かもしれないし、ひどく落ち込むショッキングな体験かもしれません。あるいは、料理を作ったり、花に水をやったり、友人とのおしゃべりなど何気ないことかもしれません。きっかけは何であれ、その体験から私たちは学ぶことができます。変化の大波が押し寄せてきた時に、恐れをなして逃げ出すか、為すすべもなく大波にのまれるか、ひとまず避難して様子を見るか、思いっきり波乗りを楽しむか、選択ができるのです。チャンスの波乗りを楽しむには、自分が今、どのような状況にあって、何を考え、感じ、どこに向かっているのか、自分自身をよく知る必要があります。あなたは今、調和がとれて心地よい状態ですか？　それともどこかバランスが乱れていますか？　生命の木を使って確認してみましょう。

生命の木は、宇宙創造の完全な図です。誰もが、自分の人生を自由に創造するパワーを持っています。生命の木を通して受け取る宇宙の叡智を日常で活かし、人生に調和をもたらしましょう。

エクササイズ17　カバラ十字

心身の浄化、保護に役立つエクササイズです。

①リラックスして立ちます。（東の方角に向く）
②頭の上方に輝く光があるのをイメージします。
③右手をその光のほうに伸ばし、頭上にあるケテルから光が降りてくるのをイメージします。
④「アテー」（汝の）と言いながら、額に手を触れ、光を第三の目（眉間）に誘導します。
⑤「マルクト」（王国）と言いながら、光を身体の中心を通って大地に下ろします。
⑥「ヴェ・ゲブラー」（力）と言いながら、右手で右肩に触れ、右手を伸ばして光を右側遠くに誘導します。
⑦「ヴェ・ゲドゥラー[*3]」（栄光）と言いながら、左手で左肩に触れ、左手を伸ばして光を左側遠くに誘導します（ゲドゥラー（偉大）はケセドの別名）。
⑧自分が輝く光の十字架になっているのをイメージします。
⑨ハートの前で両手を合わせて、「レ・オーラム」（永遠に）と言います。
⑩「アーメン」と言って終えます。

その後、四大天使の名前を呼んで、守護を願うこともできます。その場合は、ラファエル、ガブリエル、ミカエル、ウリエルが四方（東西南北）を守護してくれるのをイメージしながら、呼びかけます。メロディにのせて歌うこともできます。

応用編

第1章　22のパス

パスとは？

生命の木には、セフィロトをつなぐ22本のパス（小径）があります。パスは、セフィロトが作用し合う場所であり、神性の異なる側面が交わることでもたらされる、気づきの体験です。22本のパスは、22文字のヘブライ語のアレフベートと対応し、22枚のタロットの大アルカナが関連します。

22文字のアレフベートは、光の言語、神の言語と言われ、1つ1つの文字が神性の顕れであり、文字自体が創造のパワーを持っています。アレフベートは特定の数と意味を持ちます。単語を構成するアレフベートを数字に置き換えると、その単語の性質が現れ、同じ数値を持つ単語は同じ性質を持つとみなします。これは、ゲマトリア（数値等価法）と呼ばれ、聖書の隠された意味を読み解くために用いられます。

アルファベートの中で最も神聖な文字は、י ヨッドで「神の手」を表します。ヨッド以外の文字はヨッドを引き伸ばした形であり、すべてのアルファベートにヨッド「神の手」が内在します。

א アレフ、ם メム、ש シンの3文字は、マザーレター（母字）と呼ばれます。アレフは風の元素、メムは水の元素、シンは火の元素と対応します。

ב ベート、ג ギメル、ד ダレト、כ カフ、פ ペー、ר レシュ、ת タヴの7文字は、ダブルレター（複字）と呼ばれます。例えば、ベートは「生と死」という相反する2つの意味を持ちます。ダブルレターはダゲッシュ（内部に書き込む点）を加えることで別の発音、意味になります。7文字は7つの天体（水星、月、金星、木星、火星、太陽、土星）、7曜日、創造の7日間に対応します。

残りの12文字は、シンプルレター（単字）と呼ばれ、12ヶ月、12星座に対応します。生命の木の22本のパスは、3本の横線、7本の縦線、12本の斜め線で構成されています。アレフベートとパス、惑星の対応には、さまざまな考え方があります。

タロットの起源は、「古代エジプトの象形文字が刻まれた銘板が元である」、「13世紀のトランプの原型が発展したもの」、「グノーシス主義カタリ派の教義を示す手段として描かれたもの」など、諸説あって定かではありません。もともとカバラとタロットが対応していたわけではなく、19世紀に入って大アルカナの22枚と22文字のアレフベートの対応が研究され、それ以降、生命の木を理解するツールとしてタロットが使われるようになりました。タロットとパスの対応にはいくつかの考え方があります。ここでは、1909年に制作された「ウェイト版タロット」[*1]との対応を見ていきます。タロットの絵には、さまざまな哲学、宗教、心理学、魔術の体系が溶け込んでいます。描かれているのは、愚者、女帝、皇帝、悪魔など、誰もがイメージできる「元型」です。タロットは描かれている人物や状況、シンボルや色を通して、日常の意識には上がらない、心の奥深くにあるものにつながるのを助けます。

＊1　ウェイト版タロット（ライダー版、ウェイト＝スミス版とも呼ばれる）　魔術結社「ゴールデンドーン」（黄金の夜明け団）に所属していた神秘学者アーサー・エドワード・ウェイトが、画家のパ

メラ・コールマン・スミスとともに制作したタロットデッキで、従来のタロットのデザインにカバラ的解釈が取り入れられ、小アルカナにも絵が描かれているのが特徴です。

セフィロトには、56枚の小アルカナが対応しています。４つのスート（ワンド、ソード、カップ、ペンタクル）は、４つの世界（アツィルト、ブリアー、イエッツラー、アッシャー）、1～10の数はケテル（1）～マルクト（10）に対応します。例えば、カップの６であれば、カップはイエッツラーと対応し、６は６番目のセフィラなので、カップの６はイエッツラーのティファレトと対応します。

コートカードのキングは生命の木の中心のティファレト、クイーンは厳格の柱の最上部のビナー、ナイトは慈悲の柱の最上部のコクマ、ペイジはマルクトと対応します（キングとナイトの対応が逆のシステムもあります）。コートカードの構成（ナイト、クイーン、プリンス、プリンセス）によっては、ナイトはコクマ、クイーンはビナー、プリンスはティファレト、プリンセスはマルクトとに対応します。コートカードとセフィロトの対応は、システムによって違います。

22本のパスには、22枚の大アルカナが対応します。22枚の大アルカナは、人間の意識の成長の過程として捉えることができます。生命の木がマルクトからケテルに向かって意識を成長させる旅であるように、タロットは0番の愚者が旅をしながらさまざまな経験を統合し、本当の自分に目覚める物語として見ることができます。パスと大アルカナの対応もシステムによって違いがあります。ここでは広く使われている対応で見ていきますが、異なる対応とも比べてみてください。

タロットには多くの解釈の仕方がありますが、ここでは意識の成長に焦点を絞ります。パスの名称（「創造の書」より）、パスの位置（セフィラ間のつながり）、占星術的性質、エレメント（四大元素）、象徴する動物、ヘブライ文字との対応について記しますので、パスと関連するセフィロトの意味を思い出しながら読み進めてください。パスは経験を表しますので、日常の体験と照らし合わせてみると、パスの理解を深めることができます。

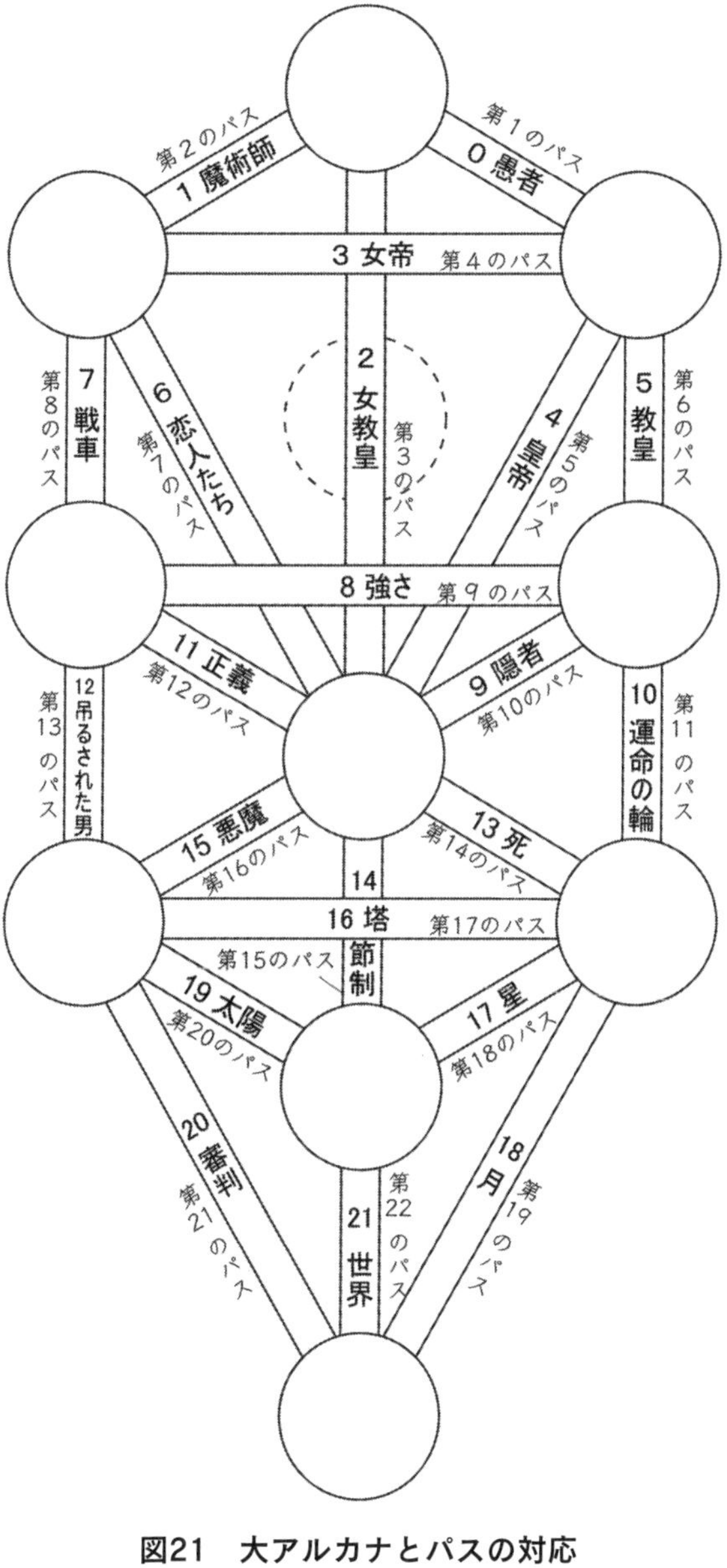

図21　大アルカナとパスの対応

それぞれのパスの特徴

0　愚者（フール）

きらめく知性の径　内側にある神の火花に向き合う

位置：ケテルとコクマをつなぐ

占星術：風の源　天王星

エレメント：風

動物：鷲

ヘブライ文字：אアレフ／雄牛　数値1　マザーレター

雄牛は古来より大地を耕す鍬《くわ》を引き、荷物を運び人間の生活を支えてきました。雄牛は大地とのつながり、地上で生きることの意味、自然の生殖力を表します。

アレフは天から地にエネルギーを下ろします。アレフの文字は、分解すると2つのヨッドとヴァヴになり、神を表す数26になります。[*2] アレフの中には神の創造のすべてが含まれています。

＊2　א アレフを分解して数値化すると

2つの　י ヨッド／10と　ו ヴァヴ／6

10＋10＋6＝26

テトラグラマトン（神聖四文字）と呼ばれる神を表す名前

יהוה を数値化すると、

ヨッド／10、ヘー／5、ヴァヴ／6、ヘー／5

10＋5＋6＋5＝26

同じ数は同じ質を持つと考えるので、アレフは神を表します。

テーマ：旅の始まり

愚者は、子供のように無垢な存在です。自分が誰か、何を持ち、どこへ向かうのか、何も理解していません。世間の常識にとらわれず、自由で、今この瞬間にやってくるものに応答します。周囲の人からは無鉄砲で愚かに見えますが、愚者には何にでもなりうる潜在能力がありす。愚者は潜在的なパワーを使えば、自由に人生を創造できることに、どこかで気づいていまます。愚者は私たち自身の姿であり、本当の自分に目覚める旅に出ようとしています。

1　魔術師（マジシャン）

透明な知性の径　光り輝くビジョンを見る
位置：ケテルとビナーをつなぐ
占星術：水星
エレメント：風
動物：トキ
ヘブライ文字：ב ベート　家　数値2　ダブルレター（生と死）

家を建てるとそこに住むものがやってきます。神の家を建てれば神が、人間の家を建てれば人間が、動物の家を建てれば動物がやってきます。何の家を建てるかが重要です。家は住むものを育む器であり、肉体もまた内なる魂を育む器です。ベートはアレフのエネルギーを保つための聖なる器です。

テーマ：共同創造　男性原理

魔術師は準備を整え、明確な意図を持って創造しようとしています。彼はあらゆる物事の実現には、意志のパワーが必要なことを知っています。「上のごとく下にもある（As above, So below)」を示すポーズをとり、天の意志に従うことを誓い、自らの高次の目的に向かうことを宣言します。

2　女教皇（ハイプリーステス）

1つになる知性の径　霊的真理を達成する
位置：ケテルとティファレトをつなぐ
占星術：月
エレメント：水
動物：犬、駱駝《らくだ》
ヘブライ文字：ג ギメル　駱駝　数値3　ダブルレター（平和と不和）

駱駝は砂漠を旅する時の大切な友です。駱駝のコブは渇きを癒す水の象徴であり、水は信頼、信仰を表します。延々と続く熱砂の中を約束の地に向けて進むには、深い信頼と信仰が必要とされます。

ケテルとティファレトの間には、神と人間の世界を分けるアビス（深淵）があります。アビスは人間の肉体を伴っては、越えることができないと伝えられます。

テーマ：神秘につながる直感　女性原理

　女教皇は、自らの意識は脇におき受容的な器となって、天から来るガイダンスを受け取ります。それは、思考や感覚を通ることなく霊感や直観的知識として内側からやってきます。女教皇は光と闇、男性性と女性性といった対立する極のバランスをとり、内なるスペースの中で別次元への回路を開きます。

3　女帝（エンプレス）

光り輝く知性の径　根本的な聖なる資質
位置：コクマとビナーをつなぐ
占星術：金星
エレメント：地
動物：雀、鳩
ヘブライ文字：ד ダレト　扉　数値4　ダブルレター（知恵と愚かさ）

　信頼とともに砂漠を進むと約束の地への扉が開かれます。扉の向こうには新しい世界が広が

っています。扉はまた、生命の出入りする子宮を意味します。扉が閉められた内側は安全です。

テーマ：愛と共に創造する　母性原理

女帝は、両極にあるものを１つにして新たな生命を創造します。すべてのものに愛情を注ぎ育むことで豊かさと繁栄をもたらします。女帝は誕生と死、生命の循環を慈悲深く見守る、すべての存在の母を表します。

4　皇帝（エンペラー）

構成する知性の径　創造の要素
位置：コクマとティファレトをつなぐ
或いはネツァクとイエソドをつなぐ
占星術：牡羊座
エレメント：火
動物：雄羊、鷹
ヘブライ文字：הヘー　窓　数値5

窓は、外の世界からの光と風を取り入れます。窓から見えるのは限定された世界ですが、五感を超えた感覚を使うことで、見える世界を越えて広がる世界を見ることができます。

テーマ：知恵に導かれた権威　父性原理

皇帝[*3]は国の安定と発展のために敵と戦い、秩序を与え法を管理する責任者です。

権威を振りかざし支配するのではなく、知恵を使い自らの真実のもとに決断し責任を負うことが、真の権威を生み出します。

＊3　皇帝（4）と星（17）のカードはシステムにより、パスの位置が入れ替わります。

5　教皇（ハイエロファント）

永遠なる知性の径　天国の喜び

位置：コクマとケセドをつなぐ

占星術：牡牛座

エレメント：地

動物：牡牛

ヘブライ文字：ו ヴァヴ　釘　数値６

釘はつなぐ、固定する、貫くといった役割を持ち、２つのものを一体化します。ヴァヴはまっすぐに天と地をつなげます。

テーマ：スピリチュアルな学び

教皇は高次の知恵を誰もが理解できるように教え、精神的に人々を導く存在です。真の霊的な教師は、一人一人が「内なる教師」とつながりを持つよう導きます。霊的な教えは日常を生きる知恵として活用できます。女教皇が秘教の教えを授ける存在であるなら、教皇は顕教の教えで倫理を説き平和を導く存在です。[*4]

＊４　秘教と顕教　顕教とは仏教やイスラム教など公に開かれた教えであり、秘教とは密教やスーフィズムなど求める者に明かされる教えです。

6　恋人たち（ラバーズ）

受容的な知性の径　信仰の基礎
位置：ビナーとティファレトをつなぐ
占星術：双子座
エレメント：風
動物：蛇
ヘブライ文字：ז ザイン　剣　数値7
　剣はパワーの象徴です。神の意志に従わずに振るう剣は諸刃の剣となり自分を傷つけますが、神の意志とともに責任を持って剣を振るうのであれば、共同創造となります。剣は高次の意志と相反する部分を切り落とします。

テーマ：内なる結婚
　あらゆる次元の愛の経験を表します。愛することを通して、相手の中に自分を発見し、内側の男性性と女性性を統合します。自分の中で否定し押しやる側面に愛をもたらし、内側で1つになります。

7　戦車（チャリオット）

影響の家の知性の径　日常性を理解する
位置：ビナーとゲブラーをつなぐ
占星術：蟹座
エレメント：水
動物：蟹、カブトムシ
ヘブライ文字：ח ヘット　柵　数値8

柵は中のものを護るとともに、中のものが外に出るのを防ぎます。柵は内と外の境界線を作ります。私たちは常に見えない柵で護られています。困難な状況にある時も常に護られています。

テーマ：パワー
目標を達成するために自らのパワーを正しく使い、感情や欲望に飲み込まれない強さを養います。内なる声を信頼し、神性が導く方向に進むなら、勝利と栄光を手にすることができます。

8　強さ（ストレングス）

霊的存在の活動すべての知性の径　恩恵を授かる
位置：ケセドとゲブラーをつなぐ
占星術：獅子座
エレメント：火
動物：ライオン、蛇
ヘブライ文字：ט テット　蛇　子宮　数値9

強さ[*5]に対応する動物である蛇は叡智のシンボルであり、クンダリーニ[*6]を表します。尾を飲み込み輪になった蛇の姿のウロボロスは、完全、循環、永遠を象徴します。

子宮は子供が宿る場所です。自分を空にすることで、神が入るスペースができ、神の子が宿ります。

＊5　強さ（8）と正義（11）は、タロットデッキによって順番が入れ替わります。
＊6　クンダリーニ：根源的な生命エネルギーであり、通常は活性化していませんが、覚醒すると宇宙的な視野が広がり、潜在能力が開花すると言われています。

テーマ：自己受容

人に見せたくない、自分でも見たくない側面を、表に出ないように無理やり押し込めてもなくなることはありません。葛藤にエネルギーを注ぐのをやめて、自分の一部として迎え入れると、本来持つパワーのすべてを使えるようになります。

9　隠者（ハーミット）

意志の知性の径　存在の知識

位置：ケセドとティファレトをつなぐ

占星術：乙女座

エレメント：地

動物：子羊

ヘブライ文字：י ヨッド　手、他の指を閉じ1本立てた人差し指　数値10

創造する神の手を表します。ヨッドの形をすべてのアルファベートに見ることができるように、神の力は宇宙のあらゆるものに浸透しています。

1本立てた人差し指は、精子や無意識に隠れた意志を表します。

テーマ：内側に向かう

外側の世界で起こることは、内側の世界の反映です。今の状況が好ましくないのなら、内側に目を向けて何が起きているかを明らかにする必要があります。内側に光をもたらし、経験から学ぶことで道は開かれます。

10　運命の輪（ホイール オブ フォーチュン）

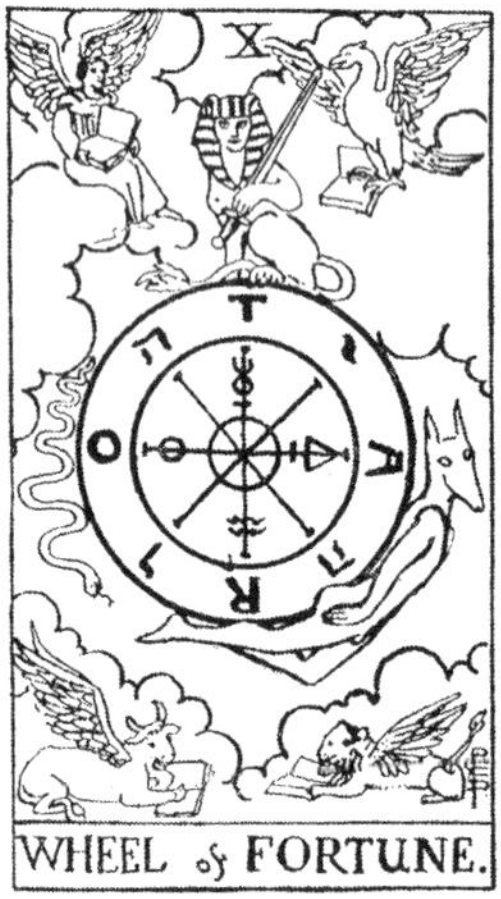

融和と褒賞をもたらす知性の径　神聖な影響が伝達される

位置：ケセドとネツァクをつなぐ

占星術：木星

エレメント：火

動物：ライオン、鷲、牡牛、人間

ヘブライ文字：כ カフ　掌　数値20　ダブルレター（豊かさと貧しさ）

掴むことと手放すこと。掌を開くことは、手放すと同時にやってくるものに開くことを表します。

テーマ：自然の法則

意識しようとしまいと、世界はカルマ（原因と結果）の法則の上に成り立ちます。大切なのは、「何をするかではなく、どのようにするか」です。何をしていようとも一瞬一瞬に気づきを持ち、自分の本質から関わることで結果は変わります。

11　正義（ジャスティス）

忠実なる知性の径　霊的な徳を高める
位置：ゲブラーとティファレトをつなぐ
占星術：天秤座
エレメント：風
動物：象、蜘蛛
ヘブライ文字：ל ラメド　牛追い棒　数値30

牛を前に進ませるために突《つっ》く棒を表します。「私が必要なことに気づかない時、間違った時には、突いて教えてください」と、神に頼みます。

テーマ：バランス
正義[*7]は本質から人生を生きているか、偽りの人生を生きているか、秤にかけます。天の意志と個人の意志との調和、秤を釣り合わせるにはどうするべきか、思考を鎮めハートの中の真実の声に耳を澄ますことが正しい判断を導きます。

*7　正義（11）と強さ（8）は、システムによってカードが入れ替わります。

12　吊るされた男（ハングドマン）

安定した知性の径　一貫性を高める
位置：ゲブラーとホドをつなぐ
占星術：水の源　海王星
エレメント：水
動物：鷲、蛇、蠍《さそり》
ヘブライ文字：מ メム　水　数値40　マザーレター

水は、常にあらゆる隙間を伝って上から下に流れ、器があればその形に納まります。謙虚さ、

従うこと、柔軟性を表します。

テーマ：天にゆだねる

動きたいのに動けない、そんな歯がゆい状況であっても、無理にもがいて逃れようとせず、ただその状況にくつろいでいることが助けになります。内側で気づきが広がると、今までとは違った世界が見え始めます。抵抗せずに信頼して委ねることが復活の鍵です。

13　死（デス）

想像力の知性の径　更新と変化
位置：ティファレトとネツァクをつなぐ

占星術：蠍座
エレメント：水
動物：甲虫、フェニックス
ヘブライ文字：נ ヌン　魚　数値50
「魚を与えれば飢えは満たされるが、魚の釣り方を教えれば一生飢えることはない（老子）」。

学んだことを伝えるという意味を持ちます。また、魚はキリストを象徴し、キリストによって救われる人を表します。

テーマ：変容
すべてのものは毎瞬、変化しています。無意識に繰り返される呼吸のように、常に手放しと新たな始まりがあります。この世界の真理の1つは、「この世で変わらないものは変わるということだけ」です。

14 節制（テンペランス）

実験的な知性の径　錬金術の過程
位置：ティファレトとイエソドをつなぐ
占星術：射手座
エレメント：火
動物：ケンタウロス、馬、犬
ヘブライ文字：ס サメフ　支柱　数値60
自分の真のエッセンスとともにあることが、天と地をつなぐ揺ぎない柱になります。

テーマ：融合と調和

今あるもののすべてを、余すことなく1つにします。美味しい料理を作るには、すべての素材を鍋に入れ、火加減、味加減、調理時間、立ち上る香りなど、細部にわたって注意深く気を配り、調整し、バランスをとることが大切です。

15　悪魔（デビル）

刷新する知性の径　実働する生命の力
位置：ティファレトとホドをつなぐ
占星術：山羊座
エレメント：地
動物：山羊、驢馬《ろば》
ヘブライ文字：ע アイン　目　数値70

1つの目で見ること、それは二元性を超えた全体性を見ること、1つの目的に焦点を合わせること、第三の目で見ることを表します。

テーマ：影を見る

人生の中で否定し、見たくないものは、影の中に押しやられます。影を押しやれば押しやるほど、得体の知れないものとなり、現実に好ましくないものを作り出します。否定してきたものに向き合い、真の姿を明るみに出します。

16 塔（タワー）

活動的な知性の径　存在の性質

位置：ネツアクとホドをつなぐ

占星術：火星

エレメント：火

動物：熊、狼

ヘブライ文字：פ ペー　口　数値80　ダブルレター（美しさと醜さ）

口を空にしておけば、神の知恵で満たされ、神の言葉が語られます。

テーマ：再評価する

作り上げたものが、真の目的に適《かな》うものなのかを見直します。魂からの望み以外は、この先の道を進むにあたり、持つべき価値はありません。天の意志を地上で実現するために創りあげたもの、本当に大切なものは壊れることはありません。

17　星（スター）

自然な知性の径　潜在力を知る
位置：ネツァクとイエソドをつなぐ
占星術：水瓶座
エレメント：風
動物：鷲
ヘブライ文字：צ ツァディ　釣り針　数値90
天に釣り上げられて神に届くという文字で、源からの知恵を大地に下ろすという意味を持ちます。

テーマ：信頼
星のもとでは求められているものと求めているものが１つになり、美しい循環が生まれます。*8

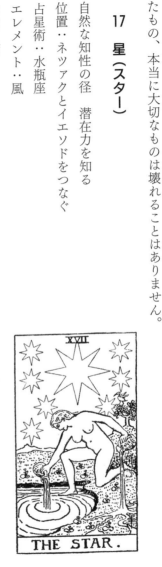

天から注がれるエッセンスが満たされ、自らのエッセンスとともに大地にもたらします。大地は潤い、存在するものは美しく成長していきます。

＊8　星（17）と皇帝（4）のカードはシステムにより、パスの位置が入れ替わります。

18　月（ムーン）

身体的な知性の径　身体の形成と発達
位置：ネツァクとマルクトをつなぐ
占星術：魚座
エレメント：水
動物：魚、イルカ
ヘブライ文字：ק クォフ　後頭部　数値100　針の目
後頭部にある小脳は、無意識レベルの行動を制御、調整する器官で、潜在的能力と関係します。

「金持ちが天国に入るのは駱駝が針の穴を通るより難しい（新約聖書）」という言葉が示すよ

うに、「最も価値あるものは何か」を考え、神のように行動することが天国への近道です。

テーマ：幻想を通り抜ける

無意識、潜在意識から浮かび上がるものが何を意味するのか、幻想に惑わされないよう注意し、奥に潜むものをありのままに見ます。過去からやってくるものは、解放を求めています。

19　太陽（サン）

収集する知性の径　占星学、意識の統合

位置：ホドとイエソドをつなぐ

占星術：太陽

エレメント：火

動物：ライオン、鷹、甲虫

ヘブライ文字：ר レシュ　頭　数値２００　ダブルレター（実りと不毛）

神の手であるヨッドが天から伸びて地上に達した文字で、神はいつでも近くで見護り救ってくれることを表します。マインドを覆う霧が晴れて、本来の道を見出します。

テーマ：無垢な魂

意識と無意識が統合され、本当の自分が目覚めます。本来の輝き、強さ、調和のもとに、子供のような純粋さで世界を見始めます。

20 審判（ジャッジメント）

永遠の知性の径　創造を統御する
位置：ホドとマルクトをつなぐ
占星術：火の源　冥王星
エレメント：火
動物：ライオン
ヘブライ文字：ש シン　歯　数値300　マザーレター

シンは3つのヨッドを持ちます。ボディとマインドとスピリット、父と子と聖霊といった三位一体を表し、それらが1つになる場所が神につながる場所であることを表します。

歯は食べ物を噛み砕いて消化できるようにします。自分が十分に学んで理解し消化したことは人々に伝えることができます。

テーマ：再誕生

過去生から持ち越してきたものや、ここに至るまでのすべての経験が統合され、存在が変容します。外側の覆いは剝《は》がれ落ち、内側の価値なきものは焼き尽くされ、本当の自分が誕生します。

21　世界（ワールド）

管理する知性の径　生命力を方向づける

位置：イエソドとマルクトをつなぐ

占星術：土星

エレメント：地

動物：ワニ

ヘブライ文字：ת タヴ　十字　数値４００　ダブルレター（支配と奉仕）

時間と空間を表す十字、その中心が物質界の制限から自由になるポイントです。タヴは「中心にある聖なる宮殿」であり、十字架の中心からあらゆる方向に放射される光のポイントです。光は成長のための機会をもたらします。

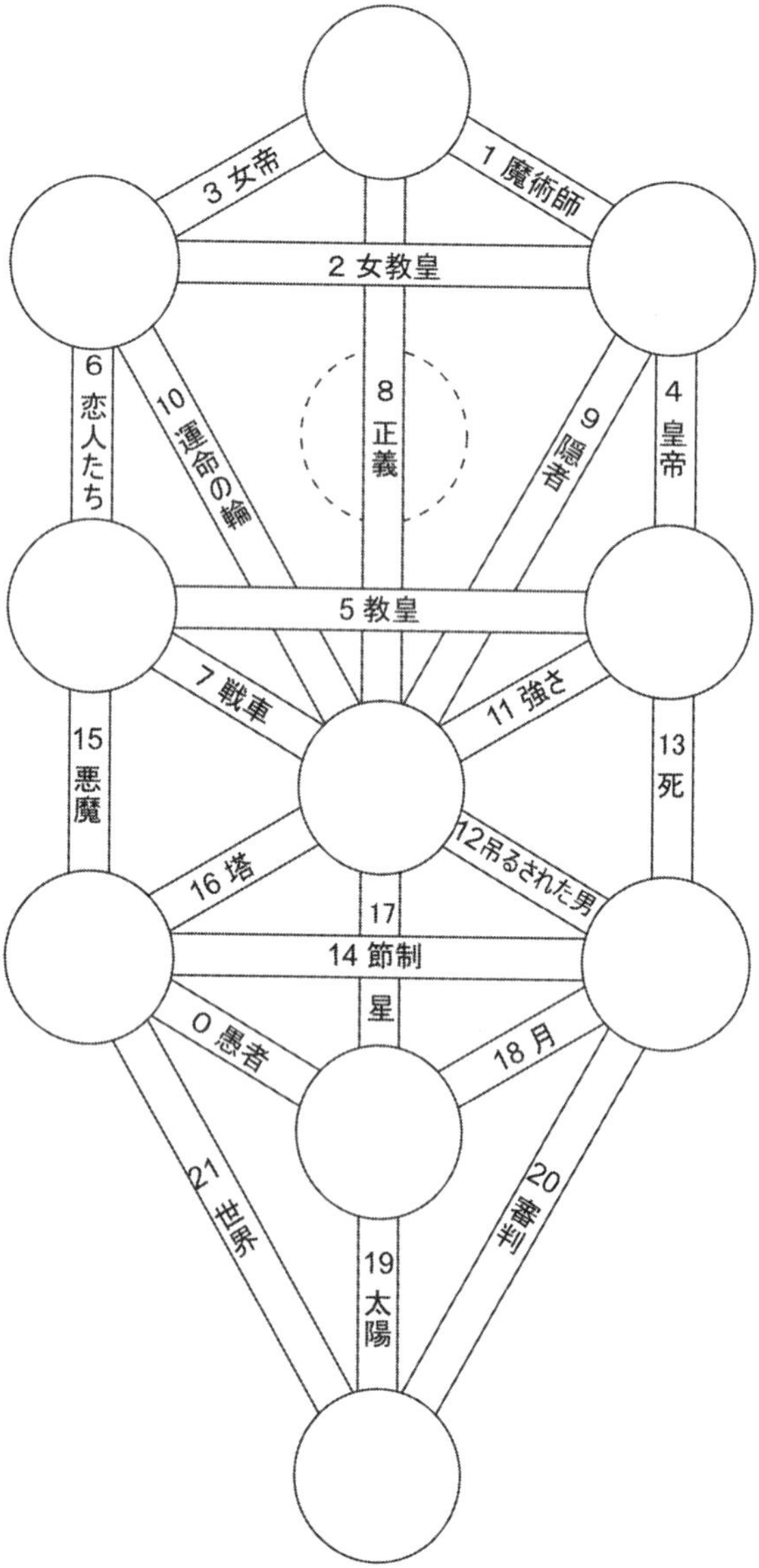

図22　大アルカナとパスの対応（図21と別バージョンの一例）

テーマ：新たな始まり

愚者はこの世界の中で、美しく調和とバランスをとりながら生きる方法を身につけました。旅の目的地にたどり着いたのです。そして再び、真理を携えて新たな旅に出ます。

パスワーク

タロットカードやパスのイメージを広げたり、ガイダンスが欲しい時に良いエクササイズです。

①タロットカードを1枚選びます。

②しばらくの間目を閉じ、呼吸に意識を向けて、深い呼吸を繰り返します。十分にリラックスしたら、目を開けます。

③タロットの絵全体をふんわりと優しく眺めます。この時、細部に焦点を合わせるのではなく、カード全体から漂う雰囲気にチューニングします。

④カードの世界への入り口を探しましょう。絵の中にあなただけにわかる秘密の入り口を作

り、再び目を閉じて、その入り口からカードの世界に入っていきます。

⑤そこにはどのような景色が広がっていますか？　天気や気温、風、香りなど何か体感はありますか？　周囲から何か聞こえますか？　その世界に馴染むまで、しばらく時間を取ります。

⑥世界が安全だと感じたら、周囲の散策に出かけましょう。

⑦ひと通り散策したら、くつろげる場所を見つけて座ります。

⑧落ち着いたら、「私に必要なメッセージをください」と心の中で願います。

⑨メッセージは、誰かが近づき教えてくれるかもしれません。天使や妖精、鳥や花、動物、昆虫などが伝えてくれることもあります。ただ閃いたり、どこからともなく手紙が届くかもしれません。

⑩やってきたメッセージが何であれ、感謝して受け取りましょう。

⑪世界の入り口まで、歩いてきた道を戻ります。

⑫入り口を見つけたら、カードの世界に別れを告げて外に出ます。

⑬自分のタイミングで目を開けます。

⑭カードの世界の様子や、出会ったもの、受け取ったメッセージなど、覚えているうちに記録しましょう。

セフィロトカードのリーディング（応用編）

基礎編で紹介しているセフィロトカードによるリーディングは、パスの概念を加えることで、さらに深く読み解くことができます。

①質問したいことを思い浮かべてカードをシャッフルし、１枚カードを引くところまでは基礎編と同じです。

②例えば「ホド」のカードが出た時には、生命の木で「ホド」とつながるパスを確認します。「ホド」には次の5本のパスがつながっています。

「吊るされた男」天にゆだねる　מ メム　水
「悪魔」影を見る　ע アイン　目
「塔」再評価する　פ ペー　口
「太陽」無垢な魂　ר レシュ　頭

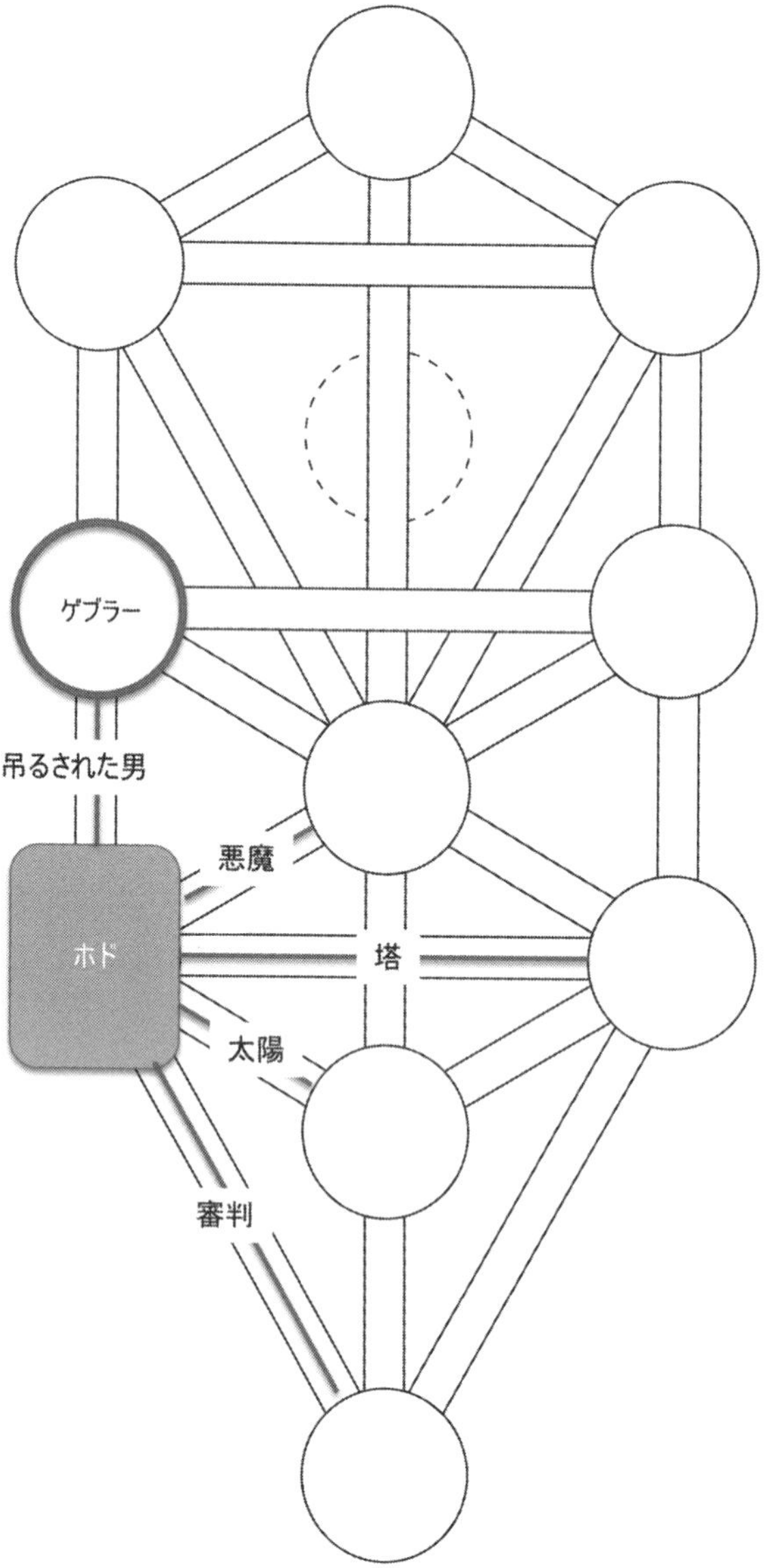

図23　セフィロトカードのリーディング応用編１枚引き

「審判」再誕生　ש シン　歯

③この中で気になるテーマを持つパスがあれば、そのパスがつながるセフィラも確認しましょう。例えば、「吊るされた男」が気になるのであれば、つながるセフィラは、「ゲブラー」です。

「ホド―吊るされた男―ゲブラー」は、すべて厳格の柱上にあり、形を作ることが強調されています。さまざまな考えがあって決めかねている状況だとしたら（ホド）、今はあれこれ考えるのをやめて、リラックスすることが大切で（吊るされた男）、判断を手放すことが役立つかもしれません。

④３枚引きの例で考えてみましょう。

例）○○さんと親しくなることが私にどのような影響を与えますか？

プラス面　　ゲブラー　　強さや正しい判断力をもたらす

マイナス面　ティファレト　自分らしさを表現できない、バランスをとるのが難しい

結果　　ビナー　　形を作ることのサポート、異なる側面への理解

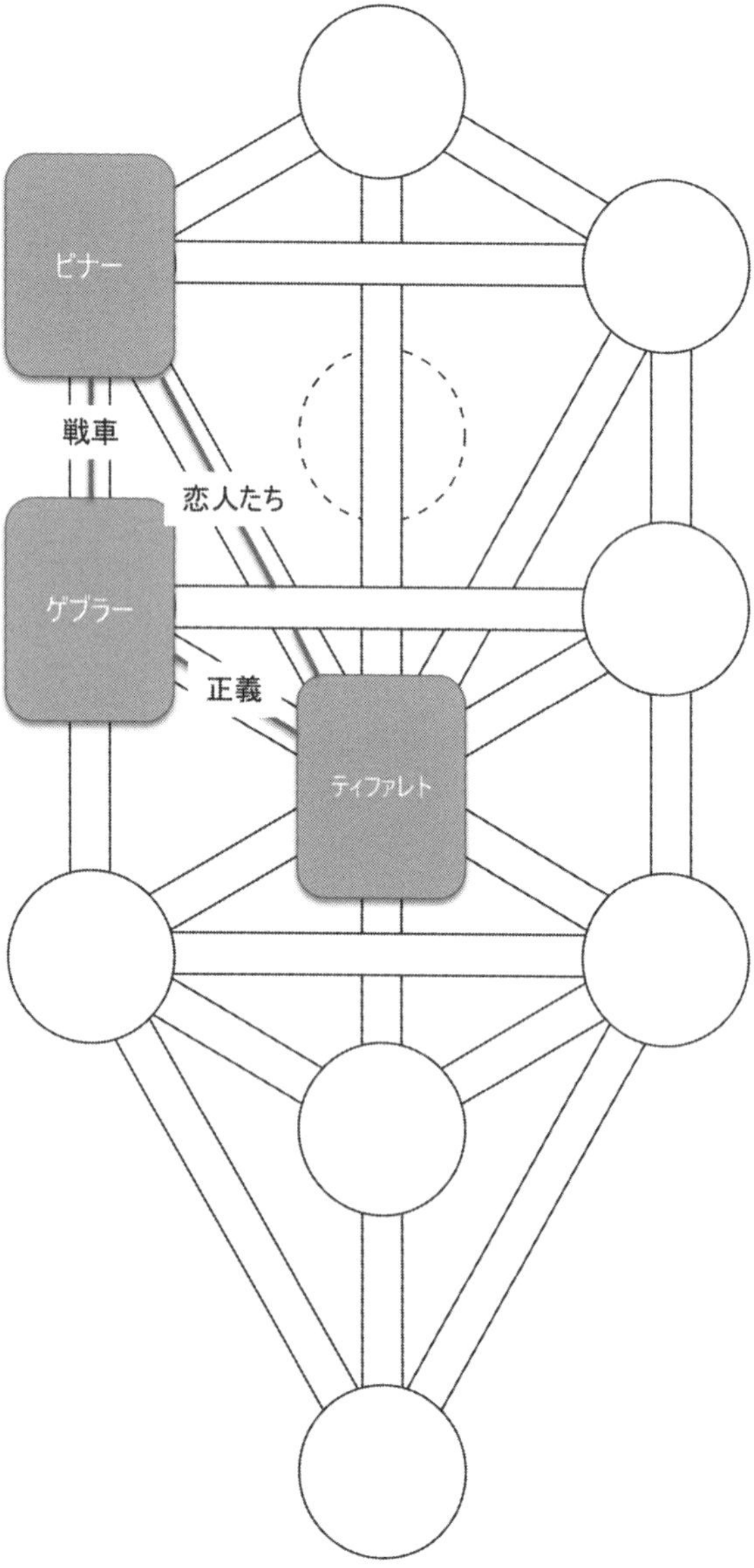

図24　セフィロトカードのリーディング応用編３枚引き

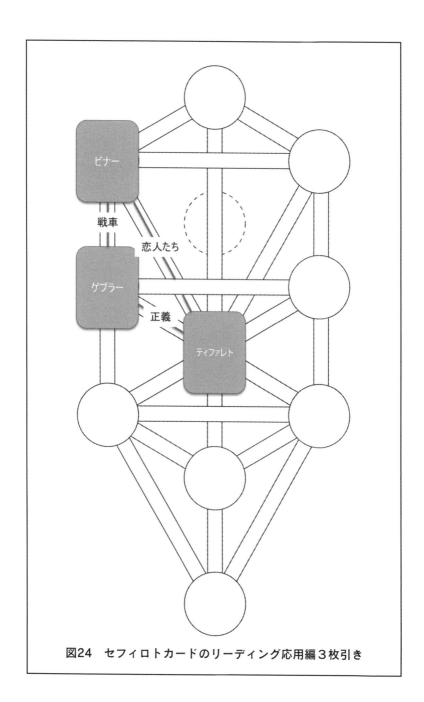

このセフィロトと関連するパスを見ると、
ゲブラーとビナーをつなぐパス　　戦車　　パワー　目標達成　感情に振り回されない
ゲブラーとティファレトをつなぐパス　正義　バランス　本心か偽りか心の声を聴く
ビナーとティファレトをつなぐパス　　恋人たち　内なる結婚　あらゆる次元の愛

お互いに切磋琢磨し、向上できる関係性だと考えられますが、価値観の違いなどから意見の対立がありそうです。相手の意見を聞き入れるだけでなく、自己主張ができるかどうか、通常であればＮＯということでも、相手の立場で考えて思いやりを持てるかどうか、表面的なものに惑わされず、心の声を聞いて判断できるかどうかが、よりよい関係性を築く鍵になりそうです。

第2章　生命の木のタロットワーク

タロットもセフィロトカードと同じように使うことができます。タロットの場合、小アルカナはセフィロト、大アルカナはパスに対応しますので、選ばれたカードが生命の木のどこに対応するかを確認して、カードのメッセージを読み解きます。パスと対応するカードが選ばれたら、パスがつないでいる両側のセフィラの意味も確認しましょう。

ゴールデンスレッドとシルバースレッドは、ベーシックスプレッドで選ばれた4枚のカードをつないで、生命の木の中であなたがどのように動いているのか、全体像を見る方法です。シルバースレッドは1つの生命の木、ゴールデンスレッドは4つの生命の木を使います。最初はシルバースレッドがシンプルで使いやすいでしょう。慣れてきたらゴールデンスレッドを使うと、より宇宙的な視点から見ることができます。

ベーシックスプレッド

①目を閉じて深く呼吸をし、心を落ち着けます。
②カードをシャッフルします。
③十分だと感じたら、カードをひとまとめにします。さらにカットしてもいいですし、そのまま横並びにざっと並べても構いません。
④４枚のカードを選びます。カードの読み方に沿って、選ばれたカードを読み解きます。ゴールデンスレッドやシルバースレッドの場合は、時間を超越していますので、順序にこだわらず全体として捉えるとよいでしょう。

◉カードの読み方
①あなたの本質
②過去　今まで取り組んできた課題や、課題を通して学んできたこと
③現在　今のあなたの状況

④未来　どこに向かっているのか、今後の方向性

シルバースレッド

①生命の木のシートを1枚準備します。

②基本のスプレッドで選んだ4枚のカードを対応するセフィロトとパスに記入します。小アルカナはセフィロト、大アルカナはパスと対応しています。

③記入した4ヶ所がつながるようにラインを作ります。この時、カードが選ばれた順序は気にせず、最短でつなげます。

④パスの両端のセフィラも選びます。

⑤生命の木の上に現れた形はどのようなものでしょうか？　3本の柱、4つの世界など、何か特徴があるかどうか見てみましょう。

⑥生命の木とカード全体のストーリーを読み解きます。

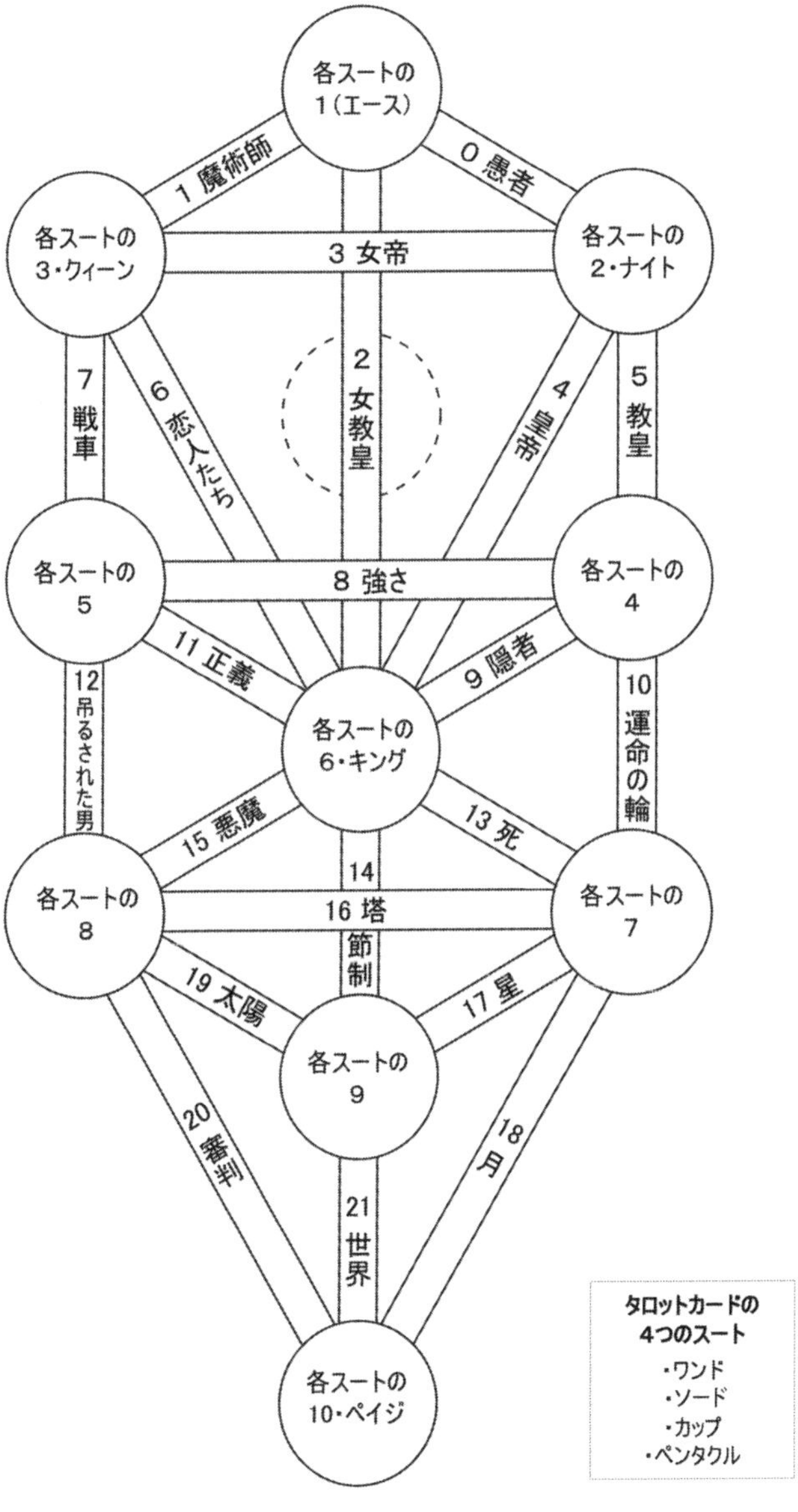

各スートの
1（エース）
1 魔術師
0 愚者
各スートの
3・クィーン
3 女帝
各スートの
2・ナイト
7
戦車
6 恋人たち
2
女教皇
4 皇帝
5
教皇
各スートの
5
8 強さ
各スートの
4
11 正義
9 隠者
12
吊るされた男
各スートの
6・キング
10
運命の輪
15 悪魔
13 死
14
節制
各スートの
8
16 塔
各スートの
7
19 太陽
17 星
各スートの
9
20
審判
18
月
21
世界
各スートの
10・ペイジ
タロットカードの
4つのスート
・ワンド
・ソード
・カップ
・ペンタクル

図25　タロットの対応

例）

◉クライアントのテーマ
「今の私にとって、何が一番重要かを知りたい」

◉選択された4枚のカード

①本質　強さ（8パス）
愛と優しさを周囲の人々や物事に分かち合うことができ、自分のやるべきことに情熱的に取り組むことができます。完璧さを求めすぎると、自分にも人にも厳しくなってしまうので注意しましょう。

②過去　ペンタクルのペイジ（マルクト）
常日頃は、好奇心旺盛で興味を持つとすぐにチャレンジする行動力がありますが、何らかの原因で動けずにいたか、あるいはあれこれと手を出しすぎて、何をしたいのかわからなくなっていたようです。

③現在　ワンドの7

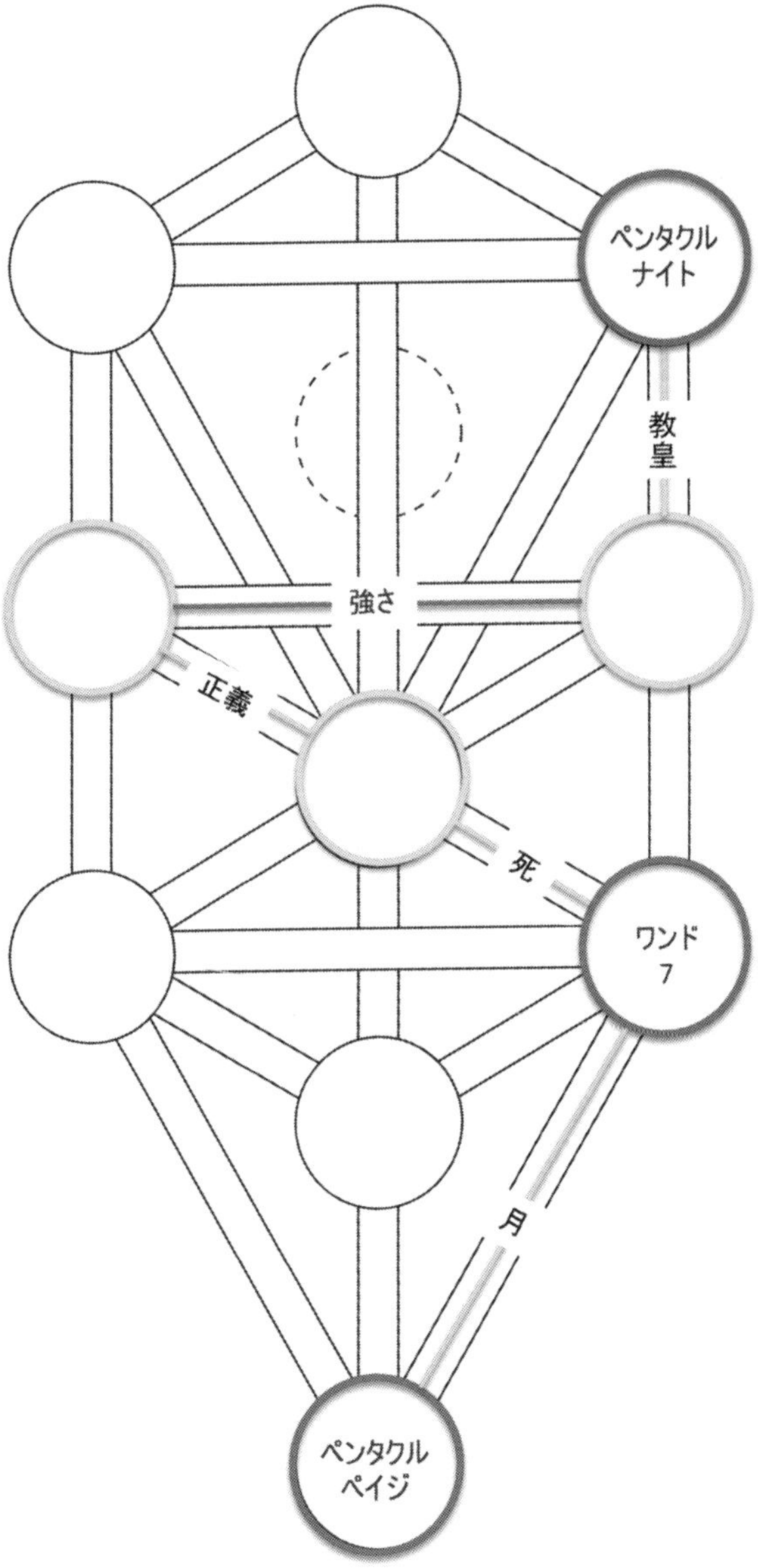

図26　シルバースレッド参考例

現在は、目標が定まり、実現したいことに向けて動くための準備をしています。

④未来　ペンタクルのナイト
今後は、新しいアイディアや方向性がはっきり見えてきて、実現に向けて積極的に動くことができるでしょう。

◉シルバースレッドの作成
ペンタクルのナイト（コクマ）↓教皇（5パス）↓ケセド↓強さ（8パス）↓ゲブラー↓正義（11パス）↓ティファレト↓死（13パス）↓ワンドの7（ネツァク）↓月（18パス）↓ペンタクルのペイジ（マルクト）

◉シルバースレッドの特徴
・選択された大アルカナのパスは1つのみで、生命の木の左右をつないでいる
・慈悲の柱のセフィロトが多い
・選択されたセフィラのスートは、ワンドとペンタクルのみ
・ケセド、ゲブラー、ティファレトのブリアー（創造界）に大アルカナのパスが選ばれている

◉クライアントの状況
・現在取り組んでいるプロジェクトがどのような形になるのか心配
・盛り込みたい内容が多すぎて、どこに的を絞ればいいのかがわからなくて悩んでいる

◉シルバースレッドの伝えていること
多くのアイディアの中から何を選択するかイメージが広がりすぎて現実の形に落とし込むのが難しい様子です。拡大する傾向の慈悲の柱側にセフィラが多いことや、ブリアーで動きが活発なことから、形にするためにどうすればいいかを、あれこれと考えていることがわかります。

最もやりたいこと、楽しめることをもう一度見直し、そこから外れる部分は思い切ってカットすることも必要でしょう（ゲブラー、正義、ティファレト、死、ネツァク）。ただし、関わる人々の役に立つアイディアは、取り入れることが大切です（コクマ、教皇、ケセド）。

目に見える現実だけではなく、内側からやってくるイメージや感覚に注意を向けること、アイディアが浮かんだら、できる限り実際にやってみて自分の感覚にフィットするかどうかを判断することが、役に立つでしょう（ネツァク、月、マルクト）。

取り組んでいるプロジェクトに対する自分自身の熱い想いがどのようなものであるかを、再

確認しましょう（クライアントの本質である「強さ」、現在の「ワンドの7」のネツァク）。

◉クライアントのフィードバック

プロジェクトを始めた時はとても楽しかったのに、計画段階で行き詰まってしまい、あれこれ頭で考えすぎて動けなくなっていた。もう一度、始めたころの気持ちに戻ってみようと思う。「多くの人の助けになるように」という思いがあるので、関わる人々の役に立つアイディアを優先することはとても大切だと思う。

ゴールデンスレッド

① ゴールデンスレッドのシートを準備します。
② 基本のスプレッドで選んだ4枚のカードが対応するセフィロトとパスを見つけます。大アルカナが選ばれている場合、対応するパスは4つの世界とも同じ場所にあります。小アルカナが選ばれている場合、スートによって対応する世界が異なります。ワンドはアツィルト、ソードはブリアー、カップはイエッツラー、ペンタクルはアッシャーに対応します。

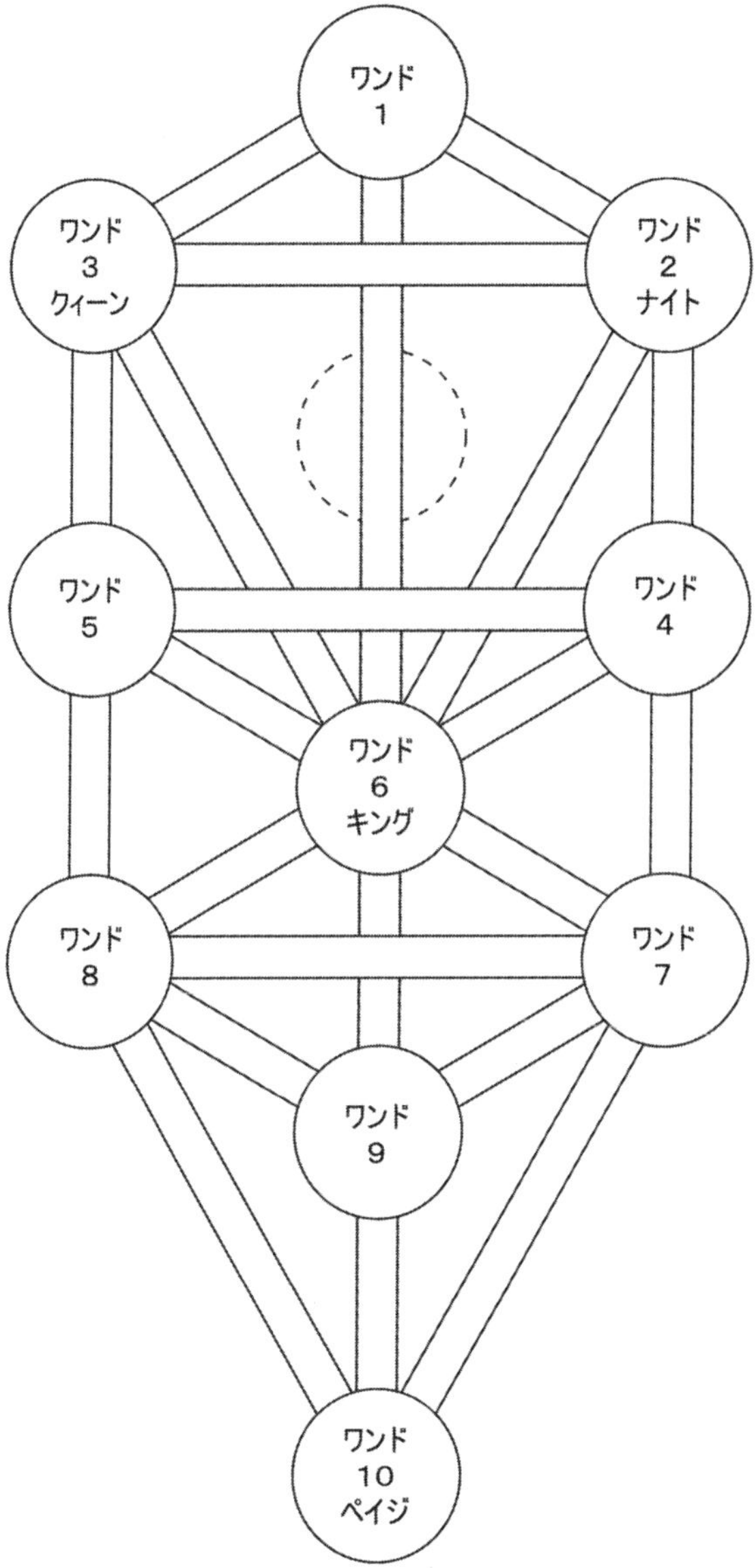

図27　４つの世界とタロットの対応一覧　アツィルト（流出界）

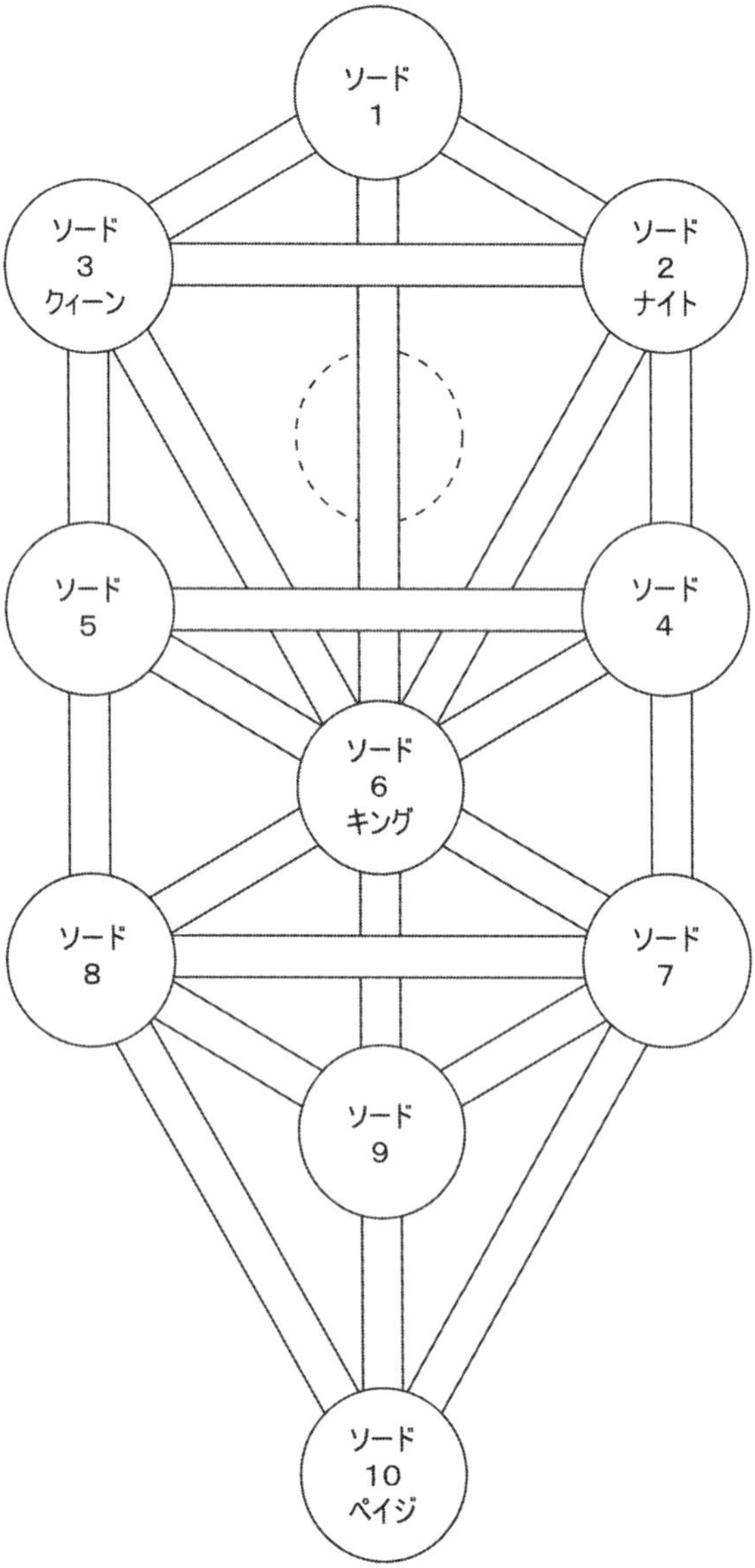

図28　４つの世界とタロットの対応一覧　ブリアー（創造界）

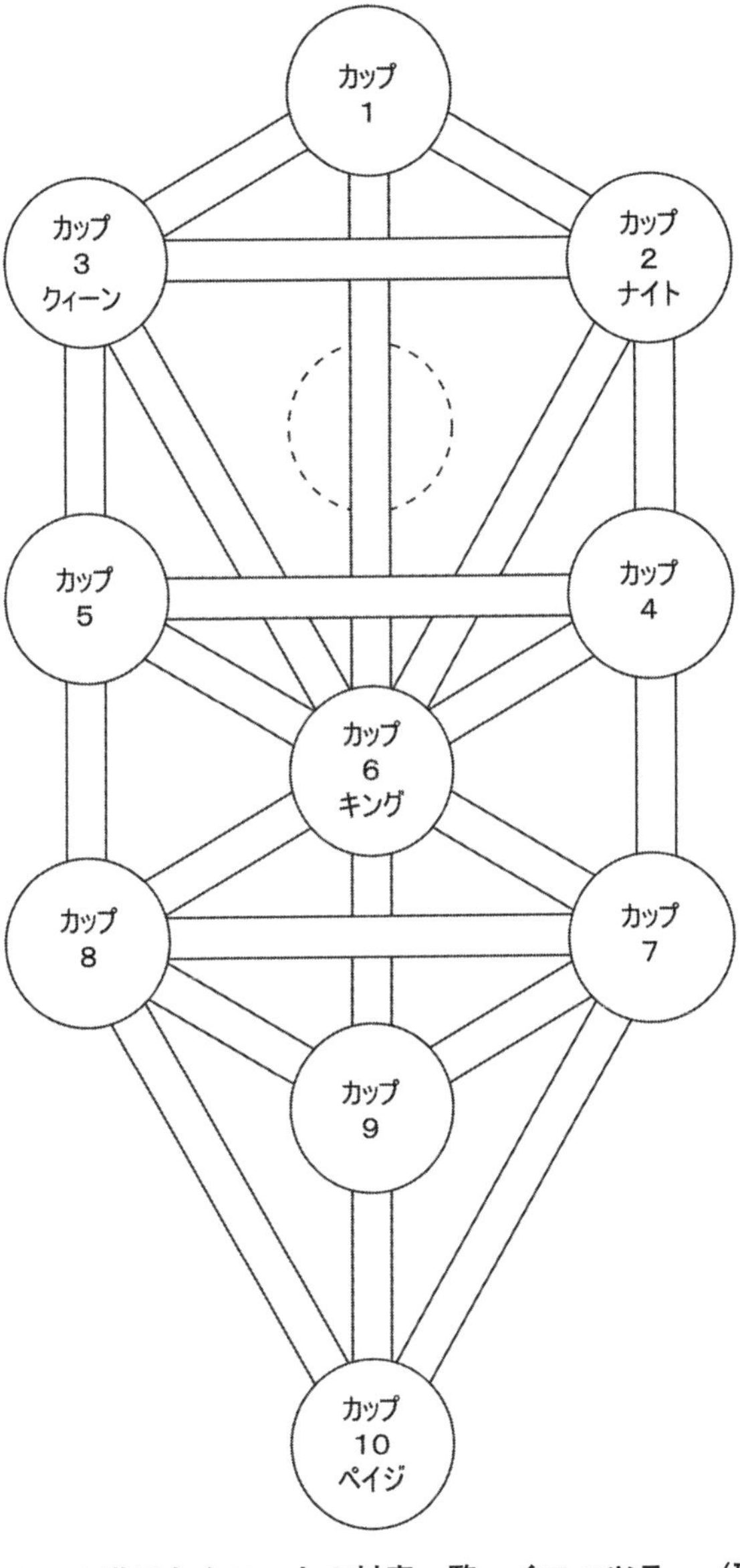

図29　４つの世界とタロットの対応一覧　イエッツラー（形成界）

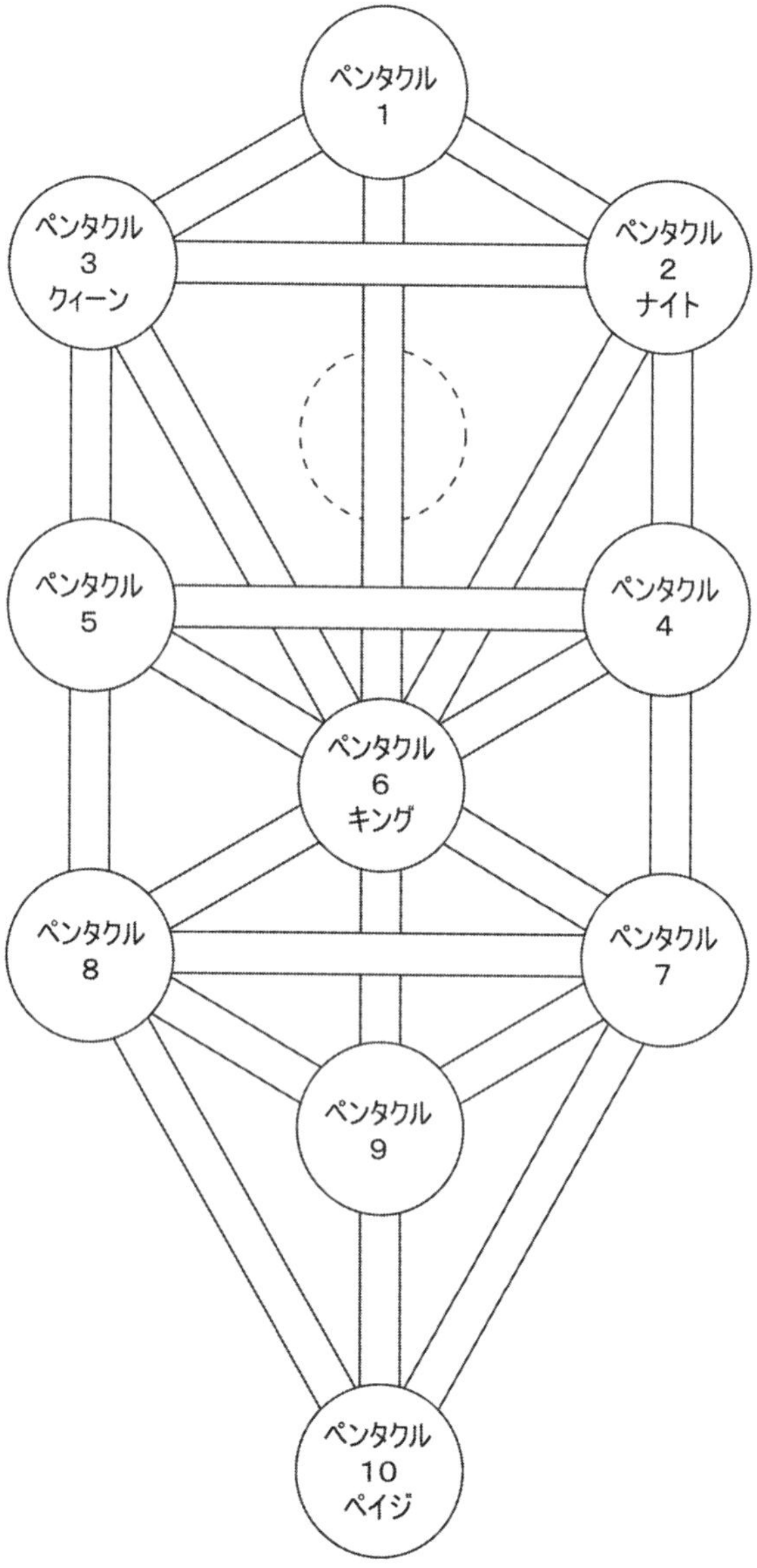

図30　4つの世界とタロットの対応一覧　アッシャー（活動界）

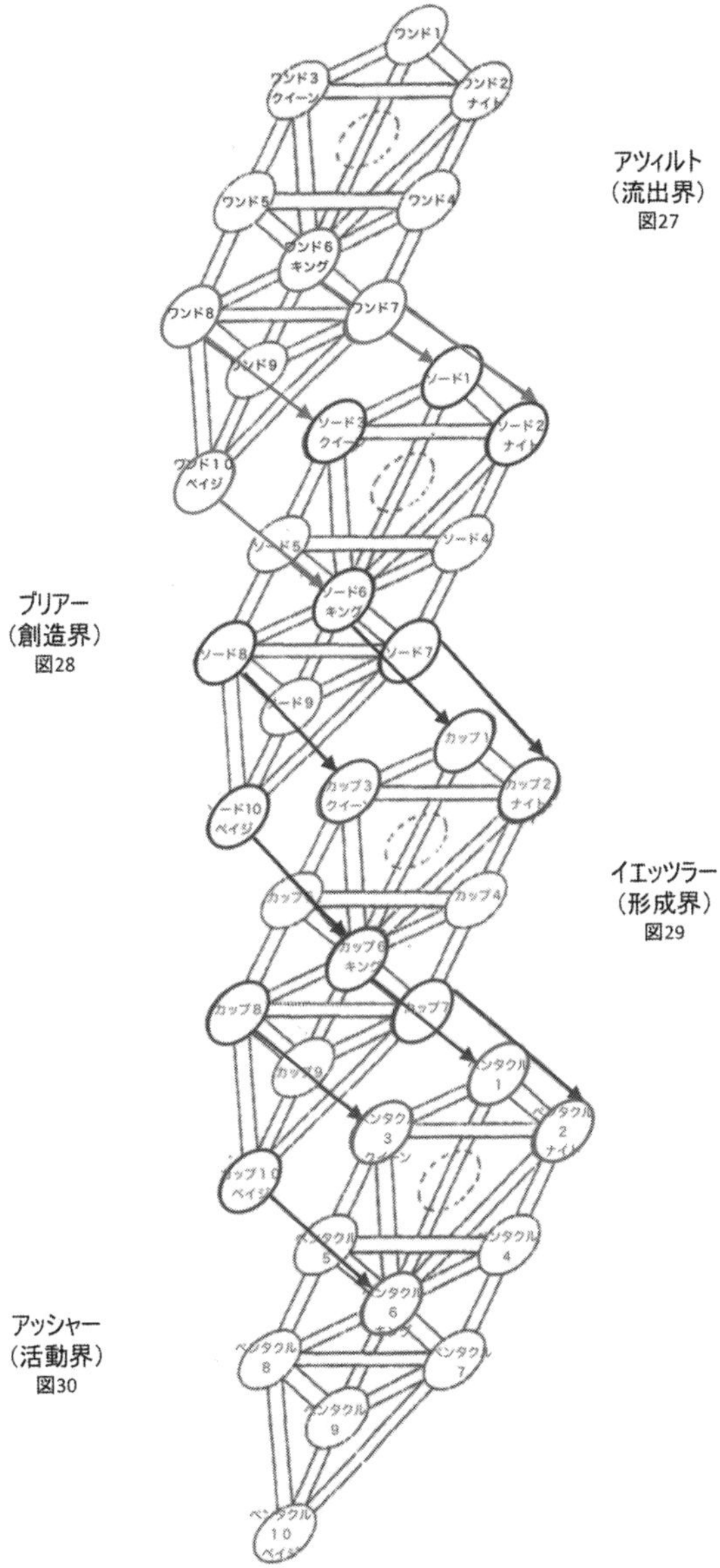

図31　ゴールデンスレッドにおける世界の移動

③まずは、小アルカナに対応するセフィラを特定して、シートにチェックを入れます。
④次に、選ばれたセフィラをつなげていきます。この時、選んだカードがパスに対応している場合は、そのパスを必ず通るようにつなげます。パスは全世界共通なので、どの世界で通っても構いませんが、どこかで必ず通るようにラインを作ります。
⑤選ばれたカードの世界が異なる場合は、世界を移動する必要があります。世界を移動できるセフィラは決まっています。上の世界のティファレト、ネツァク、ホド、マルクトが、下の世界のケテル、コクマ、ビナー、ティファレトにつながります。この4つのうちのどこかから世界を移動します。
⑥選んだ4枚のカードに対応する、セフィロトとパスをすべてラインでつなげたら、ライン上に出てきたカードをすべて取り出し、順番に並べます。
⑦生命の木の上に現れた形はどのようなものでしょうか？　特定のセフィラやパスを何度も通っていたり、特定の世界に集中していませんか？
⑧カード全体のストーリーを読み解きます。

例）

●クライアントのテーマ

「今の自分がどのような状況にあるのかを知りたい」

●選択された4枚のカード

①死（13パス）

変化することを恐れず、新しい可能性を開くために、古い考えやすでに役立たなくなったものを手放す勇気を持っています。

②ソード6（ブリアー　ティファレト）

行先は見えないけれども、目の前にあるものを1つ1つクリアにすることで、正しい方向に進むであろうと信頼することが必要でした。

③ソード1（ブリアー　ケテル）

以前に比べると、周囲の状況や自分の立ち位置などがはっきり見えるようになり、自分自身がどうしたいのかも明確になっています。

④ペンタクルのクィーン（アッシャー　ビナー）

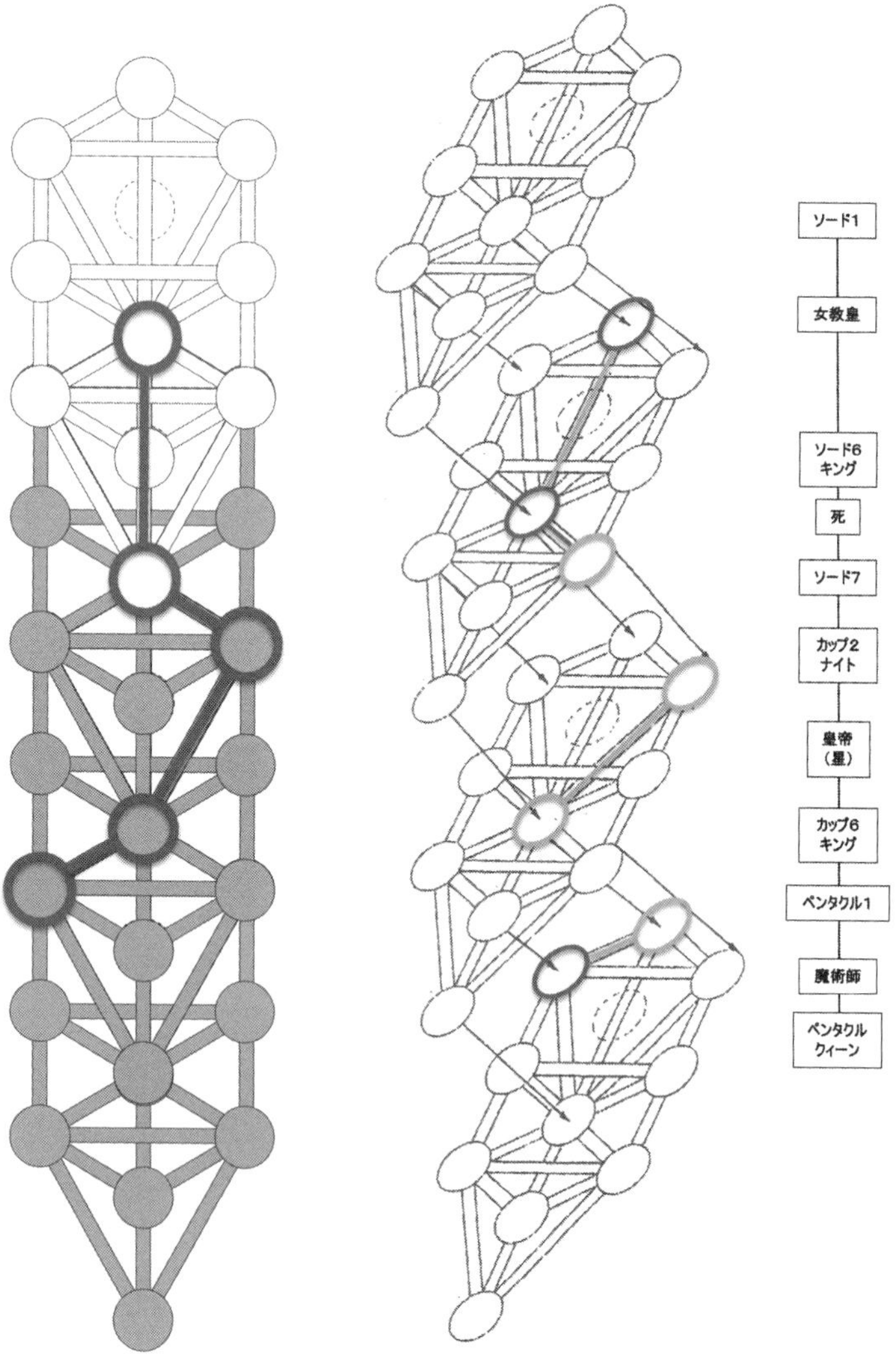

図32　ゴールデンスレッド参考例

目標を定めて進むことで、豊かで安定した状況を作り出すことができます。

◉ゴールデンスレッドの作成

・ブリアー（創造界）
ソード1（ケテル）↓女教皇（2パス）↓ソード6（ティファレト）↓死（13パス）↓ネツアク（ソード7）↓下の生命の木に移動

・イエッツラー（形成界）
↓カップ2もしくはナイト（コクマ）↓皇帝（4パス、もしくは星　17パス）↓カップ6もしくはキング（ティファレト）↓下の生命の木に移動

・アッシャー（活動界）
↓ペンタクル1（ケテル）↓魔術師（1パス）↓ペンタクルクィーン（ビナー）

◉ゴールデンスレッドの特徴

・選ばれた11枚のカードの世界との対応

アツィルト（流出界）　0枚　スピリチュアルな世界
ブリアー（創造界）　5枚　精神、思考の世界
イエッツラー（形成界）　3枚　感情の世界
アッシャー（活動界）　3枚　物質、感覚の世界

スピリチュアルな世界からのエッセンスはすでに受け取られ、現在は思考の世界で最も動きが活発だが、感情と物質の世界にも動きがある。

- どの世界においても、ティファレトから上のセフィラとパスが選択されている。
- 1つの世界に長くとどまることなく、短い距離で移動している。
- ブリアーでは中央を通り右側へ、イエッツラーでは右側から中央へ、アッシャーでは中央から左側へと移動している。
- ケテルとティファレトを2度通っている。

◉クライアントの状況

- 仕事に対して、今のままでいいのかと漠然とした不安がある。
- 特に問題があるわけではないが、マンネリでやりがいが感じられず転職も考えている。
- 特にやりたいことがあるわけでもないので、ずるずると同じ状況にいる。

◉ゴールデンスレッドの伝えていること

初めに選択した４枚の中の大アルカナ、「死」のカードは鍵になります。「死」は、今までの自分は死に、新しい自分に移行するアイデンティティの変化を表します。クライアントは、「今のままでいいのか」と感じている状況ですが、すでに変化は始まっています。ただし、どの世界も生命の木の上部のエリアを通っているので、現実レベルでの変化は起きていません。けれども、これまでの自分とは明らかに変わってきているので、今まで通りではしっくりこないのです。身体は成長しているのに、いつまでも小さいサイズの服を着ているような窮屈さを感じているのでしょう。

世界を素早く移動しているので、気持ちはスピーディに変化しています。すぐに転職するといった行動に出るのではなく、今は本当に進むべき方向を冷静に見つめる時期です。

ケテルとティファレトを2回通っていることから、自分はどのように生きたいのか、本当に大切なものは何かを再確認することが重要です。瞑想するなど、あれこれ考える頭を鎮める時間をとりましょう。

何かを選択する際には「これは私の心からの望みに適っているのか」と問いかけるとよいでしょう。

この先には、本来持っている才能や美しさを活かすことができ、満たされた気持ちになる道が準備されています。必要なものはやってくることを信頼し、日々の出来事の中に未来への種を見つけて、大切に育てましょう。

◉クライアントのフィードバック

最初に「死」のカードを見て、「どんなに悪い状況なのか」と驚いたが、今の自分の状況にぴったりだったので、モヤモヤしていた気持ちがスッキリした。先が見えない中での変化は不安だが、もっと充実感を味わえるような何かを探したいと思う。なかなか時間がとれずにいるが、趣味で作っているアクセサリーを欲しいと言ってくれる人がいるので、趣味の時間を増やすことも大切だと感じた。

生命の木スプレッド

人生のテーマや、現在の自分の全体像を見るのに役立ちます。生命の木の形にカードを並べ、各セフィラのテーマに沿ってカードを読み解きます。

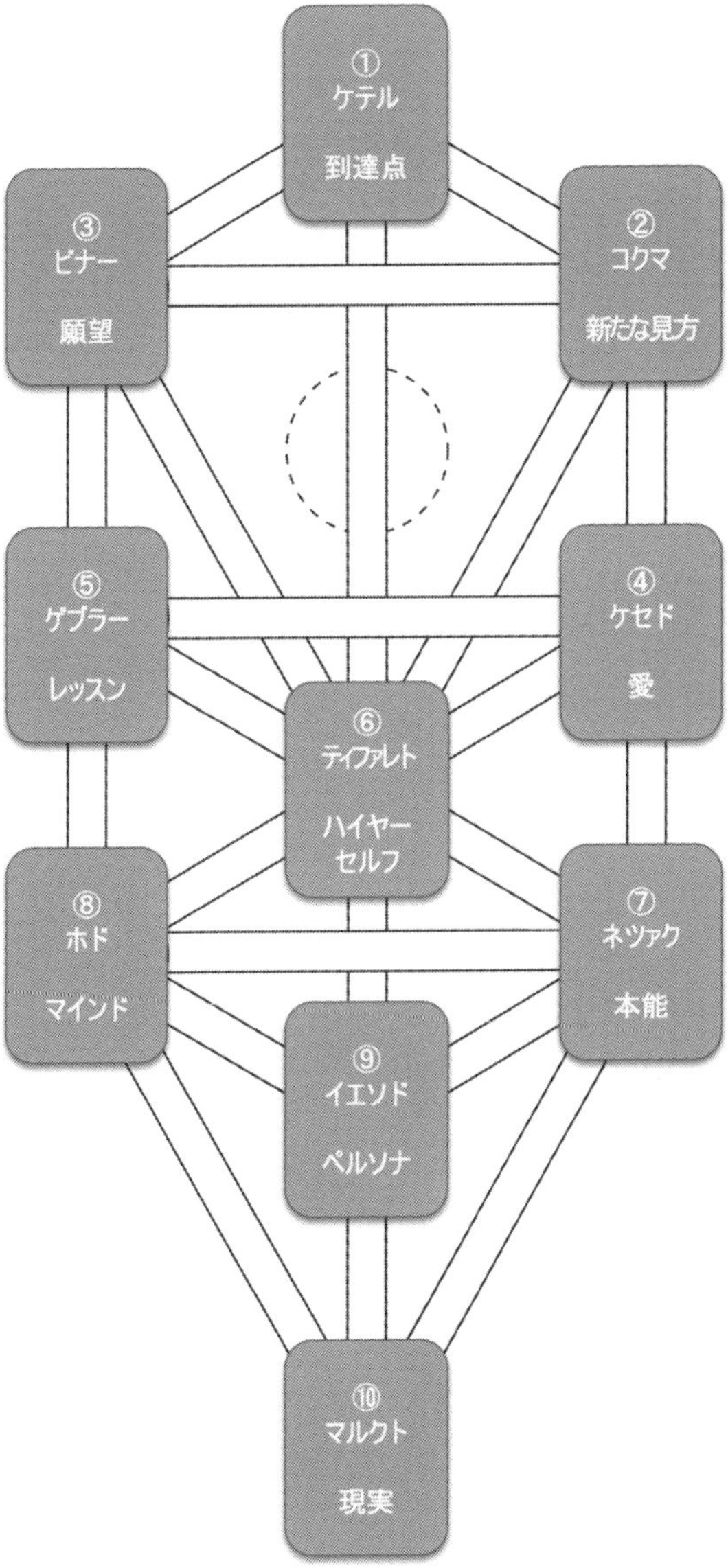

図33　生命の木スプレッド

①目を閉じて深く呼吸をし、心を落ち着けます。
②質問の答えが得られるように願いながら、カードをシャッフルします。
③十分だと感じたら、カードをひとまとめにします。さらにカットしてもいいですし、そのまま横並びにざっと並べても構いません。
④ケテルからマルクトに向かって①から順に10枚のカードを裏向きに並べます。
⑤すべて並べ終わったら、1枚ずつカードを表向きにして読み解きます。

●カードの読み方
①ケテル　到達点
あなたが向かう最終地点であり、最も価値あることを表します。
②コクマ　新たな見方
今のあなたの状況に対しての新しい見方や、発想の転換を表します。
③ビナー　願望
あなたが達成したいと願うこと、そのために向き合う必要のあることを表します。
④ケセド　愛

可能性を広げるために配慮が必要なこと、積極的に受け入れるとよいことを表します。

⑤ゲブラー　レッスン

現状において見直しや規律を課すべきこと、手放す必要があること、焦点を合わせるべきことを表します。

⑥ティファレト　ハイヤーセルフ

あなたを導くハイヤーセルフからのメッセージです。また、バランスが整っているか確認が必要なことを表します。

⑦ネツァク　本能

あなたの感情や情熱、バイタリティの状態を表します。

⑧ホド　マインド

あなたが考えていることや関心を持っていることを表します。

⑨イエソド　ペルソナ

周囲の人や状況への反応の仕方を表します。それは周囲の人から見たあなたの姿でもあります。また、潜在意識や無意識にあるものを表します。

⑩マルクト　現実

自分をどのように見ているかを表します。それは実際の現実というよりも、あなたの目に映

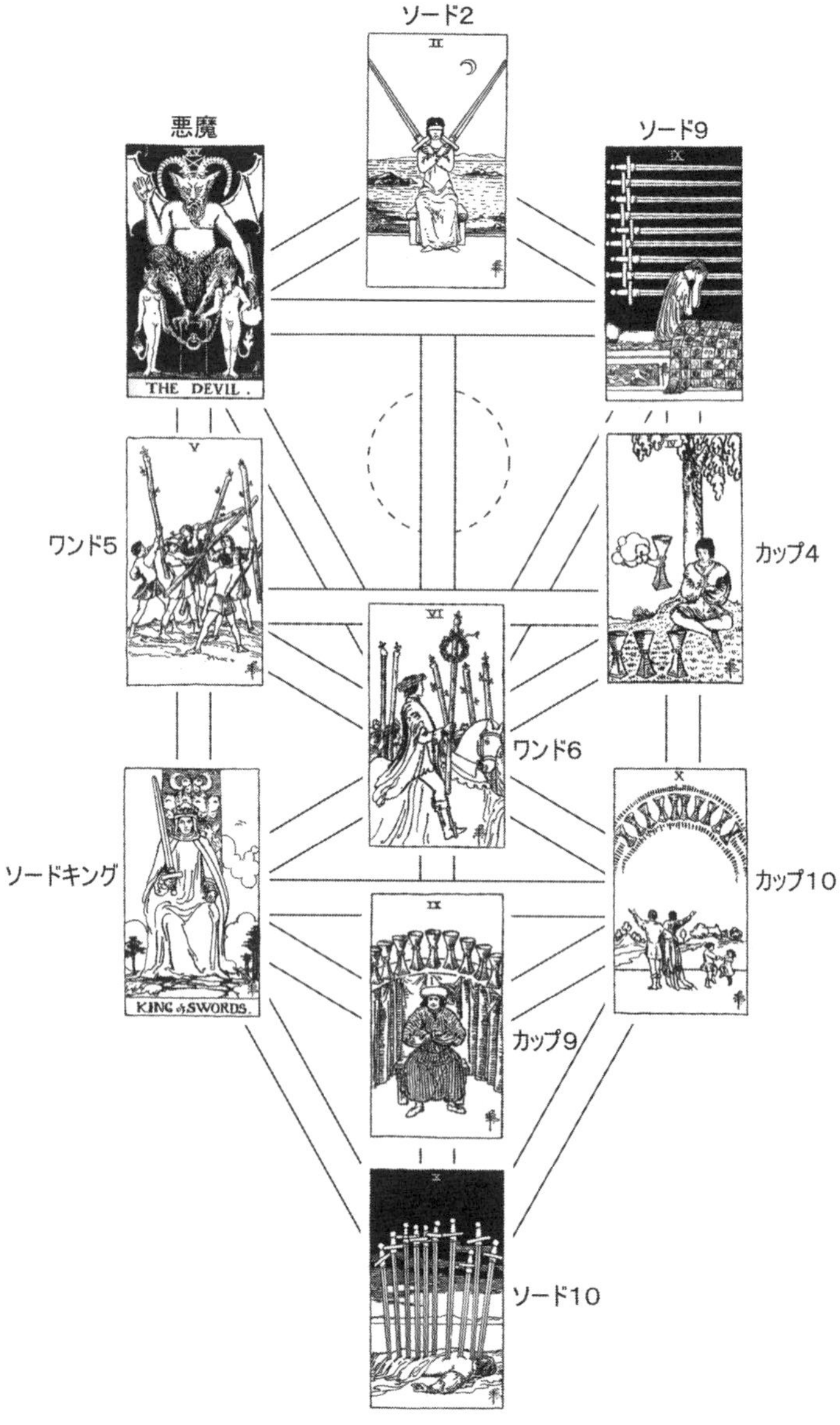

図34　生命の木スプレッド参考例

っている現実です。また、物理的な肉体の状況やエネルギーを表します。

⑪ダアト　10枚のカードを確認し、さらにプラスアルファの何かが必要だと感じた時には、11枚目として選んでみます。

例）

◉クライアントのテーマ

「自分の全体像を知りたい」

◉選択された10枚のカード

①到達点　ソード2

内なるガイダンスに耳を傾ける

②新たな見方　ソード9

起こるかもしれないことに不安に感じるより、起こってほしいことを望むほうがよいのでは？

③願望　悪魔

とらわれていることからの解放

④愛　カップ4

天からの愛、必要な時には常にサポートがある
⑤レッスン　ワンドの5
異なる意見は対立を生むが、よりよいものを作り出すこともできる
⑥ハイヤーセルフ　ワンドの6
外側で何が起ころうと、対処できる自信がある
⑦本能　カップの10
十分に愛され、満たされていることを受け止める
⑧マインド　ソードのキング
状況全体を見ることが明晰さを導く
⑨ペルソナ　カップの9
周囲からは何の問題もないように見えているし、そう見せている
⑩現実　ソードの10
何らかの変化が必要だと考えている

◉生命の木スプレッドの特徴
・ペンタクルが1枚もない→現実レベルでの動きはない

・ソードが4枚→マインドの中で最も動きがある
・大アルカナが1枚のみ→「悪魔」のテーマが重要
・ビナーに大アルカナがある→ビナーは形を作るセフィラ。無意識、潜在意識にあるものが現実を生む（悪魔）、闇ではなく光に意識を向ける

◉クライアントの状況
現時点で大きな問題は起きていないが、将来など先の展開が見えず、このままではうまくいかないような気がしている。何かを変えなくてはいけないと思うが、どうしたらいいかわからない。

◉生命の木スプレッドの伝えていること
将来を考えることは大切ですが、心配するのではなく、建設的な考えを持つ必要があります。今まで達成してきたこと、常にサポートがあったことを思い出し、何が起こってもやっていけるだけの経験を積んできたことに自信を持ちましょう。今ある制限は自分で作り出していることに気づいて、制限を取り払い、「こう在りたい」という将来に向けて計画を立てましょう。

◉クライアントのフィードバック

先のことはわからないので、考えても仕方がないと頭ではわかっているが、不安で考えてしまうことが多かった。一度よくないことを考え出すと止まらなくなり、悪循環に陥っていた。だから、「悪魔」のカードは、「まさに！」という感じがして笑ってしまった。緊張して眠れないこともあって、「ソードの9」の状況だった。これからは、「こうなったらいいな」と思うことをもっと考えて、実現させていきたいと思う。

◉タロットの実践

生命の木のスプレッドや、シルバースレッド、ゴールデンスレッドを作ってみましょう。家族や友人など身近な人にも協力してもらい、いろいろなパターンを試してみると、セフィロトやパスの理解を深めることができます。

第3章　生命の木の占星術

セフィロトと惑星

占星術の歴史は古く、紀元前に遡《さかのぼ》ります。世界中に占星術師が存在し、時の権力者に対して、病気の治療法から戦争を始める時期に至るまで、幅広い事柄を進言してきました。日本でも、平安時代には占いや天文、暦を扱う陰陽寮が設けられ陰陽師が占星術を用いています。生命の木を使うと占星術のリーディングをより多面的に分析することができます。まずは、セフィロトに対応する惑星を見ていきましょう。

惑星（planet プラネット）は、ギリシャ語の「planete」（さまようもの）に由来します。太陽や星の動きは一定なのに、惑星は行ったり来たり、ふらふらとさまよっていると、古代の人

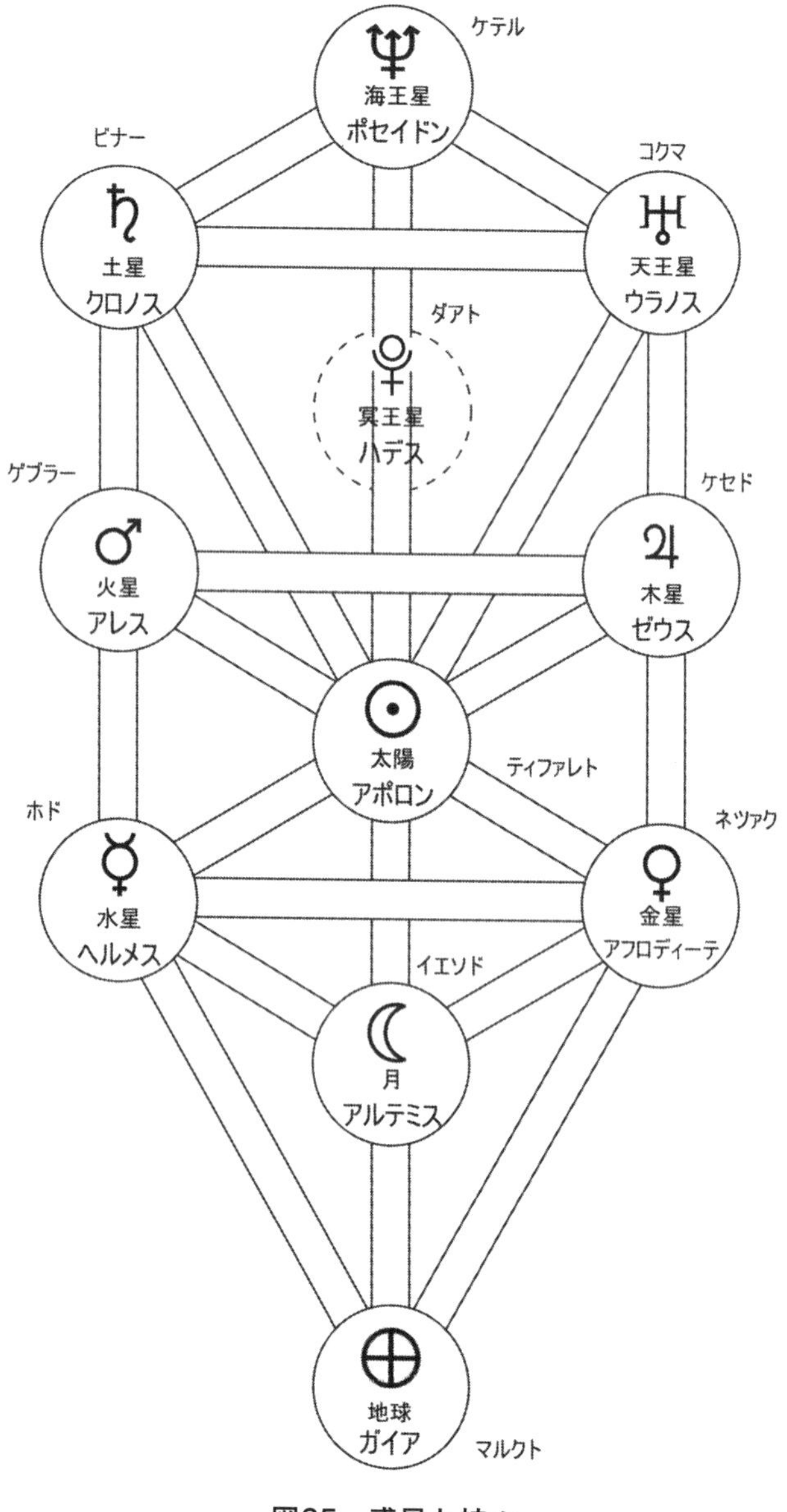

ケテル
海王星
ポセイドン
ビナー
土星
クロノス
コクマ
天王星
ウラノス
ダアト
冥王星
ハデス
ゲブラー
火星
アレス
ケセド
木星
ゼウス
太陽
アポロン
ティファレト
ホド
水星
ヘルメス
ネツァク
金星
アフロディーテ
イエソド
月
アルテミス
地球
ガイア
マルクト

図35　惑星と神々

は感じました。そして、惑星の性質を理解するために、惑星の動きやイメージに合わせて神々の名前がつけられました。天の神々が惑星を通して地上に采配を振るっていると考えたのかもしれません。ここでは、占星術における惑星のテーマやギリシャ（ローマ）神話の神々とセフィロトの関係について考えてみましょう。

〈ケテル　海王星　♆〉

１８４６年に発見。手術にエーテル麻酔が使われるようになり、通常の意識を超えた霊的な体験への興味が目覚め始めた時代です。

海王星は、夢、幻想、芸術的感性、イマジネーション、霊性を表します。

ギリシャのポセイドン、ローマのネプトゥヌス（ネプチューン）は、生命の源である海を司る神です。

〈コクマ　天王星　♅〉

１７８１年に発見。アメリカ独立戦争とフランス革命が起こり、急激に技術が進歩した時代です。

天王星は、改革、革新、独創性、インスピレーションを表します。

ギリシャ、ローマのウラノスは、全宇宙を最初に統一した、天空を司る神です。ウラノスはガイアとともに多くの神々を誕生させ、宇宙の根本の原理を定めました。

〈ビナー　土星　♄〉

土星は特徴的な輪を持ち、近代になって天王星が発見されるまでは、最も遠く離れた惑星だと考えられていました。

土星は、制限や秩序、安定性、責任感、義務を表します。

ギリシャのクロノス、ローマのサトゥルヌス（サターン）は、万物を切り裂くアダマスの鎌を持つ、時間と農耕を司る神です。

〈ダアト　冥王星　♇〉

１９３０年に発見。原子力の利用が始まった時代です。

冥王星は、死、破壊と再生を表します。冥王星は自己変容の鍵となり、変容の妨げとなる執着や欲望をすべて浄化します。

ギリシャのハデス、ローマのプルートに対応し、地下の冥界（死後の世界）を司る神であり、誰も抗うことができない生と死の神秘的な力を持ちます。厳格で情け容赦がないと恐れられる反面、富をもたらす神としても知られています。

〈ケセド　木星　♃〉

木星は太陽系最大で多くの衛星を持つ惑星です。
木星は、博愛、楽観主義、拡大、発展、成長を表します。
ギリシャのゼウス、ローマのユピテル（ジュピター）は、全宇宙や天候を司る全知全能の神であり、神々の王です。ゼウスは結婚、離婚、浮気を繰り返し、女神や妖精、人間との間に多くの子供をもうけました。

〈ゲブラー　火星　♂〉

火星は赤く輝く惑星で、炎と血を連想させる戦いの星です。
火星は、勇気、開拓、強さ、欲望、自己主張を表します。
ギリシャのアレス、ローマのマルス（マーズ）は、戦さを司る神です。アレスは好戦的な性格ですが、美貌の持ち主でもあり、アフロディーテと関係を持っています。

〈ティファレト　太陽　☉〉

太陽は太陽系の中心に位置し、地球に熱と光を届けるエネルギーの源です。
太陽は自己の輝きと元型的な男性原理であり、父親、権威、才能、尊厳、創造力を表します。
ギリシャのアポロン、ローマのアポロは、音楽、医術、弓矢、予言、牧畜、光明を司る神です。アルテミスと双子であり、デルポイ（デルフィ）の神殿で神託を授ける神として崇められました。

〈ネツァク　金星　♀〉

金星は、明けの明星、宵の明星として夜空に現れる、愛と美の星です。
金星は、愛、調和、官能性、情熱、喜びを表します。
ギリシャのアフロディーテ、ローマのウェヌス（ビーナス）は、愛と美と性を司る女神です。最高の美神であり、アフロディーテが身につける宝帯は、愛と憧れ、欲望を秘め、自らの魅力を高め神や人間の心を征服する力を宿しています。

〈ホド　水星　☿〉

水星は太陽に最も近く、最も速く周回する惑星です。

水星は知性、コミュニケーション、理性、知識、機敏さを表します。ギリシャのヘルメス、ローマのメルクリウス（マーキュリー）は、翼のついた黄金のサンダルを履き、素早く天をかける神々のメッセンジャーです。魂の導き手として死者を生き返らせるカドゥケウスの杖を持ち、その聡明さと器用さから、商人、旅人、羊飼い、泥棒、雄弁、体育、音楽などを司る神として崇《あが》められ、多彩な働きをします。

〈イエソド　月 ☾〉

太陽の光を受けて輝く月は、元型的な女性原理を表します。母親、過去生や祖先から受け継いだ傾向、習慣、人や状況に対する本能的反応を表します。月は潮の干満を引き起こし、強い感情の起伏と関係します。また、月の光が闇夜を照らすように、普段は意識されない無意識や潜在意識にあるものを明るみに出します。

ギリシャのアルテミス、ローマのディアナ（ダイアナ）は、狩猟と貞節を司る女神です。夜毎に形が変わる月のごとく姿を変え、満ちてゆく月のアルテミス（処女）、満月のセレネー（成熟した女性、母）、欠けてゆく月のヘカテー（老女）として、3つの姿で現れるとも言われています。

〈マルクト　地球 ⊕〉

地球は四大元素と人間の活動の場です。ホロスコープではアセンダント（誕生時に東の空に昇っていくサイン）を表します。

ギリシャのガイア、ローマのテラは、世界の始まりにカオス（混沌）から生まれた大地の女神です。大地だけでなく天をも含む世界全体であり、多くの神々を生み出した神々の母です。

惑星の年齢域

占星術では、惑星が人間の成長に影響を与える「惑星の年齢域」という考え方があります。ある年齢になると、特定の惑星のエネルギーの影響を強く受けるので、その惑星に対応する力を発達させることができると考えます。セフィロトの特質とも重なりますので、あわせて見ていきましょう。

〈マルクト　地球　誕生〉

〈イエソド　月　0～7歳〉

幼少期には、両親との関わりを通して、男性性と女性性の原型が作られます。好き嫌い、快不快、喜怒哀楽といった毎日繰り返される反応により感情や情緒が発達し、パーソナリティの土台ができあがります。

〈ホド　水星　8～15歳〉

ちょうど義務教育の期間にあたり、知性とコミュニケーションが発達する時期です。学校の先生や友達など家族以外の人々との関わりが増え、好奇心旺盛でさまざまな物事に興味を持ち、素早く吸収する時期です。

〈ネツァク　金星　16～25歳〉

恋愛感情が芽生え、芸術や音楽などの趣味嗜好が定まり、個人的な楽しみが広がります。感受性が豊かに発達する時期です。

〈ティファレト　太陽　26～35歳〉

社会に出て数年経つと視野が広がり、自己の本質を追求し、人生の目標や方向性を意識して生きるようになります。

〈ゲブラー　火星　36〜45歳〉

仕事に自信もついた働き盛りで、ティファレトで見出した目標を達成するために、精力的に行動し、困難にも果敢にチャレンジするエネルギーに満ちた時期です。

〈ケセド　木星　46〜55歳〉

人間として成熟し、ありのままの自分にくつろげるようになります。「人間的にまるくなる」時期で、今まで受け入れることが難しかった状況や人間関係にも寛容になります。

〈ビナー　土星　56〜70歳〉

これまでの人生を振り返り、今後の人生を踏まえてメンテナンスを行う時期です。人生における魂の使命は果たせているか、自分の真実に沿って生きてきたか、自分の行動に責任を持ち喜びを感じているかなど、人生のゴールに向けての見直しを行います。

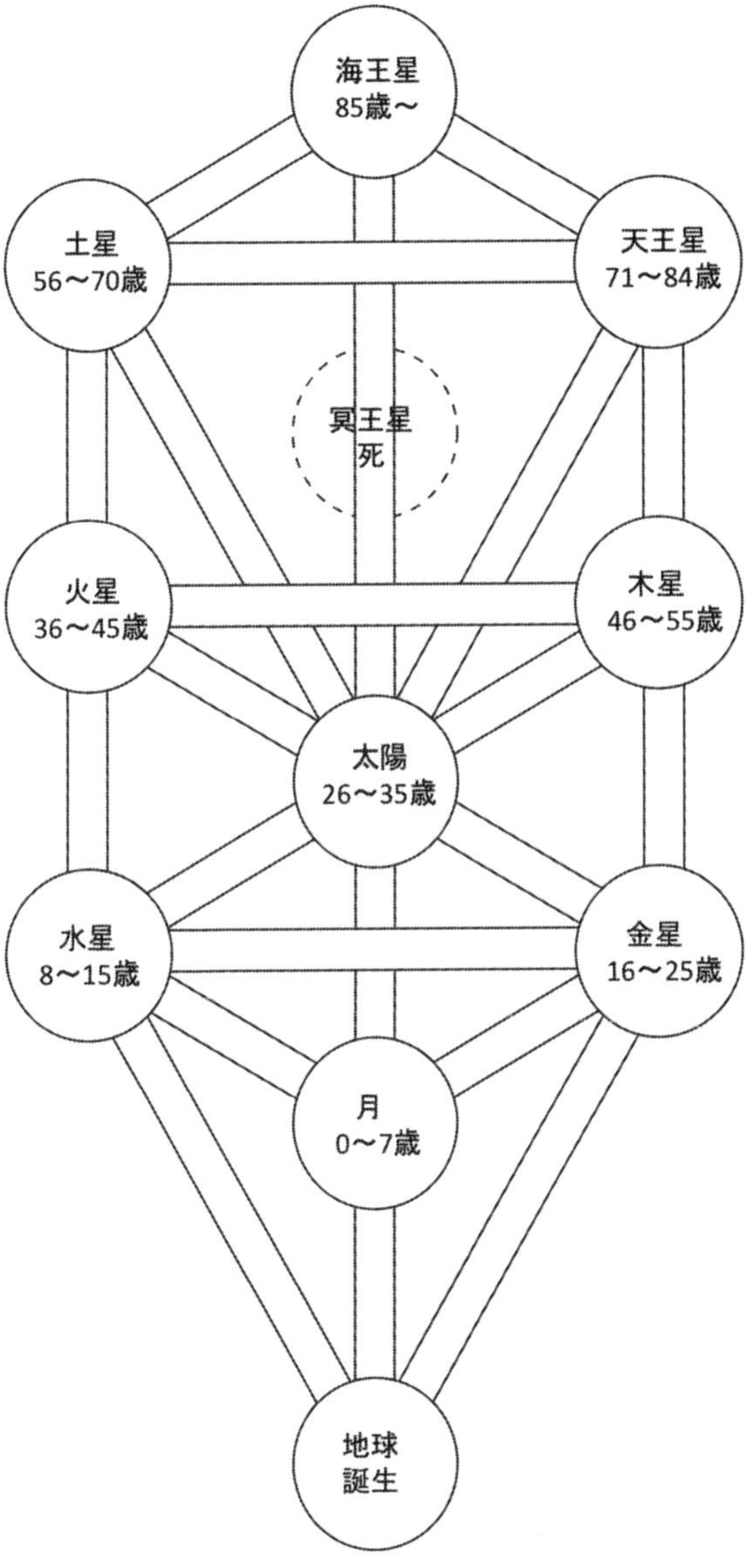

図36　惑星の年齢域の図

〈コクマ　天王星　71歳～84歳〉

ルールや時間的な束縛から解放され、自由な発想が広がります。一歩ひいて世界を見ることができるようになり、調和と不調和、美しさと醜悪さなど、相反する側面を含んだ世界がいかにバランスをとっているかなど、真の姿が見えてきます。

〈ケテル　海王星　85歳～〉

制限から解放されるに従って、個人を超えた宇宙的な意識につながります。

〈ダアト　冥王星　死と死後の世界〉

生命の木の占星術リーディング

惑星や星の動きは、生命の木ではイエッツラー（形成界）に影響を与えます。月が潮の満ち引きに影響を与えるように、満月の日には出生率が高まり、感情が不安定になり衝動的な行動が増えるなど、人間も月の影響を受けています。人間の精神や感情、肉体が月から影響を受け

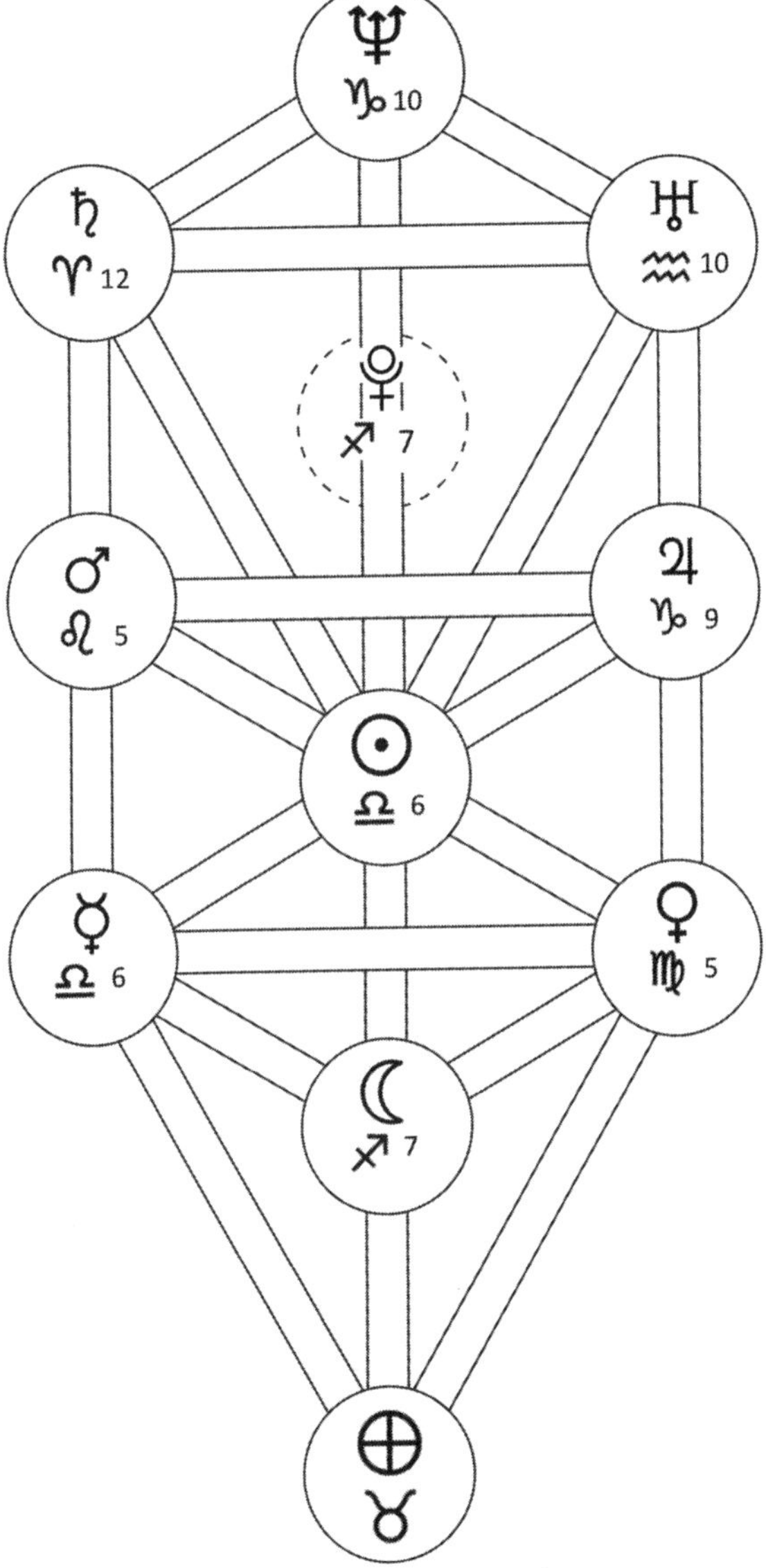

図37　占星術サンプル

セフィラ（ヘブライ語）	セフィロト	惑星名	記号	意味
כתר	ケテル	海王星	♆	最も大切なこと 神をどのように理解するか
חכמה	コクマ	天王星	♅	予期せぬ変化
בינה	ビナー	土星	♄	人生全体の構造
דעת	ダアト	冥王星	♇	変容のスペース 神を知る体験
חסד	ケセド	木星	♃	慈愛の表現
גבורה	ゲブラー	火星	♂	魂からの識別
תפארת	ティファレト	太陽	☉	ハイヤーセルフ
נצח	ネツァク	金星	♀	本能　感情
הוד	ホド	水星	☿	日常の判断
יסוד	イエソド	月	☾	日常の私
מלכות	マルクト	地球	⊕	外見　身体的特徴 周囲に見せる反応

表２　セフィロトの惑星と意味

るのであれば、他の惑星からも同様に影響を受けると考えられます。

占星術では惑星の配置や動きから、個人の性格や才能、未来の可能性などを読み解きます。読み解く鍵になるのは、ホロスコープです。最近では、インターネットで検索すれば、無料でホロスコープを作成できるサイトが見つかり、出生日時と出生地を入力すれば、自分の生まれた時のホロスコープ（ネータルチャート）が簡単に作成できます。ホロスコープには、惑星と星座（サイン）、ハウスが描かれていますので、生命の木にホロスコープの情報を書き加えていきましょう。最初にセフィロトに対応する惑星を入れます。次にホロスコープを見て、各惑星のサインとハウスを確認し、書き加えます。

〈読み解き例〉

〈マルクト〉

アセンダントは「他の人が受け取るあなたの印象」を表します。

例えば、アセンダントが牡羊座であれば、「情熱的で行動力がある」、牡牛座であれば「穏やかで安心感がある」といった印象を周囲の人々は受け取ります。

〈イエソド〉

月は「日常の私」を表します。家族や親しい人々に見せる素のあなたです。

月が双子座であれば、「頭の回転が速く臨機応変」、蟹座であれば「感受性が豊かで面倒見がいい」と身近な人々は感じているでしょう。

ハウスは、サインの特徴が最も顕著に現れる状況を示します。例えば第5ハウスであれば、趣味や恋愛、クリエイティブな表現に、第7ハウスであれば対人関係に現れます。


〈ティファレト〉

太陽は「本当の私」を表します。

一般的な星占いで用いるのはこの太陽星座です。ティファレトは、木の中心に位置し、最も多くのパスとつながっています。自分自身の本質が太陽のように輝いていれば、それぞれのパスはスムーズに流れますが、太陽が翳《かげ》っているとしたら、どこかのパスの流れが滞り、問題が起こります。

例えば、太陽が獅子座にある人は、表現力が豊かで自然と周りに人が集まりグループのリーダーになるような人ですが、その人が自分に自信が持てず、自分の考えを主張せず、陰に隠れるように生きていたとします。すると、ティファレトとホドをつなぐパス（悪魔）の流れが滞り、本来は楽天的な考え方をするのに、物事のマイナス面ばかりにとらわれるようになります。その場合、パスのテーマ「影を見る」を見直し、ホド（水星）のサインとの調和が回復すれば、本来持っているティファレト（太陽）の獅子座の質を発揮できるようになります。

〈ホド〉

水星は「日常の判断」を表します。

例えば、買い物の仕方を考えてみると、水星が乙女座にあれば、情報を集めて実用性について、比較検討するかもしれませんが、天秤座にあれば、見た目の美しさやインテリアに調和すると思えばすぐに購入するかもしれません。

〈ネツァク〉

金星は「感情」を表します。

金星が蠍座にあると、好きな人好きなものには、どこまでものめり込む傾向がありますが、射手座であれば、一時すごく燃え上がっても、ピークが過ぎるとすっかり熱が冷めてしまう傾向があるでしょう。

〈ゲブラー〉

火星は「魂の識別」を表します。

転職など重要な決断を下す時に、火星が山羊座にあれば、社会的地位や労働条件など、自分の希望を十分に満たし、確実にキャリアアップできるかを重視し慎重に進めます。水瓶座であれば、自由な発想が受け入れられるか、風通しの良い人間関係かどうかを重視し、直感的に決めるかもしれません。

〈ケセド〉

木星は「慈愛の表現」を表します。

木星が魚座にあれば、相手のことも自分のことのように感じて、助けになりたいと惜しみなく行動します。牡羊座であれば、相手を勇気づけ、自分が先に立ってやり方を示すことでサポートします。

〈ビナー〉

土星は「人生全体の構造」を表します。

土星が水瓶座にあれば、何らかのグループ活動や人とのつながりから見出されることが大きな意味を持ち、蠍座であれば、興味ある分野をとことん追求する人生かもしれません。ただし、土星の惑星域は50代後半なので、若い頃にはあまりピンとこないかもしれません。

〈コクマ〉

天王星は40～44歳前後の「人生の変化」を表します。16世紀のスペインの神秘家、十字架の聖ヨハネは「魂の暗夜」と表現しました。それは強烈な自己変容のプロセスで、古い自分が死に新しい自分に生まれ変わるような体験です。

例えば、天王星が双子座にあれば、コミュニケーションの方法、射手座であれば、理想や目標、信仰などで、大きな変化を促されるかもしれません。

〈ケテル〉

海王星は「最も大切に思っていること」「神をどのように理解するか」を表します。海王星が天秤座にあれば、調和のとれた関係性、美しさの中に神の存在を感じます。獅子座であれば、芸術や創作活動を通して神を理解します。

〈ダアト〉

冥王星は「神と出会う体験」を表します。

冥王星が乙女座にあれば、ボランティア活動など奉仕する体験の中で、魚座であれば、瞑想やイメージワークなどの直感を通して神との出会いを体験するかもしれません。

12サインの区分と特徴

12のサインは、共通するいくつかのグループに分類することができます。各グループの特徴を見て、ホロスコープ全体のイメージをつかみましょう。

①　2区分　普遍的な二元性を表します。

陽　能動的、男性的、外向性

陰　受動的、女性的、内向性

②　3区分　クオリティー　行動パターンを表します。

カーディナル（活動宮）　行動力、情熱、積極性

シンボル	サイン	2区分	3区分	4区分	支配星	特徴	傾向
♈	牡羊座	陽	活動	火	火星	パイオニア、実行力、瞬発力、勇敢、短気、自己中心的、独善的	新しい経験がしたい
♉	牡牛座	陰	固定	地	金星	マイペース、我慢強い、安定感、美的感覚、頑固、怠惰、受動的	五感で感じたい
♊	双子座	陽	柔軟	風	水星	活発、多彩多芸、好奇心、表現力、気分屋、落ち着かない、影響を受けやすい	言語化したい
♋	蟹座	陰	活動	水	月	母性的、直観的、敏感、献身的、心配性、傷つきやすい、感傷的	保護し育みたい
♌	獅子座	陽	固定	火	太陽	ドラマティック、理想主義、創造的、親分肌、自己顕示欲、自惚れ、子供っぽい	自己を表現したい
♍	乙女座	陰	柔軟	地	水星	勤勉、合理的、分析的、実際的、批判的、こうるさい、懐疑的	奉仕したい
♎	天秤座	陽	活動	風	金星	バランス感覚、協調性、平和主義、洗練、優柔不断、八方美人、気まぐれ	バランスをとりたい
♏	蠍座	陰	固定	水	冥王星	洞察力、鋭敏、情熱的、揺るぎない、執念深い、秘密主義、不寛容	深い情動に浸りたい
♐	射手座	陽	柔軟	火	木星	率直、哲学的、楽観的、正義感、無遠慮、議論好き、激しやすい	理想に近づきたい
♑	山羊座	陰	活動	地	土星	上昇志向、責任感、努力家、保守的、自己中心的、厳格、抑制的	達成したい
♒	水瓶座	陽	固定	風	天王星	フレンドリー、独立心、革新的、個人主義、エキセントリック、気まぐれ、急進的	自由でいたい
♓	魚座	陰	柔軟	水	海王星	感受性、犠牲的、直観的、芸術的、現実逃避、メランコリー、夢見がち	全体に溶け込みたい

表３　12サインの特徴

フィクスド（不動宮）　集中力、安定、持続性
ミュータブル（柔軟宮）　適応力、臨機応変、柔軟性

③4区分　エレメントを表します。
火　直観タイプ　意志が強く、自発的で自由に行動する
風　思考タイプ　頭の回転が速く、コミュニケーションが得意
水　感情タイプ　情緒的で感受性豊か、直感が鋭い
地　感覚タイプ　現実的で地に足がつき安定感がある

④支配星　ルーラーシップ　強く影響を与える惑星を表します。
⑤特徴　各サインの特徴的な性質です。
⑥傾向　各サインの傾向です。

ハウスは、生まれた瞬間の天空を12分割したものです。ハウスは人生のさまざまな分野を表し、ハウスの中の惑星エネルギーが、どのような環境で表現されるかを表します。12のハウスは12のサインと対応しています。

①ハウスのナンバー

②対応するサイン
③ハウスの特徴を表すキーワード
④ハウスの特徴と意味するもの

ドラゴンヘッドとドラゴンテール

地球と月の軌道の接点で、上昇する点をドラゴンヘッド☊（ノースノード）、沈んでいく点をドラゴンテール☋（サウスノード）と呼びます。セフィロトには当てはまりませんが、カバラの占星術ではこの2つが重要だと考えます。ドラゴンヘッドは今世のテーマ（チャレンジ）を表し、ドラゴンテールは１つ前の過去生でのテーマ（価値観やパターン）を表しています。過去生で学んできたことは、今世でも比較的簡単にでき、無意識に同じ行動をとろうとします。カバラでは、人生を魂の成長の場と捉え、すでにできることを行うよりも、苦手なことにチャレンジして魂を磨く経験を積むように、人生の設計図が作られます。ドラゴンヘッドは、ドラゴンテールの１８０度反対側に位置しますので、過去生とは真逆にある経験をするように計画されているのです。

No.	サイン	キーワード	特徴と意味		
1	牡羊座	I am	自我のハウス	社会の中の自分 パーソナリティ	アイデンティティ、セルフイメージ、キャラクター、身体、容貌、行動パターン、第一印象を表す主な要素
2	牡牛座	I have	価値のハウス	所有と財産 物心両面の資源	所有、金銭収入、価値観、財、人性の豊かさ、生まれつきの才能、本能的な欲望
3	双子座	I think	知性のハウス	コミュニケーション 学習、旅行	兄弟姉妹、短距離の移動、基礎的学習、コミュニケーション、精神活動、知識・教養の取得
4	蟹座	I feel	基盤のハウス	家庭、両親、不動産 個人のルーツ	家族、居場所、不動産、自己の元となる性格、私生活、遺伝的な要素、内的感情、子供時代の環境、晩年
5	獅子座	I create	表現のハウス	恋愛、娯楽 自己表現	恋愛、子供、ロマンス、創作、趣味、レジャー、創造性、エンターテインメント、社交性
6	乙女座	I serve	奉仕のハウス	労働、職業、健康 責任	雇用関係、責任、健康、義務、調整、生計をたてるための仕事、労働環境、サービス
7	天秤座	I balance	関係のハウス	対人関係と結婚 親密さ	人間関係、契約、結婚、パートナーシップ、生活や事業上のパートナー、敵対関係
8	蠍座	I transform	他者のハウス	譲り受けるもの 本能	性、保険、パートナーの収入、死、相続、心理的変化、遺産、家業や家系をひきつぐ、オカルト、超自然なものへの関心
9	射手座	I understand	探究のハウス	精神的向上 拡大	高等教育、旅行、出版、専門、海外、哲学、宗教、法律、出版、長距離旅行
10	山羊座	I use	使命のハウス	社会的地位 達成	天職、社会的な立場・活動、目標、成果、ライフワークとしての仕事、キャリア、野心
11	水瓶座	I know	集合のハウス	友人 グループ活動	人的ネットワーク、友人、個人としての生き方、将来、組合、団体、社会活動、サークル活動、希望と願望
12	魚座	I believe	変容のハウス	秘密、プライベート 自己超越	過去、隠された心、直面し難いテーマ、秘密、夢、世間から隠されたもの、潜在意識、精神世界、病院、犯罪

表4　12ハウスの特徴

例えば蟹座のドラゴンヘッドを持つ人は、過去生ではドラゴンテールが表す山羊座的な人生を送ってきました。政治や地域社会など、社会的権威のある立場のトップリーダーとして、人や状況をコントロールし目的を達成することが人生のメインテーマであり、個人的な感情やプライベートな生活には意識を向けていなかったかもしれません。しかし、今生では、過去生でできなかった自分や他者の自然な感情表現を許すこと、他者の成長を助け見守ること、自分が安心できる家庭やスペースを築くことなど、ドラゴンヘッドの表す蟹座的な経験が魂の成長を助けるテーマとなります。

エクササイズ18　生命の木でホロスコープを読み解く

①出生時のホロスコープ（チャート）を用意します。
②生命の木のシートにセフィロトに対応する惑星を記入します。
③自分のホロスコープにある惑星のサイン（星座）とハウスを記入します。
④ドラゴンヘッド&ドラゴンテールも確認しましょう。
⑤惑星、サイン、ハウスとの関係を読み解きます。

第4章　生命の木の数秘術

ヘブライ語の22文字のアルファベートは、それぞれの文字に神聖な特質と対応する数があり、文字を瞑想することで宇宙的な知識が得られると伝えられています。特定の言葉のアルファベートを数値化し、秘められた真の意味を見出す方法はゲマトリアと呼ばれ、現代では、個人が関係する数から運命を読み解く数秘術として発展しています。

カバラでは、数は単なる記号ではなく、宇宙の創造の音（振動）が刻印され、地上に神聖なエネルギーをもたらすものだと考えます。数の持つエネルギーとともに、セフィロトを見ていきましょう。

数とセフィロト

〈アイン、アインソフ、アインソフオール　0　無〉

終わりのない始まり、虚空、源

〈ケテル（王冠）　1　●　独立（すべては1つ）〉

無から最初に現れる数が1です。1という数は、英語のアルファベットのIに似ています。Iは「私」であり、ここには「我あり」という意図が含まれ、これから誕生するすべての種を宿しています。

〈コクマ（知恵）　2　‐‐　受容〉

1が変化して2が生まれることで、創造が始まります。2は二元性であり、2つのものを識別する知恵を持ち、2つの側面のバランスをもたらします。

〈ビナー（理解）　3　△　創造〉

1＋2＝3　3は1と2の子供です。△は男性性、▽は女性性のシンボルとして使われます。3は三位一体であり、男性性と女性性の両方の性質を受け継いで、異なる側面の理解をもたらし、創造に向かいます。

1、2、3は、数の持つ基本原理であり、同様の働きは、より物質的な次元の4、5、6として表現されます。生命の木では、ケテル、コクマ、ビナーで形成される三つ組は、天上（至高）の三角形と呼ばれ、これから顕現するすべての創造物のエッセンスを含んでいます。

〈ケセド（慈悲）　4　□　安定〉

4は四大元素（地水火風）、4つの世界（アツィルト、ブリアー、イエッツラー、アッシャー）を表し、光が形をとるために物質次元に降りてくる可能性を表します。4は、4、5、6の中では、1と同じ働きをします。4は、安定、構造、システム、秩序、保護を表します。

〈ゲブラー（厳格）　5　☆　コミュニケーション（小宇宙）〉

五芒星は、手足を広げた人間の姿として見ることができます。人間は五感によって、外の世界とつながります。5は地水火風に続く、第5の元素エーテルであり、エーテルは天上界を構成し、すべての元素の中に浸透します。5はコミュニケーション、変化、多才、自由、行動を表します。

〈ティファレト（美）　６　✡　愛（大宇宙）〉

６は、５である人間が、第六感（超感覚）を得て、より深い宇宙を感じることを表します。六芒星は、男性性と女性性、天と地、創造性と受容性といった２つの三角形△▽が統合されています。６は愛、調和とバランス、美を体現します。

生命の木では、ケセド、ゲブラー、ティファレトで形成される三つ組は、倫理的三角形と呼ばれ、私たちが倫理に基づき行動するための基礎であり、天上の三角形から流れ出る創造のイメージを発展させ、方向づけるパワーを持ちます。次の７、８、９は、４、５、６が進化した形となって現れます。

〈ネツァク（永遠）　７　△□　物質を超えた魂〉

７のシンボルは、物質を表す正方形の上に魂を表す三角形が乗っています。それはキャンドルに灯る炎であり、炎は内なる魂の輝きです。７色の虹、７つのチャクラ、７つの曜日、など、いつの時代も特別な数と捉えられてきました。７はスピリチュアリティ、哲学、叡智、内省、インスピレーションを表します。

〈ホド（反響）8 □□ ∞法則〉

正方形が2つある8のシンボルは、物質世界の異なる見方を表します。8は無限の0へと戻る反響であり、横にすると∞無限のシンボルとなります。8に含まれる上下の円は、生命の木における上の顔と下の顔、大宇宙と小宇宙であり、「天にあるがごとく地にもある」ことを示します。8は宇宙の法則であるカルマの法則を表します。8はDNAの二重らせん構造に見ることができます。

〈イエソド（基礎）9 △ 神秘〉

9のシンボルは3つの三角形です。3つの三角形を配置すると、中央には4つ目の神秘の三角形▽が見えてきます。内側で1~9が統合されると、神秘が現れます。9は1から8までのすべての数を潜在的に含み、鏡[*1]のように他者や自分自身を映し出します。9は慈悲、無私無欲、手放し、内なる強さを表します。

*1　鏡の性質
9に他の数をかけて、単数変換すると9に戻ります。
9×7＝63／6＋3＝9

9に1～9の数を足して、単数変換すると元の数になります。

9＋3＝12／1＋2＝3

生命の木では、ネツァク、ホド、イエソドで形成される三つ組は、アストラル三角形や魔法的三角形と呼ばれ、イメージを実現させる領域を表します。

〈マルクト（王国）10〉

10は1＋0＝1、再び1に戻ります。

ケテルにあるものはマルクトにあり、マルクトにあるものはケテルにあります。

マルクトは上の3つの三角形を映し出す現実世界です。

ゲマトリア数秘術のワーク

ここからは、ゲマトリア数秘術を用いて、名前を生命の木のパスに入れる方法を紹介します。

数値化にはさまざまな方法がありますが、ここでは、カタカナ↓ローマ字↓ヘブライ文字の順で変換します。ヘブライ語のアレフベートはすべて子音ですので、ローマ字から変換する際に、子音の場合は、母音（ＡＩＵＥＯ）を除きます。ただし、元の文字が母音の場合は、そのまま母音を残します。ヘブライ語の情報の表から、対応するアレフベートを確認して生命の木のパスに入れてみましょう。

アレフベートを探求する方法として、炎が文字を形作っているように第三の目にイメージする瞑想法があります。パスに名前のアレフベートを入れたら、そのエリアに炎が灯っているとイメージしてみましょう。生命の木全体を眺めた時に、炎が灯ったパスはどんな感じがするでしょうか？　何度も選ばれているパスや強調されているパスはあるでしょうか？

３つの柱、４つの世界、パスに対応するタロットや文字の意味、文字の形、数など、さまざまな角度から名前を感じてみましょう。

読み解き例）

カタカナ	タ	ナ	カ	ア	イ	コ
ローマ字	TA	NA	KA	A	I	KO
	T	N	K	A	A	K

ヘブライ文字	意味	数値
ט	蛇	9
נ	魚	50
כ	掌	20
א	雄牛	1
א	雄牛	1
כ	掌	20
		101

パスとタロット		
T	ケセド—ゲブラー	強さ
N	ティファレト—ネツァク	死
K	ケセド—ネツァク	運命の輪
A	ケテル—コクマ	愚者

全体を見ると、拡大する動きの慈悲の柱が強調されています。特にケテル—コクマ（愚者）、ケセド—ネツァク（運命の輪）のパスは2回選ばれているので、恐れや過去にとらわれることなく、その時々の状況を信頼して行動することが求められています。

4つの世界では、ブリアーとイエッツラーにパスが集中し、特にケセドとネツァクには2方向からのパスがつながっています。思考の世界（ブリアー）と感情の世界（イエッツラー）がテーマのようです。

慈悲と正義、受け入れることと拒むことなど、ケセドとゲブラーの相反する両極の間を行き来しながら、あるがままの自分でくつろげる道を見極めるチャレンジがあります（強さ）。チャレンジを楽しむためには、常に変化は起こっていることを理解し、過去に執着しないこと（死）、自分にも他人にも厳しくありすぎないこと（ケセド）、内側から湧き上がる情熱を存分に感じること（ネツアク）が役に立ちそうです。

次に誕生数を見てみましょう。誕生数はライフパスとも呼ばれ、人生を通して学ぶレッスンを表します。誕生日とは、たまたまその日に生まれたわけではなく、魂にとって最善の学びを得るために、特定の日を選んで生まれてきた日だと考えられます。

例）

1988年5月10日生まれ

1＋9＋8＋8＋5＋1＋0＝32

3＋2＝5

5　ה へー　窓　コクマーティファレト　皇帝

知恵（コクマ）とハート（ティファレト）をつなげること、五感を超えた感覚から知恵を受け取り、自らの真実に従うことが人生のレッスンです。ここでも、慈悲の柱側のパスが選ばれています。名前と合わせて考えるとコクマとティファレトにも2方向からのパスが通っています。５番目のセフィロトはゲブラーです。全体を見た時に慈悲の柱側が強いので、バランスをとるためには、自分自身に規律を課すなど、ゲブラーの働きも重要になってくるでしょう。

カタカナ	タロット	パス	占星術
アイウエオ	愚者	ケテル―コクマ	風の源／天王星
バビブベボ ビャビィビュビェビョ	魔術師	ケテル―ビナー	水星
ガギグゲゴ ギャギィギュギェギョ ジャジィジュジェジョ　ジ(JI)	女教皇	ケテル―ティファレト	月
ダヂヅデド	女帝	コクマ―ビナー	金星
ハヒフヘホ ヒャヒィヒュヒェヒョ　エ(E)	皇帝	コクマ―ティファレト／ ネツァク―イエソド	牡羊座
ワウィウェヲ ヴァヴィヴヴェヴォ	教皇	コクマ―ケセド	牡牛座
ザジズゼゾ	恋人たち	ビナー―ティファレト	双子座
	戦車	ビナー―ゲブラー	蟹座
タチツテト	強さ	ケセド―ゲブラー	獅子座
ヤユヨ　イ(YI)エ(YE)	隠者	ケセド―ティファレト	乙女座
カキクケコ	運命の輪	ケセド―ネツァク	木星
ラリルレロ	正義	ゲブラー―ティファレト	天秤座
マミムメモ ミャミィミュミェミョ	吊るされた男	ゲブラー―ホド	水の源／海王星
ナニヌネノ　ン ニャニィニュニェニョ	死	ティファレト―ネツァク	蠍座
サシスセソ	節制	ティファレト―イエソド	射手座
ウオ	悪魔	ティファレト―ホド	山羊座
パピプペポ ピャピィピュピェピョ　フ(FU)	塔	ネツァク―ホド	火星
チャチィチュチェチョ チ(CHI)　ツ(TSU)	星	ネツァク―イエソド／ コクマ―ティファレト	水瓶座
カキクケコ キャキィキュキェキョ	月	ネツァク―マルクト	魚座
ラリルレロ　リャリィリュリェリョ	太陽	ホド―イエソド	太陽
シャシィシュシェショ シ(SHI)	審判	ホド―マルクト	火の源／冥王星
タテト	世界	イエソド―マルクト	土星

表5　ヘブライ語の情報

ヘブライ文字	読み方	意味	数値	ローマ字
א	アレフ	雄牛	1	A
ב	ベート(ヴェート)	家	2	B(V)
ג	ギメル	駱駝	3	G(JH)
ד	ダレット	扉	4	D(TH)
ה	ヘー	窓	5	H(E)
ו	ヴァヴ	釘	6	V(W)
ז	ザイン	剣	7	Z
ח	ヘット	垣根	8	CH
ט	テット	蛇	9	T
י	ヨッド	手	10	Y
כ	カフ	掌	20	K(KH)
ל	ラメッド	牛追い棒	30	L
מ	メム	水	40	M
נ	ヌン	魚	50	N
ס	サメフ	支柱	60	S
ע	アイン	目	70	U(O)
פ	フェー(ペー)	口	80	P(PH)
צ	ツァディ	釣り針	90	TZ
ק	クフ	後頭部	100	Q
ר	レーシュ	頭	200	R(WR)
ש	シン(スィン)	歯	300	SH
ת	タヴ	十字	400	T(DH)

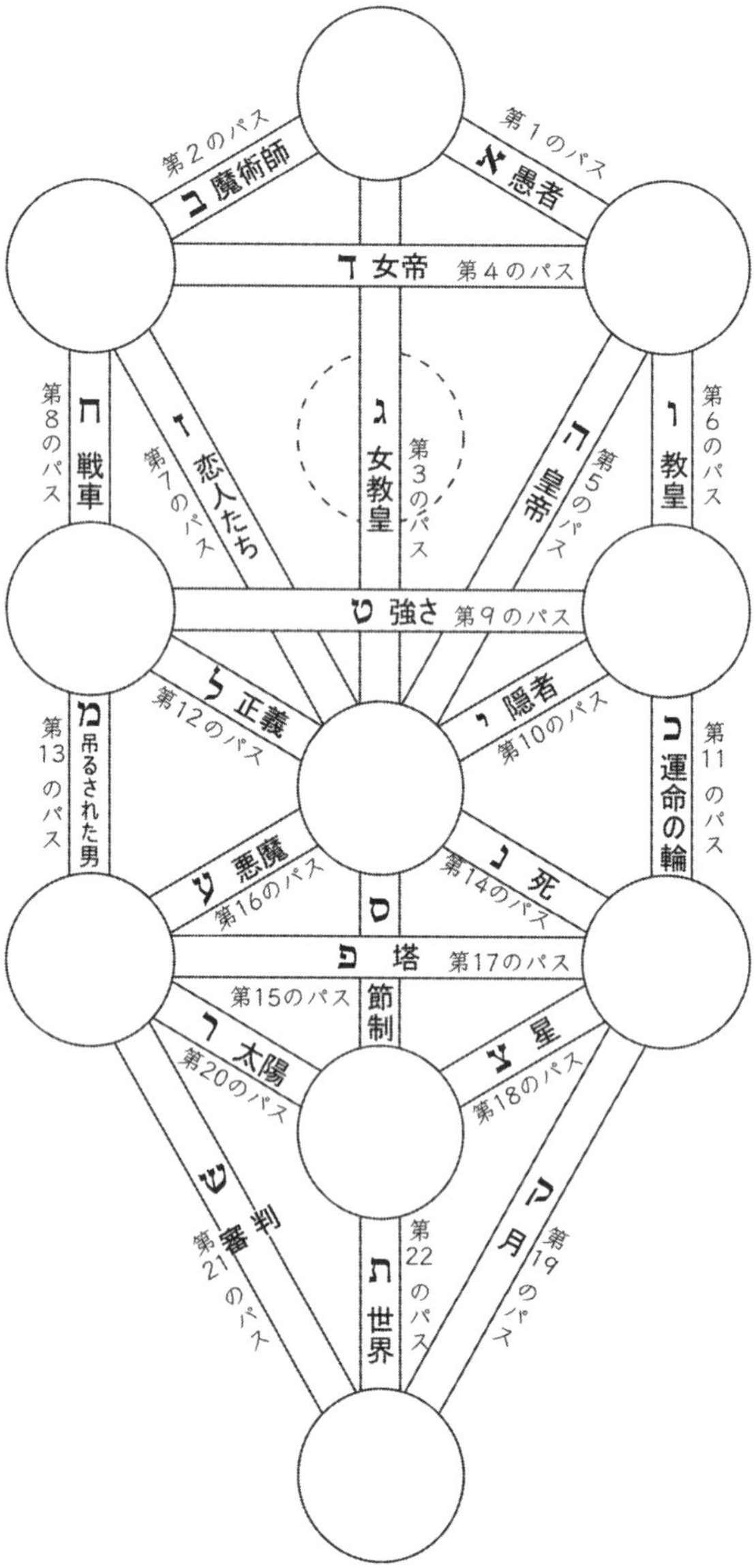

図38　ヘブライ文字とパスの対応

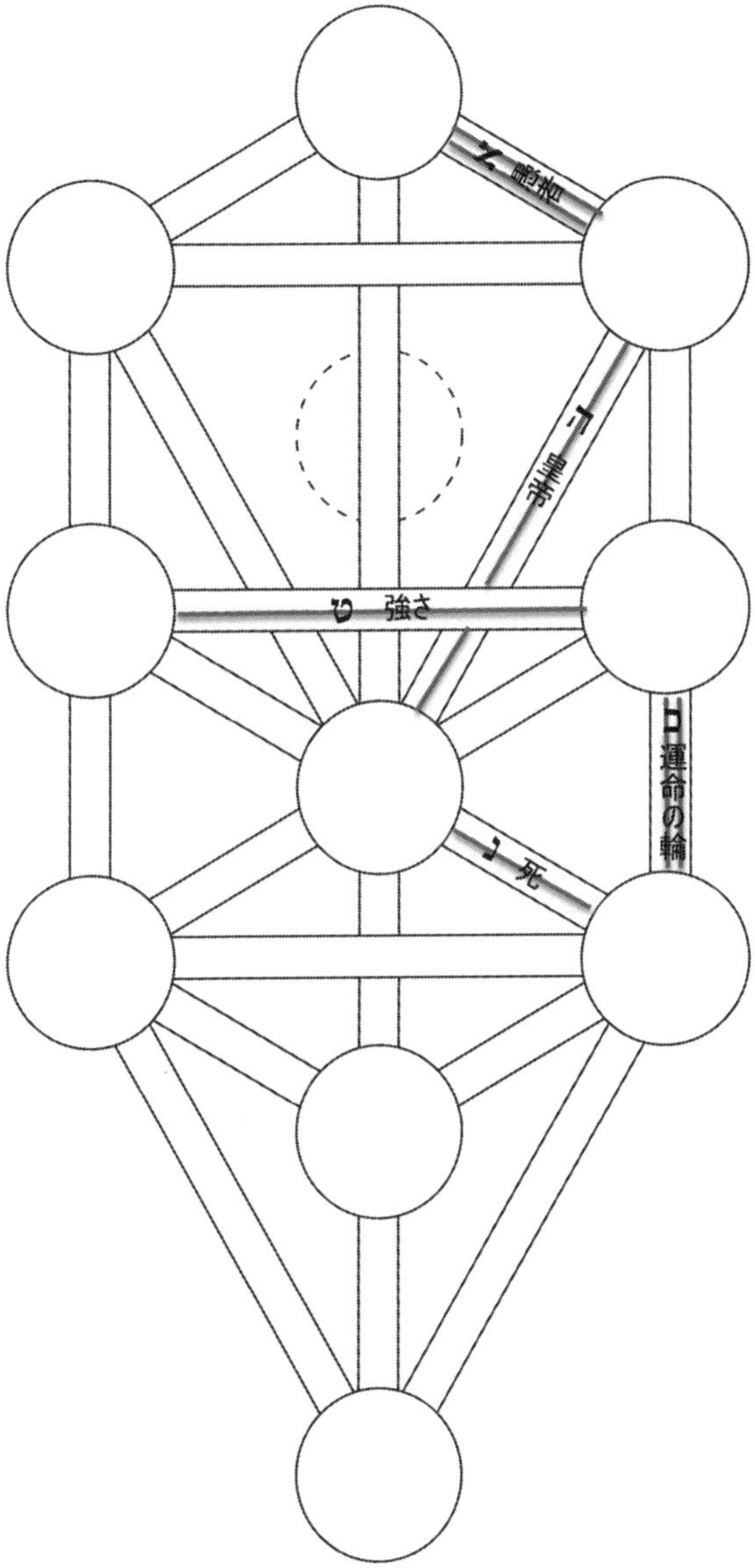

図39　数秘術　参考例

第5章　生命の木の対応事典

ここからは、生命の木とさまざまな要素との対応を見ていきます。セフィロトの意味と照らし合わせて、イメージを広げていきましょう。ここでは、伝統的な内容を紹介しますので、各セフィラの特質に対応すると思われるものを見つけたら、自由に加えてください。

色彩

4つの生命の木それぞれに、セフィロトに対応する色がありますが、ここではセフィロトの特色が現れている、上から2番目のブリアー（創造界）の生命の木の色を紹介します。

アツィルト（流出界）のケテル、コクマ、ビナーは、無彩色です。まだどのような色味も加

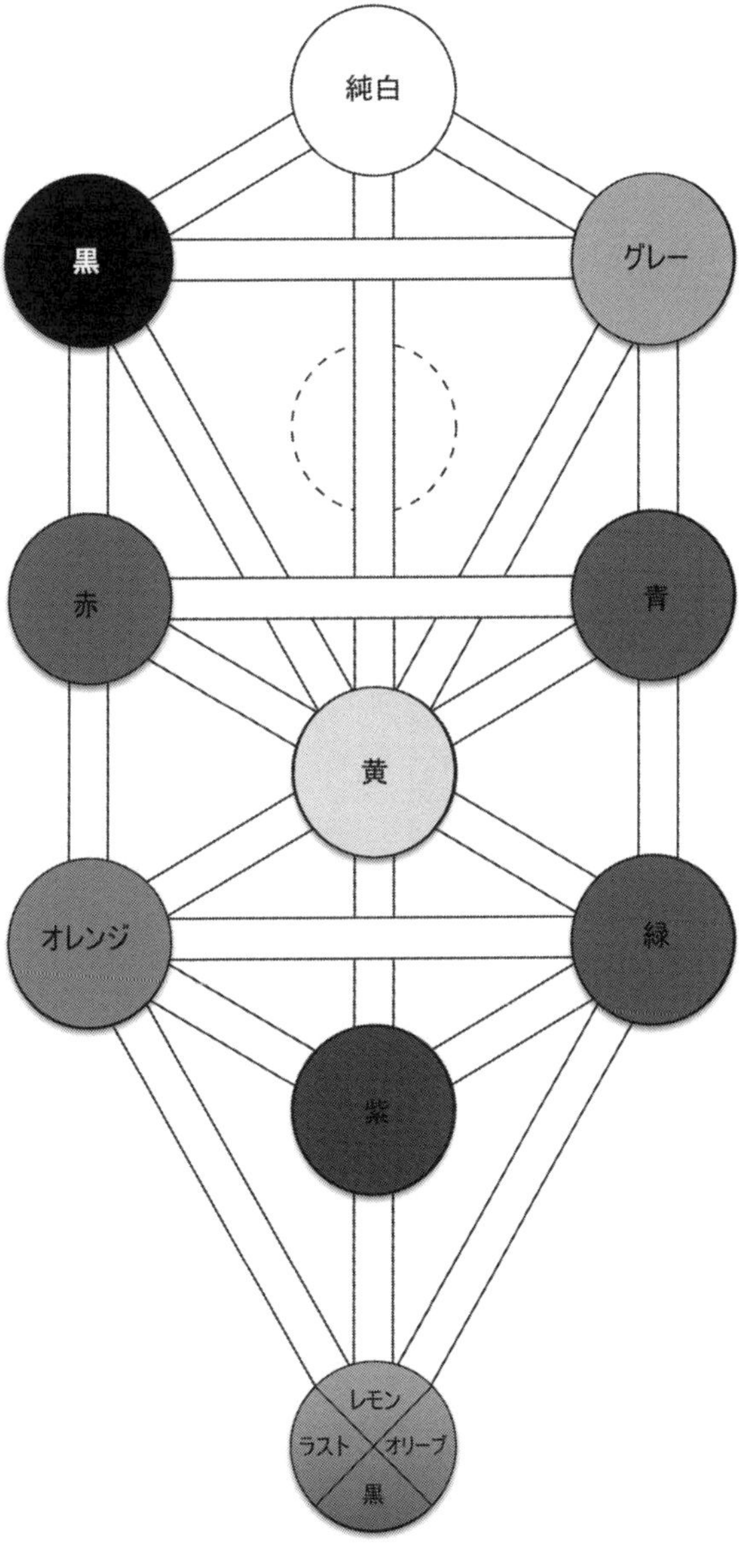

図40　生命の木と色

えられていない、光の象徴としての色が対応しています。すべての可能性を含むケテルは、クリアーな光としての純白の輝きです。光は虹を生み出すように、輝きの中にすべての色を含んでいますが、目には見えません。目に見えないスピリットの世界が白だとすれば、形を伴う物質世界は白の反対側にある黒で示されます。ケテルからマルクトへ物質化していく過程は、グレースケール[*1]として考えられるでしょう。ケテルの白い光から生まれるコクマとビナーは、陽と陰の象徴としてのグレーと黒が対応しています。

＊1　グレースケール　白〜グレー〜黒に至るまでの無彩色の階調。

アツィルト（流出界）から、アビスを渡りブリアー（創造界）に下りると鮮やかな色がやってきます。

ケセド、ゲブラー、ティファレトは、三原色のブルー、レッド、イエローです。ブルーは、すべてを包み込む天の色であり、平和や創造性を表します。レッドは燃え上がる炎と大地の色であり、情熱とエネルギーを表します。イエローは、太陽の光の色であり、喜びや自己認識を表します。

イエッツラー（形成界）に下りると、上の世界の色の補色が現れます。

ネツァクのグリーンは、平衡の柱のティファレトと慈悲の柱の上にあるケセドのイエローとブルーを合わせた色であり、ゲブラーのレッドの補色です。グリーンは、成長を促す色であり、フィーリングやスペースを表します。

ホドのオレンジは、平衡の柱のティファレトのイエローと厳格の柱のゲブラーのレッドを合わせた色であり、ケセドのブルーの補色です。オレンジは、相互依存のコミュニティの色であり、洞察や協調性を表します。

イエソドのバイオレットは、平衡の柱の上にあるティファレトのイエローの補色です。バイオレットは、スピリチュアリティの色であり、変容やヒーリングを表します。

アッシャー（物質界）のマルクトには、物質界を形作る四大元素に対応する4つの色が対応します。レモン（風）、オリーブ（水）、ラスト（火）、黒（地）は、上の3つの世界の色が、地上的に変化した色だと考えられます。「ケテルにあるものはマルクトにもある」と言われるように、ケテルのクリアーな光が、マルクトでは虹色のスペクトラムとなり各元素の色として現れています。

色のエネルギーは、チャクラを通して、私たちのスピリット、精神、感情、肉体に働きかけます。特定のセフィラを活性化させたい時には、対応する色の服やアクセサリーを身につけたり、ハンカチやペンなどの小物や、クッションカバーや食卓を飾る花など、自然に目に入るような形で色のエネルギーを取り入れるとよいでしょう。

エクササイズ19　カラーブリージング（色彩呼吸法）

呼吸にのせて色を取り入れる方法です。活性化したいセフィラの色を選んで行います。

①目を閉じて、身体の内側の呼吸の動きに意識を向けましょう。
②息を吐くたびに緊張を手放していきます。
③しばらくして頭の中が静かになり、心が落ち着いたら、活性化したいセフィラの色をイメージします。例えば、ケセドであればブルー、ホドであればオレンジです。
④息を吸うたびにブルー（ケセドの場合）の光が呼吸とともに身体の中を満たし、息を

吐くたびに身体の周りをブルーの光が取り囲むようにイメージします。
⑤そのようにしてしばらく呼吸を続けます。
⑥十分に色のエネルギーを受け取ったと感じたら、吐く息とともに目を開けます。

音階

生命の木で音階を感じることができます。

セフィロトにオクターブを当てはめると、ケテルとマルクトには、１オクターブ違いのドが対応します。

平衡の柱は小休止だと捉え、ピアノの鍵盤で考えると、ミとファ、シとドの間には黒鍵がなく、ちょうどここが平衡の柱状の小休止のポイントになります。

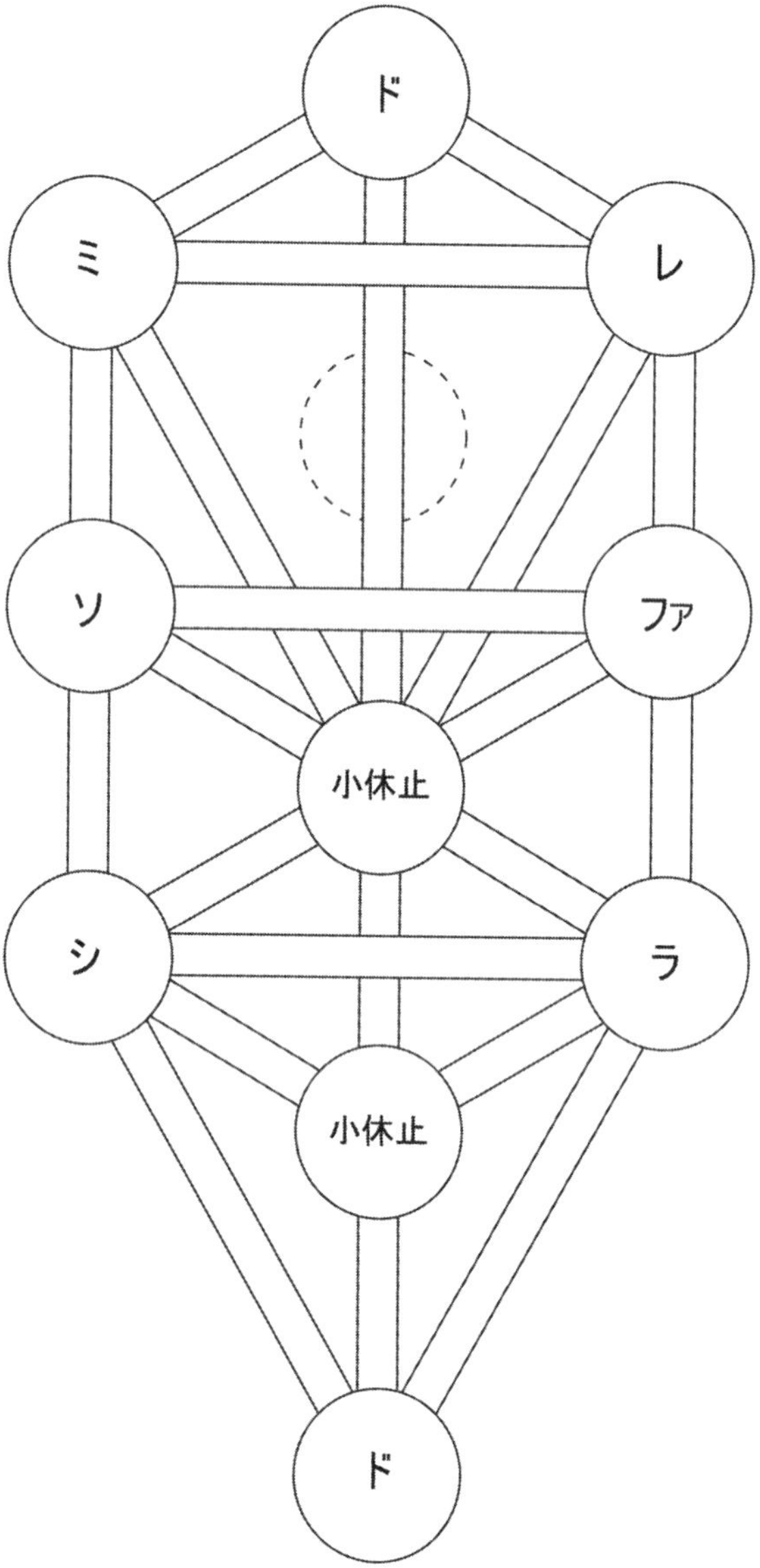

図41　生命の木と音階

香り

何千年もの間、人々は宗教儀式や病気の治療などに、香りを活用してきました。香りは、記憶を司る大脳辺縁系[*2]に直接働きかけ、感情や行動にさまざまな影響を与えます。

＊2　大脳辺縁系：脳の中で食欲や性欲などの本能、喜怒哀楽などの感情を支配し、自律神経系を司る視床下部に情報を伝達します。

〈ケテル〉

龍涎香《りゅうぜんこう》（アンバーグリス）　瞑想

古代中国において、龍の涎《よだれ》が固まったものだと信じられていた龍涎香は、マッコウクジラの腸内でできた結石です。宝物や薬、香水の原料として使われ、上品で芳しく神秘的な香りだと伝えられています。

天然のものは入手困難で希少価値があるため、大変高価です。

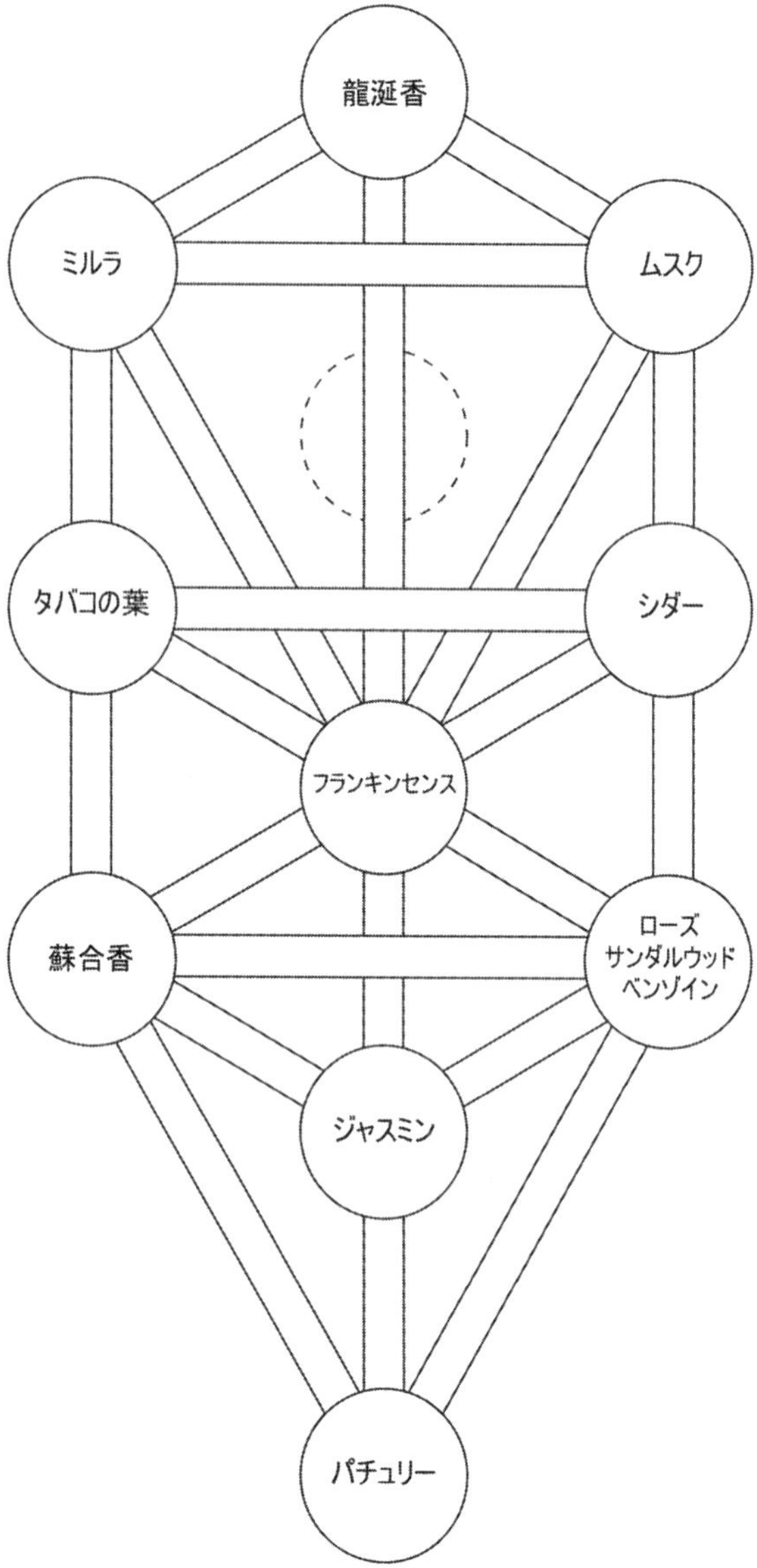
龍涎香
ミルラ
ムスク
タバコの葉
シダー
フランキンセンス
蘇合香
ローズ
サンダルウッド
ベンゾイン
ジャスミン
パチュリー

図42　生命の木と香り

〈コクマ〉

ムスク　興奮

ジャコウジカのお腹にある香嚢《こうのう》（ジャコウ腺）の分泌物を乾燥したものがムスクです。甘く温かくパウダリーな香りが、異性を惹きつけるフェロモンのような効果があるとされ、惚れ薬として使われてきました。

麝香《じゃこう》の採取によってジャコウジカが絶滅の危機に瀕し、現在はワシントン条約により取引が禁止され、合成の香りで代用されています。

〈ビナー〉

ミルラ（没薬《もつやく》）　静寂

甘く大地を感じさせる濃厚な香りは、お香や薬として使われ、古代エジプトでは、ミイラを作る際の防腐処理に使われました。

キリスト誕生時に、東方の三博士が捧げた3つの贈り物の1つがミルラであり、死の際にも捧げられました。

静けさと平和をもたらし、霊性と肉体の結びつきを強めます。

〈ケセド〉

シダー　力、忍耐力、確信

聖書に幾度となく登場し、ソロモン王の神殿の建立に使われたとあります。

北欧の人々は、オーディン（戦争と死、嵐、魔術の神）の霊を呼び起こす儀式の際にシダーを焚き、杖や剣を作りました。

かすかに甘くウッディーな香りは閉塞状態を解消し、意志を強化し、霊的な確信をもたらします。

〈ゲブラー〉

タバコの葉　覚醒

宗教儀式の際にお香として焚いたり、医薬品として使われてきましたが、嗜好品として喫煙する習慣が世界各地に広がりました。

スモーキーなタバコの香りは、ストレスや不安を取り除いてリフレッシュし、精神を目覚めさせます。

〈ティファレト〉

フランキンセンス（オリバナム、乳香）　精神の解放

フランキンセンスは、エジプトのラー、ギリシャのアポロンなどの太陽神に捧げる香りとして宗教儀式に使われ、キリスト誕生時にはミルラとともに捧げられ、聖書にもたびたび登場します。

ウッディーでスパイシー、ほのかなシトラス系の香りは、霊的意識を高め、日常の自己とハイヤーセルフの調和を促します。

〈ネツァク〉

ローズ　愛、自己受容

伝統的に愛の象徴とされ、催淫《さいいん》効果のある官能的な香りは、愛と美の女神アフロディーテ（ビーナス）に捧げられます。ローズは神の愛の象徴でもあり、聖母マリアはバラに囲まれて姿を現したと伝えられています。

濃厚でリッチな甘い香りは、幸福感をもたらし、愛することを促します。

サンダルウッド（白檀《びゃくだん》）　統合、存在

仏教やヒンドゥー教の寺院ではお香として焚かれ、アーユルヴェーダでは薬草として用いられ、男性に効果のある催淫剤としても有名です。

木材は家具や寺院、神々の彫像を作るのに使われています。

柔らかで深みがある甘い香りは、官能的でありながらも、心を深く鎮め、内なる統合へと導きます。

ベンゾイン（安息香）　安定、滋養

東洋においては古くからお香や薬として使われ、古代ギリシャやローマにおいては、ポプリの原料として人気がありました。

甘く温かいバニラのような香りは、瞑想や祈りの際に心を鎮めて集中させ、落ち着きをもたらします。


〈ホド〉

蘇合香（スチラックス）　鎮静、意識回復

蘇合香には多くの種類があり、時代によって原料の植物が変化しています。以前はベンゾインと近いエゴノキ科の木から採れる樹脂が、東洋で香料や薬として使われていましたが、現在はマンサク科の木から採れる樹脂が主流となっています。

蜂蜜のように甘く温かみのある香りは、不安やストレスを解放し、心を鎮めます。

〈イエソド〉

ジャスミン　欲望、創造性、調和

高貴な香りは「香水の王」として知られています。日が暮れるとより濃厚に香ることから、インドでは「夜の女王」と呼ばれます。

温かみがあり、うっとりするような花の香りは、感情を調和し、官能性をもたらします。直観力や創造性を高め、魂の真の欲求を呼び覚まします。

〈マルクト〉

パチュリー　グラウンディング、目覚め、豊かさ

東洋では古くから医療に使われ、カーペットや毛織物の香りづけ、お香や虫除けとして使われています。

甘く温かい土を連想させる香りは、緊張を緩めて心を安定させ、活力とグラウンディングを促します。

高価で手に入らない香りもありますが、手軽に活用できるものもあります。エッセンシャルオイルやインセンス、アロマキャンドル、バスタイムの入浴剤、オーデコロンや香水、ボディクリーム、石鹸など、活性化したいセフィラの香りを取り入れるとよいでしょう。

宝石

いつまでも色あせずに輝きを放つ宝石は、神に通じる「永遠なるもの」として、装飾、装身具、治療、宗教儀式などに用いられ、大切にされてきました。聖書の中にも多くの宝石が登場します。現在、誕生石として親しまれている宝石は、ユダヤ教の祭司が身につける胸当てに縫い込まれた12の宝石（イスラエルの12部族に対応する）に由来すると言われています。現代においても、装身具としてだけでなく、宝石や鉱物のエネルギーを取り入れるパワーストーン、環境を整える風水、心身のバランスを整えるヒーリングなど、さまざまな目的に使われています。

〈ケテル〉

ダイヤモンド　光輝、強烈さ

純白の輝きは、純粋性の象徴であり、神につなげる石と信じられています。ダイヤモンドは、個人のエネルギーをクリアーにし、サイキックな能力を発達させます。

〈コクマ〉

スタールビー　生命力、勇気、情熱

スタールビーはスピリットの純粋な光が表現されたものです。スピリチュアルなエネルギーを物質世界で形にするためのクリエイティブなパワーをもたらします。

ターコイズ　全体性、コミュニケーション

ターコイズは自己のすべての側面が神性の顕れであることを思い出させ、真実と内なる叡智からのコミュニケーションをもたらします。

〈ビナー〉

パール（真珠）　健康、純潔

貝の体内で生成されるパールは、「月の雫」や「人魚の涙」だと信じられ、薬や化粧品として用いられてきました。クレオパトラは、高価なパールを酢に溶かして飲んだと伝えられています。パールは守護とヒーリングをもたらします。

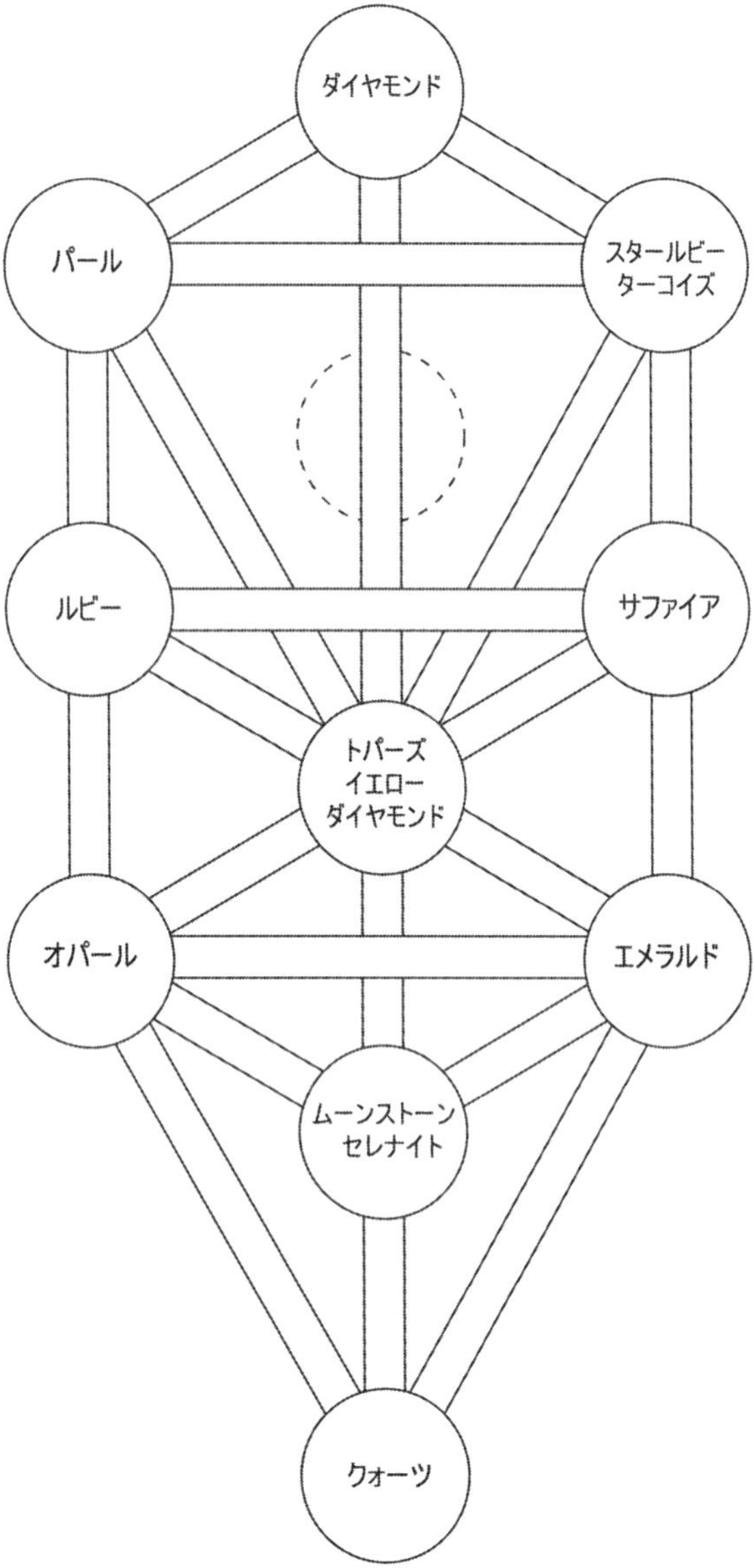

図43　生命の木と宝石＆クリスタル

〈ケセド〉

アメジスト　保護、浄化

「バイオレットフレーム（紫色の炎）」に関連するアメジストは、肉体や環境をネガティブなエネルギーから護り、本来の純粋な質が発揮されるように働きかけます。精神を鎮め、直感やサイキック能力を活性化します。

サファイア　慈愛、誠実

「王の石」「聖人の石」として知られ、愛と純粋さ、神に結びつく石と伝えられています。ブルーの輝きは天国を思わせ、平和と信頼、神の叡智、スピリットからのインスピレーションを呼び起こします。

〈ゲブラー〉

ルビー　生命力、勇気、情熱

レッドの輝きを放つルビーは、生命力の象徴です。循環する血液のように活力を与え、目標を達成するための情熱と勇気、不屈の精神をもたらします。

〈ティファレト〉
トパーズ
個人の意志と神の意志の調和をとり、願いを実現させる能力を向上します。内面の豊かさへの気づきを高め、喜びと愛、成功をもたらす幸運の石として知られています。
イエローダイヤモンド　自信、成功
ダイヤモンドの持つ強さに、太陽の輝きを象徴するイエローが加わったイエローダイヤモンドは、自信をもたらし、内なる光を拡大し、真の魂を表現するのを助けます。

〈ネツァク〉
エメラルド　愛、思いやり、豊かさ
神の愛を象徴するエメラルドは、無条件の愛と思いやりを、日常生活や人間関係、自分自身にもたらすよう導きます。ハートを癒し、真の豊かさにつながるのを助けます。

〈ホド〉
オパール　希望、幸福
ネガティブなパターンを手放し、宇宙意識につなげます。インスピレーション、スピリチュアルな視点をもたらし、洞察力を高めます。

〈イエソド〉

対応は明らかにされていませんが、月との関連から、ムーンストーンやセレナイトが考えられます。

ムーンストーン　神秘、直感、夢

その名の通り、月に関係するムーンストーンは、女性性を表現するのを助け、潜在意識や過去生への扉を開きます。直感を高め、サイキックな能力を促進します。

セレナイト　浄化、ヒーリング、純化

月の女神「セレーネ」に由来するセレナイトは、月のヒーリングパワーを持ちます。精神をリラックスさせ、過去のトラウマやブロックを解消し、ハイヤーセルフや守護天使とのコミュニケーションをもたらします。

〈マルクト〉

クォーツ（水晶）　意識の拡大、浄化、プログラミング

虹の光の象徴であるクォーツは、存在のすべてのレベルに働きかけ、エネルギーの吸収、増幅、保存、調整など多くの目的に使われます。明晰な思考とスピリチュアルな気づきをもたらします。クォーツは世界各地で産出され、その地域特有のエネルギーを持っています。

宝石やクリスタルは、セフィラのエネルギーを日常で感じる助けとして、さまざまな方法で使うことができます。ここでは、伝統的なものを紹介しましたが、あなたのお気に入りの宝石やクリスタルがどのセフィラと関連があるかを考えて、生命の木に当てはめてみましょう。

例）ケセド　愛を拡大するクンツァイト、博愛を象徴するセレスタイト
　　マルクト　グラウンディングを強めるオブシディアン、保護と安定感をもたらすブラックトルマリン　など

動物

身近な動物から幻獣まで、セフィロトの特質を象徴する動物を紹介します。写真や絵を見たり、生態やシンボルを理解すると、セフィラのイメージが広がります。

〈ケテル〉

白鳥　光を思わせる清らかな純白さ、優美さ、力強さを表します。

鷹　高みから地上を見通す神の視点を持ちます。

〈コクマ〉

孔雀　輝く叡智の象徴である虹色の羽と王冠を持ちます。

〈ビナー〉

卵を抱く鳩　育む母性を象徴します。

蜜蜂　豊かさの象徴であり、強固な巣を作ります。

〈ケセド〉

ユニコーン　慈愛、平和、思いやりの象徴です。

馬　高貴さ、自由、幸福を表します。

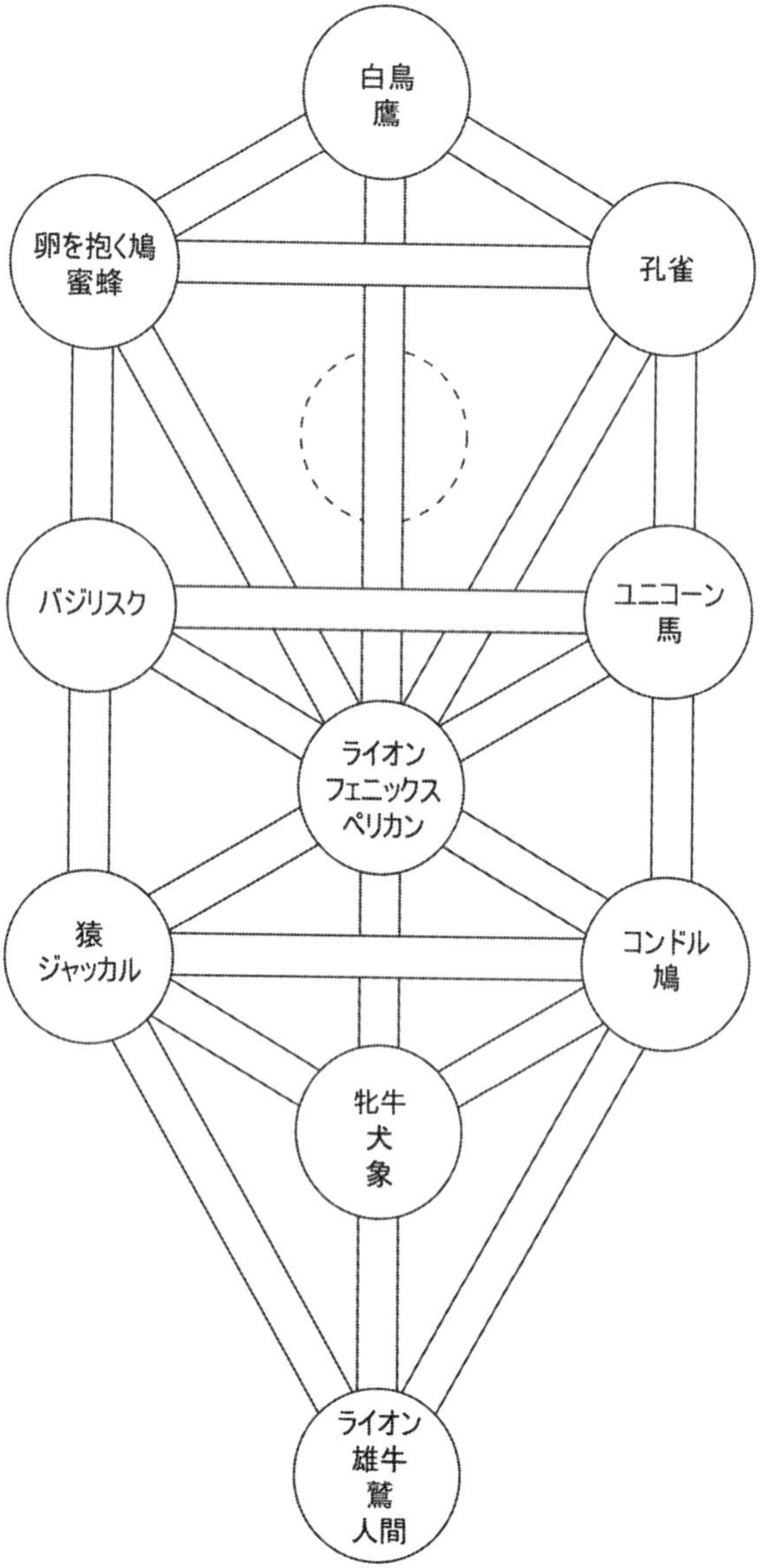
白鳥
鷹
卵を抱く鳩
蜜蜂
孔雀
バジリスク
ユニコーン
馬
ライオン
フェニックス
ペリカン
猿
ジャッカル
コンドル
鳩
牝牛
犬
象
ライオン
雄牛
鷲
人間

図44　生命の木と動物

〈ゲブラー〉

バジリスク（赤い目の大蛇）　見るものを破壊する魔眼と強力な毒を持つ蛇の王です。

〈ティファレト〉

ライオン　百獣の王、勇気とパワーの象徴です。

フェニックス　永遠の命を持つ不死鳥は再生、復活を表します。

ペリカン　自身の胸を突き、流れた血で子育てをするという伝説から、無条件の愛、献身を表します。

〈ネツァク〉

コンドル　浄化、死と再生、新しい展望、神の使いと伝えられます。

鳩　平和、愛、幸運、聖霊を表します。

〈ホド〉

対応は明らかにされていませんが、一説ではインドの神ハマヌーンとのつながりから猿、エジプトの神アヌビスとのつながりからジャッカルがあげられます。

〈イエソド〉

対応は明らかにされていませんが、一説では月と関連するエジプトの女神ハトホルから牝牛、ギリシャの女神アルテミスから犬、インドの神ガネーシャとの関連から象があげられます。

〈マルクト〉

四聖獣（ライオン、雄牛、鷲、人間）、四大元素（火、地、水、風）を象徴します。

ここでは、伝統的な動物をあげていますが、他にも、各セフィラにふさわしい動物を加えてみましょう。

例）マルクト　人間の生活を支える牛、豚、鶏
　　イエソド　家族の一員であるペットとしての犬、猫。夢と関連するバク
　　コクマ　　知恵とガイダンスを導くクジラ　など

神（アツィルト）

４つの世界が連なる生命の木には、上の３つの世界（アツィルト、ブリアー、イエッツラー）に神、大天使、天使が存在します。日本ではあまり馴染みがないヘブライ語ですが、アレフベート一文字一文字が神性の顕れです。アレフベートに瞑想する、呼びかける、歌うなど、さまざまな方法で働きかけることができます。

一番上のアツィルト（流出界）には、神が存在します。異なる名前を持つ多くの神が存在しているのではなく、どれも唯一神の神性を表す呼び名です。ヘブライ語[*3]の聖書では、こうした神々の名前が場面によって使い分けられています。

＊3　ヘブライ語は右から左に読みます。

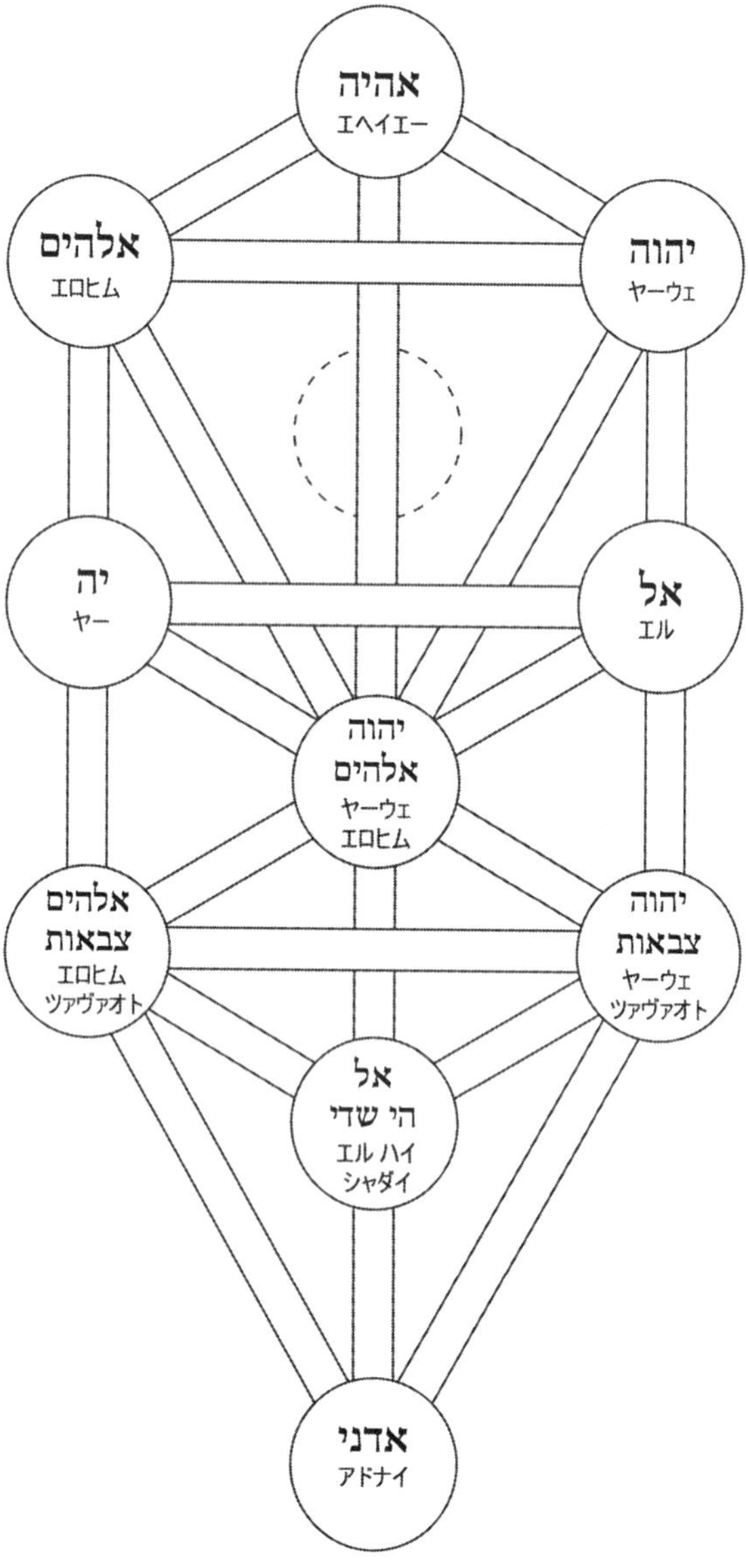
אהיה
エヘイエー
אלהים
エロヒム
יהוה
ヤーウェ
יה
ヤー
אל
エル
יהוה
אלהים
ヤーウェ
エロヒム
אלהים
צבאות
エロヒム
ツァヴァオト
יהוה
צבאות
ヤーウェ
ツァヴァオト
אל
הי שדי
エル ハイ
シャダイ
אדני
アドナイ

図45　神

〈ケテル〉

אהיה　EHYEH　エヘイエー　我あり（I AM）

אהיה אשר אהיה　EHYEH ASER EHYEH（エヘイエー　アッシャー　エヘイエー）「私は在りて在るものである」（I AM THAT I AM）。

出エジプト記では、モーセに名前を尋ねられた神が「私は在りて在るものである」と名乗ったとされています。日本語の翻訳としては、わかりにくい表現ですが、「私は以前から存在し、今も存在しているものである」というような意味を表します。

〈コクマ〉

יהוה　YHVH　ヤーウェ　神

〈ビナー〉

אלהים　ELOHIM　エロヒム（神々　エルの複数形）

〈ケセド〉

אל　EL　エル（神　単数形）

〈ゲブラー〉

יה　YHA　ヤー（神　ヤーウェの短縮形）

〈ティファレト〉

יהוה אלהים　YHVH ELOHIM　ヤーウェ エロヒム（神である主）

〈ネツァク〉

יהוה צבאות　YHVH ZEVAOT　ヤーウェ ツァヴァオト*4（ヤーウェの万軍）

＊4　ツァヴァオト（צבאות）は万軍、軍団を意味するツァヴァーの複数形。英語ではAlmighty（全能）。

〈ホド〉

אלהים צבאות　ELOHIM ZEVAOT　エロヒム ツァヴァオト（エロヒムの万軍）

〈イエソド〉

אל חי שדי　EL HAI SHADDAI　エル ハイ シャダイ（生ける全能の神）

〈マルクト〉

אדני　ADONAI　アドナイ[*5]（主　YHWH の別な呼び方）

＊5　神の名をみだりに呼ぶことは禁じられていたため、アドナイと呼び替えられています。

大天使（ブリアー）

大天使は、上から2番目のブリアー（創造界）に存在します。大天使は神によってエネルギーを与えられ、宇宙全体の流れを特定の範囲に導く役割を担っています。

〈ケテル〉

大天使メタトロン

メタトロンは「王座に侍《はべ》るもの」を意味します。「神の代理人」の役割を担う大天使で、「出エジプト記」では、ユダヤの民を引き連れてエジプトを脱出するモーセを〝火の柱〟として導き、海を割る奇跡を起こしたとされます。「エノク書」を記したエノクが天に上げられメタトロンになったと伝えられ、神と人間の契約時に契約書を作成する「契約の天使」としても知られています。神の呼び名のYHVHを持つ「小YHVH」とも呼ばれ、その他多くの役割と100以上の名前を持ちます。メタトロンの大きさは、全世界の大きさに等しく、サンダルフォンとは双子の兄弟です。

〈コクマ〉

大天使ラツィエル（ラジエル）

ラツィエルは「神の秘密」を意味します。天界と地上の秘密のすべてを知り尽くした「秘密の領域と至高の神秘の天使」です。ラツィエルは神の王座の傍らで見聞きした、宇宙の神秘についての知識を「ラツィエルの書」にまとめ、アダムに授けました。そこには奇跡や魔術を可能にする方法からエデンの園の詳細まで、1500項目もの宇宙の神秘が明かされています。

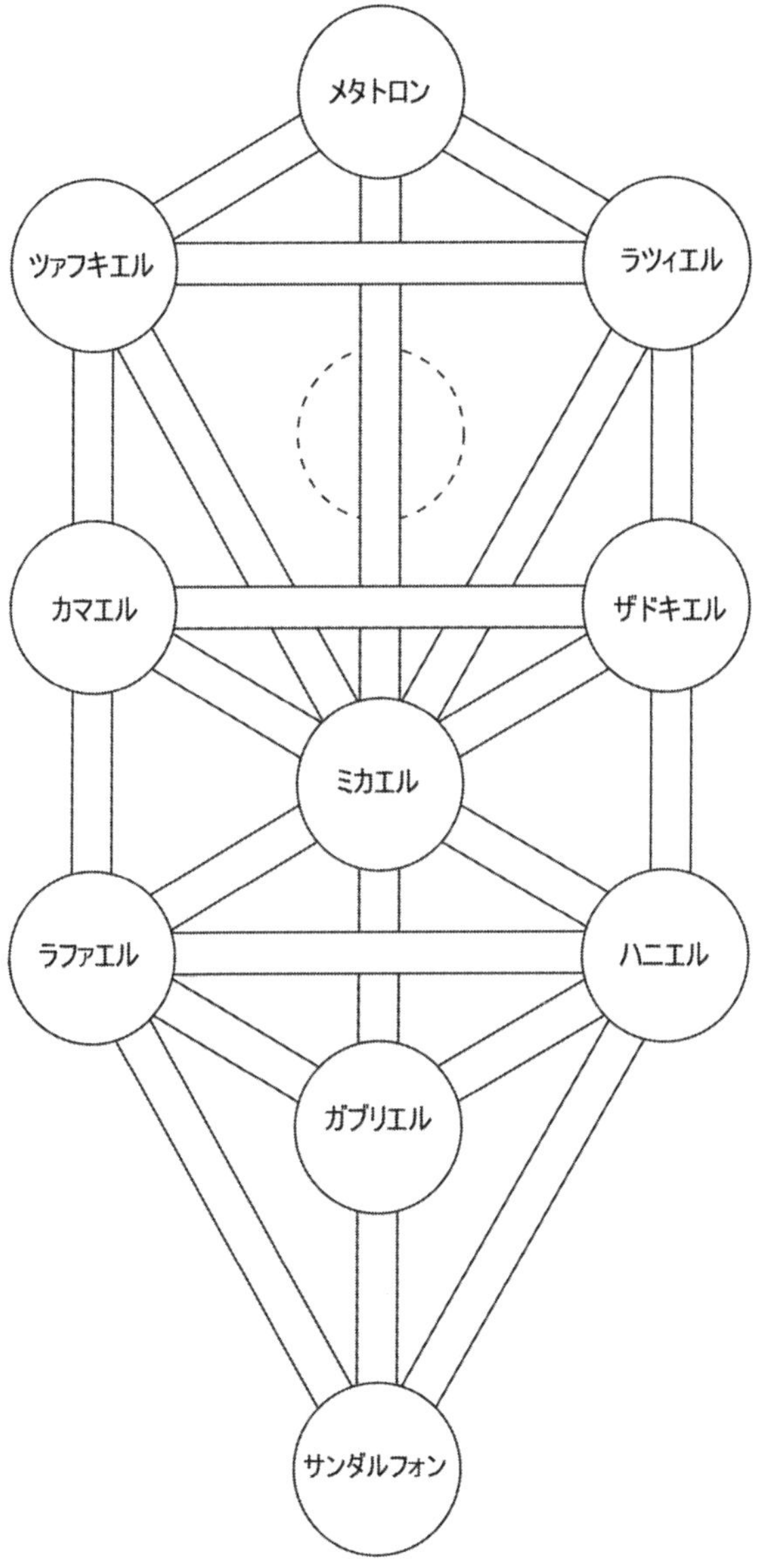
メタトロン
ツァフキエル
ラツィエル
カマエル
ザドキエル
ミカエル
ラファエル
ハニエル
ガブリエル
サンダルフォン

図46　大天使

〈ビナー〉

大天使ツァフキエル（ザフキエル）

ツァフキエルは、「神の知識」「神の番人」を意味します。ツァフキエルは人間が正しく知識を用いているか、適切な判断を下しているかを監督し、導く天使です。

〈ケセド〉

大天使ザドキエル

ザドキエルは「神の正義」を意味します。神への信頼と博愛を教える慈悲の天使です。「創世記」の「イサクの燔祭《はんさい》」では、息子のイサクを神に捧げるため、ナイフを喉に突き刺そうとしたアブラハムの手を止めた天使だと伝えられています。[*6]

＊6　「創世記」22章11節
「そのとき、天から主の御使いが、『アブラハム、アブラハム』と呼びかけた。彼が、『はい』と答えると、御使いは言った。『その子に手を下すな。何もしてはならない。あなたが神を畏れる者であることが、今わかったからだ。あなたは自分の独り子である息子すら、わたしに捧げることを惜しまなかった』」

〈ゲブラー〉

大天使カマエル

カマエルは「神を見るもの」を意味します。

天の守護者として神の力を象徴し、神の正義に反するものを攻撃します。「創世記」において、ヤコブと格闘した天使だと伝えられています。[*7]

＊7　「そのとき、何者かが夜明けまでヤコブと格闘した」創世記32章

闇の中、何者かがヤコブにつかみかかり争いとなり、決着がつかずにいると、「夜が明けるまでに去らせてほしい」と頼まれます。ヤコブが「祝福してくれるまではなしません」と伝えると、「これからはイスラエルと名乗るがよい。お前は神と人と戦って勝ったからだ」と言ってその場でヤコブを祝福しました。

〈ティファレト〉

大天使ミカエル

ミカエル[*8]は「神に似たもの」を意味します。

「ヨハネの黙示録[*9]」によると、天の軍団を率いて神に反逆したドラゴン（サタン）を地上に投

げ落とした、神の摂理の代行者です。最後の審判では、魂の公正さを量る天秤を持ち、運命を決める天使として描かれます。ミカエルは、人間の恐れや低次の質を洞察と慈悲の剣で切り落とし、高次の意志とともにあるよう導きます。

＊8　ティファレトの大天使ミカエルとホドの大天使ラファエルは、システムによって入れ替わることがあります。

＊9　ヨハネの黙示録：新約聖書の最後に配された聖典で、預言書的な性質を持ちます。

〈ネツァク〉

大天使ハニエル

ハニエルは「神の栄光」を意味します。

エノクを天界へ運んだ天使だと伝えられています。ハニエルは悲しみ、不安を幸福に変化させ、人生を価値あるものとして生きるための、愛と美、友情、調和とバランスを導きます。

〈ホド〉

大天使ラファエル

ラファエルは「神の癒し」を意味します。「トビト記」[*10]では、トビアスとともに旅をし、眼病を治す薬の処方を指導した天使として伝えられています。傷ついた人々を癒し、治療する人々を助ける役割を担い、旅をする人の安全を見守る「旅人の守護者」です。

＊10　トビト記：旧約聖書続編
失明したトビトと、悪魔に7人の夫を殺されたサラ、二人の元に遣わされたのが大天使ラファエルです。正体を隠してトビトの息子トビアスと旅をし、魚の心臓、肝臓、胆汁から作った眼病を治療する薬でトビトの目を治し、悪魔を追い払う奇跡を起こしました。

〈イエソド〉
大天使ガブリエル
ガブリエルは「神の人」「神の力」を意味します。
聖母マリアにキリストの誕生を告げ、ジャンヌ・ダルクにフランス王を助けるよう啓示を与え、イスラム教の開祖ムハンマドにコーランを書き取らせた天使として知られています。ガブリエルは、神の言葉を人間に伝える預言と啓示の天使であり、「神のメッセンジャー」です。

〈マルクト〉

大天使サンダルフォン

サンダルフォンは、「共通の兄弟」を意味します。

預言者エリアが天に上げられ大天使となったと考えられ、メタトロンとは双子の兄弟です。

メタトロン同様、巨大な天使で、人間が歩くと500年かかる大きさだと伝えられています。

天界の歌を司り、誕生を控えた胎児の性別を決める天使であり、仮庵《かりいお》の祭*11では人々の祈りを集めて花輪を作り神に届けます。

*11　仮庵の祭：過越祭、七週祭とともに、ユダヤ教三大祭りのうちの1つ。

天使（イエッツラー）

天使は、上から3番目のイエッツラー（形成界）に存在します。天使のグループが各セフィラを統治しています。天の位階には諸説ありますが、ここでは、ヘブライの伝統的な対応を記します。

〈ケテル〉

カイオト ハ カデッシュ　חיות הקדש　「聖なる生き物たち」

〈コクマ〉

オーファニム　אופנים　「輪、回転する者たち」

エメラルドグリーンに輝く炎の輪に多くの目を持ち、神の玉座のメルカバー（戦車）の車輪になっています。

〈ビナー〉

アラリム　אראלים　「勇敢なる者たち」

白い火で成り立ち、７万の天使で構成されています。草や樹木、果物や穀物を管理しています。

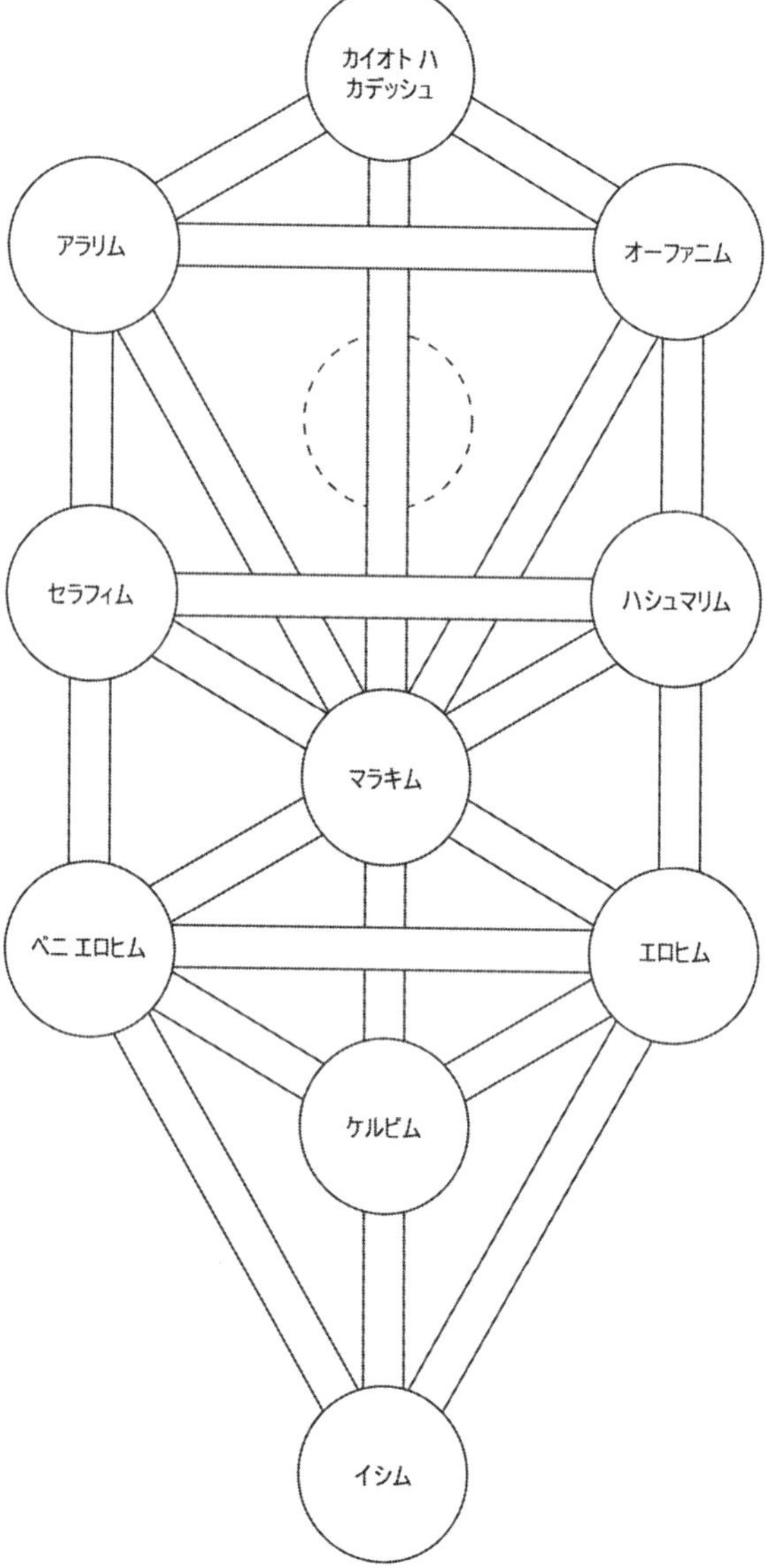
カイオト ハ
カデッシュ
アラリム
オーファニム
セラフィム
ハシュマリム
マラキム
ベニ エロヒム
エロヒム
ケルビム
イシム

図47　天使

〈ケセド〉

ハシュマリム　חשמלים　「輝ける者たち」

ドミニオンズ（主天使）と同一視されます。ドミニオンズは慈悲のエネルギーによって神の愛を流す役割を持ちます。天使の仕事を統制し、神の言葉が宇宙全体に浸透するよう働きます。

〈ゲブラー〉

セラフィム（熾天使）　שרפים　「燃える者たち」

セラフィムは、４つの頭と６つの翼を持つ天使とされ、神の炎、純粋な光と愛の天使です。常に神の王座を囲み、「聖なるかな、聖なるかな、聖なるかな」と歌っています。

〈ティファレト〉

マラキム　מלכים　「王たち」

ヴァーチューズ（力天使）と同一視されます。ヴァーチューズは恩寵と勇気を人々に授け、奇跡を起こす力を持ちます。キリスト昇天の際に付き添った天使だと伝えられています。

〈ネツァク〉

エロヒム　אלהים　「神々」

〈ホド〉

ベニ エロヒム　בני אלהים　「神々の子供たち」

〈イエソド〉

ケルビム　כרובים　「知恵ある（祈願する）者たち」

4つの頭と4枚の翼を持つ天使とされ、燃え立つ炎の剣を持ち、生命の木とエデンの園の監視役であり、太陽、月、星の守護者です。

〈マルクト〉

イシム　אישים　「正しい人（聖人）の美しい魂たち」

雪と火で構成される天使たちとされ、神を賞賛する任務についています。

72天使（シェム ハ メフォラシュ שם המפורש）

「シェム ハ メフォラシュ」（Shem Ha Mephorash）とは、ヘブライ語で「明かされた名前」を意味します。旧約聖書の出エジプト記14章19節、20節、21節[*12]、それぞれの節より最初の1文字、最後の1文字、最初の1文字を組み合わせると72の神名が現れます。72の神名の語尾に「YAH」または「EL」を加えると、72の天使の名前が見出されます。モーセが紅海を渡る時に用いたという伝説があり、名前を呼ぶことで内なる恐れを取り除き、人生のあらゆる困難を通り抜け、天の助けを得ることを可能にすると伝えられています。72の天使には、それぞれ固有の特質や働きがあり、セフィロト、惑星、12サイン（星座）と関連します。ここでは、天使の名前、特質を表すキーワード、天使が影響を与える惑星、サインを記します。

＊12　出エジプト記14章19～21節
「イスラエルの部隊に先立って進んでいた神の御使いは、移動して彼らの後ろを行き、彼らの前にあった雲の柱も移動して後ろに立ち、エジプトの陣とイスラエルの陣との間に入った。真っ黒な

雲が立ちこめ、光が闇夜を貫いた。両軍は、一晩中、互いに近づくことはなかった。モーセが手を海に向かって差し伸べると、主は夜もすがら激しい東風をもって海を押し返されたので、海は乾いた地に変わり、水は分かれた」

〈ケテル〉

Vehuiah（ヴェフイヤ）　意志と新しい始まり　天王星　牡羊座
Yeliel（イェリエル）　愛と知恵　土星　牡羊座
Sitael（シタエル）　宇宙の構造　木星　牡羊座
Elemiah（エレミヤ＊＊）　聖なるパワー　火星　牡羊座
Mahasiah（マハシヤ）　整える　太陽　牡羊座
Lelahel（レラヘル）　光　金星　牡羊座
Ahaiah（アハイヤ）　忍耐　水星　牡牛座
Cahetel（カヘテル）　聖なる祝福　月　牡牛座

〈コクマ〉

Hazayael（ハザヤエル）　聖なる慈悲と赦し　天王星　牡牛座

Aladiah（アラディァヤ）　聖なる恩寵　土星　牡牛座
Lauviah（ラウヴィヤ）　勝利　木星　牡牛座
Hehaiah（ヘハイヤ）　避難、保護　火星　牡牛座
Yezalel（イェザレル）　忠実さ、忠誠心　太陽　双子座
Mebahel（メバヘル）　真実、自由、正義　金星　双子座
Hariel（ハリエル）　浄化　水星　双子座
Hakamiah（ハカミヤ）　誠実さ　月　双子座

〈ビナー〉

Laviah（ラヴィヤ）　啓示　天王星　双子座
Caliei（カリエル）　正義　土星　双子座
Leuviah（レウヴィヤ）　広大な知性、実現　木星　蟹座
Pahaliah（パハリヤ）　救済　火星　蟹座
Nelahel（ネラヘル）　学びへの熱望　太陽　蟹座
Yeyayel（イェヤイェル）　名声　金星　蟹座
Melahel（メラヘル）　ヒーリング能力　水星　蟹座

Haheuiah（ハヘウヤ） 保護 月 蟹座

〈ケセド〉

Nithaiah（ニタヤ） スピリチュアルな知恵と魔法 天王星 獅子座

Haaiah（ハアヤ＊＊） 政治学と大志 土星 獅子座

Yeratel（イェラテル） 光の伝送 木星 獅子座

Seehaiah（セハイヤ） 長寿 火星 獅子座

Reiyel（レイエル） 解放 太陽 獅子座

Omael（オマエル） 豊かさ、多様性 金星 獅子座

Lecabel（レカベル） 知的な才能 水星 乙女座

Vasariah（ヴァサリヤ） 寛容さ、バランス 月 乙女座

〈ゲブラー〉

Yehuiah（イェフイヤ） 高次の秩序への従属 天王星 乙女座

Lehahaiah（レハハヤ） 従順さ 土星 乙女座

Khavakiah（ハバキヤ） 和解 木星 乙女座

Menadel（メナデル＊＊）　内面的、外面的なワーク　火星　乙女座
Aniel（アニエル）　循環を破る　太陽　天秤座
Haamiah（ハアミヤ＊＊）　儀式と式典　金星　天秤座
Reheael（レヘヤエル＊＊）　子としての服従　水星　天秤座
Yeiazel（イェヤゼル）　聖なる慰めと安らぎ　月　天秤座

〈ティファレト〉

Hahehel（ハヘヘル）　使命　天王星　天秤座
Mikael（ミカエル）　政治的権威と秩序　土星　天秤座
Veuliah（ヴェウリヤ）　繁栄　木星　蠍座
Yelahiah（イェラヒヤ）　カルマの戦士　火星　蠍座
Sealiah（セアリヤ）　動機、強い目的意識　太陽　蠍座
Ariel（アリエル）　知覚と明晰性　金星　蠍座
Asaliah（アサリヤ）　熟考　水星　蠍座
Mihael（ミハエル）　豊かさ、実り　月　蠍座

〈ネツァク〉
Vehuel（ヴェフエル）　壮大さ、高次の意図　天王星　射手座
Daniel（ダニエル）　雄弁　土星　射手座
Hahasiah（ハハシヤ）　普遍的な医学　木星　射手座
Imamiah（イマミヤ）　誤りの償い　火星　射手座
Nanael（ナナエル）　スピリチュアルなコミュニケーション　太陽　射手座
Nitael（ニタエル）　若返りと永遠の若さ　金星　射手座
Mebahiah（メバヒヤ）　知的な明快さ　水星　山羊座
Poyel（ポイエル）　運命とサポート　月　山羊座

〈ホド〉
Nemamiah（ネマミヤ）　識別　天王星　山羊座
Yeialel（イェヤレル）　精神力　土星　山羊座
Harahel（ハラヘル）　知的な豊かさ　木星　山羊座
Mitzrael（ミツラエル＊＊）　内なる報償　火星　山羊座
Umabel（ウマベル）　親和性と友情　太陽　水瓶座

Iahhel（イアヘル）　知への願望　金星　水瓶座
Anauel（アナウエル＊＊）　ユニティへの気づき　水星　水瓶座
Mehiel（メヒエル）　再生、活性化　月　水瓶座

〈イエソド〉
Damabiah（ダマビヤ）　知恵の泉　天王星　水瓶座
Manakel（マナケル）　善悪の知識　土星　水瓶座
Eyael（アイヤエル）　崇高さへの変容　木星　魚座
Habuiah（ハブヤ）　ヒーリング　火星　魚座
Reohael（レオハエル）　回復　太陽　魚座
Yabamiah（ヤバミヤ）　錬金術、変容　金星　魚座
Hayayel（ハヤエル＊＊）　聖なる戦士　水星　魚座
Mumiah（ムミヤ）　終わりと再生　月　魚座

〈マルクト〉
天使は対応していませんが、「＊＊」印の天使が対応するシステムもあります。

エクササイズ20　聖なる名前のチャンティング

神や大天使、天使の名前をチャンティング（詠唱）します。

光の言語であるヘブライ語は、瞑想すること、呼びかけること、歌うことなどを通して、光の身体であるオーラやサトルボディを活性化します。

すべての天使、神の質は、人間一人一人の中に存在しています。天使はブドウの房のようなグループ（集合体）の存在です。天使の名前をチャンティングすることで、特定のグループにアクセスし、個を超えた集合的な存在へとつながります。一粒のブドウの実からブドウの房へ、そこから他のブドウの房、そして房が実るブドウの木全体へとつながります。天使のグループは、大天使のグループの一部であり、大天使は神の存在の一部です。天使の名前を呼ぶことで、私たち自身の中の天使、大天使、神の存在につながり、個を超えた意識を発達させることができます。

生命の木の大天使の名前を順番にチャンティングします。宇宙的な広がりを持たせるために、天使の名前の後ろに、アインソフ、あるいはアインソフオールを加えることもできます。

その他、活性化したい特定のセフィラに対応する大天使の名前、神の名前（神性）や天使の名前を選んで、チャンティングしてもよいでしょう。

さまざまな事物を用いた生命の木ワークの例

生命の木は、セフィロトやパスの特質に沿って、あらゆるものを分類することができます。基本が理解できたら、使いながら深めていきましょう。

生命の木は、その形自体にパワーがありますが、特定のセフィラやパスを活性化したい時には、その部分に関連するものを用いるのが効果的です。例えば、対応するクリスタルを持ち歩くこともできますし、対応する香りのエッセンシャルオイルやインセンスでスペースを満たすこともできます。セフィロトやパスに対応すると思われる植物や花を飾ることもできますし、香辛料や食材を分類して、対応する料理を作っても面白いでしょう。次にいくつか例を紹介します。

①セフィラの祭壇

例）ケセドの活性化

ブルーの布を敷きます。その上にアメジストを置き、ユニコーンや大天使ザドキエルの絵や小物、あなたがケセドに関係すると思うもの、思いやりや愛を育む助けになると感じるものを加えて、祭壇を作ります。シダーのインセンスを焚いたり、ブルーのキャンドルに火を灯し、瞑想したり、慈愛の気持ちが高まる音楽を聴きます。祭壇の写真を撮ってスマホやパソコンに保存し、いつでも見られるようにするとよいでしょう。

②セフィロトカードの瞑想

活性化したいセフィラのカードを選び、リラックスしてカード全体を見つめます。その時、最も目を引くものは何でしょうか？　セフィラの名前であれば、目を閉じてヘブライ語のアレフベートを1文字ずつ第三の目のあたりに思い浮かべ、その時、文字全体が炎のように燃えているのをイメージします。惑星であれば、惑星の性質や対応するサインの性質を思い浮かべ、身体の中に惑星のエネルギーが満ちていくのをイメージします。色であれば、カラーブリージングでその色を取り入れます。

③　気になる色や、好きな天使、動物などから、対応するセフィラを見つける

例）大天使ガブリエルが気になる

大天使ガブリエルと対応するのは、イエソド／基礎（日常の私）です。バイオレットカラーを洋服やアクセサリー、持ち物に取り入れ、日常の中で目に入るようにします。部屋にはガブリエルを象徴する百合の花を飾ります。イエソドは月に関連しますので、ゆっくり月を眺める時間を作り、ジャスミンの香りをインセンスやアロマキャンドル、入浴剤などで取り入れます。夢でメッセージを受け取ることもあるので、枕元にメモを用意して眠りにつきましょう。

おわりに

最後まで読んでいただき、ありがとうございます。
生命の木の宇宙を楽しんでいただけましたでしょうか？

私が生命の木と出会ったのは、１９９７年にイギリスで開催されたオーラソーマ®カラーケアシステムのアドバンスコースのセミナーでした。

１９８３年に誕生し、世界50カ国以上に広がるオーラソーマは、ユニバーサルな言語である色を通して、人生の使命、目的、才能など本当の自分自身を思い出し、自分らしく生きることをサポートするシステムです。

その当時の私は、カバラも知らなければ、生命の木も見たことがありませんでした。セミナーの３日目に、生命の木がプリントされたシーツ大のシルクの布が敷かれました。そこに次々とイクイリブリアムボトル（以下ボトルと表記）とタロットが並べられていきます。生命の木もボトルもキラキラ輝いて見えて、胸がドキドキして、「何だかわからないけど、これすごい！」と衝撃を受けました。それから、ベーシックな知識を学んだのですが、内容はよくわからず、けれども、生命の木が頭から離れず「もっと知りたい！」という思いでいっぱいでした。

日本に戻ってすぐに、カバラの本を何冊か読んでみましたが、魔術的な内容が多く、言葉の意味さえ理解できません。これは「独学では無理」と思い、イギリス、オーストラリア、イタリア、アメリカなど、各国から来日するティーチャーの生命の木関連のセミナーを片っ端から受講しました。そして、ようやく6度目ぐらいで、「何となくわかってきたかも？」と思えるようになりました。

その頃には、私自身もオーラソーマティーチャーとして、コースの中で生命の木を教えるようになり、もっと深く理解したいという思いから、生命の木を探究する勉強会を始めました。それほど知識もないので、集まってくださった方々と関連書籍を読んだり、セフィロトと対応する香りを体験したり、クリスタルとワークしたり、『新世紀エヴァンゲリオン』（エヴァにはあちこちに生命の木が出てきます）を見たりして、感じたことや気づいたことをお互いにシェアし合うといった内容です。それでも何年も続けられるほど、生命の木は面白く興味がつきませんでした。
自分一人では挫折しそうで、周囲の方を巻き込んで始めた勉強会でしたが、ずいぶん後になってから、「カバラを学ぶにはグループがよい」ということを知りました。求めれば何らかの導きがあるものですね。勉強会で生命の木と遊んだ経験がこの本のベースになっています。

カバラを学べるスクールを探していたところ、2006年に「FILING」（フィリング）に出会います。主宰の松本ひろみ先生は、シモン・ハレヴィ師からユダヤ教伝統のカバラの教えを受けた方で、私が学んできた内容とはまた別の角度から、カバラや生命の木を大変わかりやすく教えてくださいました。知れば知るほど、生命の木は奥深く、生命の木の中に宇宙のすべてが入っていることを実感し、ますます生命の木が好きになりました。

オーラソーマのコンサルテーションの1つに、生命の木を使った「ゴールデンスレッド」（本書208ページ）があります。自分の本質を表すボトルと対応するタロットを生命の木に並べて読み解いていくものですが、私は「ゴールデンスレッド」が大好きです。ずらりとボトルが並んだ生命の木の前に立つと、それが何を意味するのか全く知識がなくても、「これは確かに今の私を表している」と誰もが直観的に「受け取る」ことができるからです。生命の木に秘められたパワーが働いていることは明らかです。オーラソーマも生命の木も「自分が今、人生のどのような道を歩んでいるのか」を知る素晴らしいツールで、「自分は本当は誰なのか？」を思い出すのを助けてくれます。

こんなに素晴らしい生命の木なのに、「生命の木は難しくてよくわからない」という声も多く、何とか面白さを伝えられないかと考え、オーラソーマアカデミーの認定を受け「生命の木を育てよう！」という3日間のコースを教え始めました。五感を使って生命の木に親しみ、生命の木を意識の成長のサポートとして使えるようにすることがコースの目的です。回数を重ねるうちに、オーラソーマは学んでいないけれど、生命の木を知りたいという方々にも広がって、地方でも教える機会をいただくようになりました。

2010年には、「オーラソーマとカバラの72天使」のコースをイギリスで受講し、生命の木に対応する72天使やヘブライ語を使ったワークを学びました。3週間近く、毎日、ヘブライ語のアレフベートや天使の名前をチャンティングしていると、外側でも内側でもさまざまな変化が起こります。その後、スイスで学びを深め、コースやセッションを提供する中で、ヘブライ文字の瞑想や、天使の名前のチャンティングというシンプルなワークが、私たちの光の身体に働きかけ、変容を起こすのを目の当たりにしました。

こうして20年以上、「生命の木が好き」「もっと知りたい」「この面白さを知ってほしい」という思いで探究してきたことが、1つにまとまるとは思ってもみませんでした。執筆の話をいただいた時は、単純に嬉しくて、何も考えずに引き受けたのですが、いざ始めてみると、生命の木の壮大な宇宙を前に、いったいどこから手をつけたらよいのか呆然となりました。

そんな時、足首をひねって転び、骨折するというアクシデントがあり、人生初の松葉杖、1カ月は安静にするしかないという状況がやってきます。日頃からあちこち出かけることが多い私にとって、これはもう「集中して執筆しなさい」という天のメッセージに違いありません。覚悟を決めて、思いついたことから、書き始めました。

ギプスで固定している間は、歩くのが大変なだけで痛みもなく、関連書籍や資料に目を通しながらパソコンに向かう日々で、思いの外、楽しく進めることができました。ところが、ギプスが取れて通常の仕事に戻り、リハビリを始めてからが大変。使っていなかった筋肉や踵《かかと》が痛くて集中できず、なかなか先に進みません。すると不思議なことに、生命の木のセッションやセミナーを受けたいというお申し込みが相次いで、おかげで生命の木について考えるだけではなく、感じて体験しながら再確認することができました。天は何でもお見通し、必要なことはちゃんと準備してくれますね。こうしたドタバタの中で書き終えたのがこの本です。

今までセッションやコースを受けてくださった皆様のシェアやフィードバックが、私の生命の木に栄養を与えてくれました。そして、こうして大好きな生命の木を皆様に紹介できるほどに、成長しました。ここまで私を導いてくれた多くのティーチャー、一緒に学び探求してくださった皆様、オーラソーマと生命の木に心より感謝いたします。

ありがとうございます。

皆様の生命の木がすくすくと育ちますように。

２０２０年春

廣田雅美

新装版のあとがき

旧版の出版時は、新型コロナウイルス感染対策として緊急事態宣言が発令され、学校は休校になり、百貨店や映画館など人が集まる施設は制限され、書店もほとんどが閉まっていました。そうした状況にもかかわらず、多くの方がこの本を手にとってくださったことは、本当にありがたく、心から感謝しております。


「ステイホームで不安な中、生命の木を通して自分と向き合うことができました」

「今まで難しそうと敬遠していた生命の木が身近に感じられるようになりました」

「タロットに生命の木の情報を加えることでより深くリーディングができ、クライアントさんに喜ばれました」

「生命の木がさまざまなものとつながっていることに驚き、ますます興味が湧きました」

など、嬉しい感想もたくさんいただきました。

出版に合わせて開催したセミナーやセッションにも多くの方がいらしてくださり、「生命の木は初めてだけどどんなものなのか興味が湧いて」という方も多く、この本を執筆した動機である「初めての方にも生命の木の面白さを知ってほしい」という思いを叶えることができました。

Amazonのユダヤ教部門では長らく1位を獲得し、1年以上経った現在でも上位にランキングされるというサプライズもありました。

現在、コロナの状況は少し落ち着いてきたものの、対面でのセッションやセミナーが難しい中、生命の木と占星術やヘブライ文字、タロットを探究したいという全国の方々とオンラインでつながる機会が増えたのも、思いがけないことでした。おかげで私自身の生命の木も少しずつ成長させることができています。

カバラ＝「受け取る」、この世界を創造した存在と多くの素晴らしいティーチャーから受け取った叡智を、この本を通して必要とする方に届けられたことは、何よりの喜びです。

歴史を振り返れば、長い間過酷な状況を生き抜いてきたユダヤの人々にとって、カバラの叡智や生命の木は、困難な中で光を見出すための精神的な支えであり、人生の方向性を示すツールでした。

世界が大きく変容し、どのような新しい世界が誕生するのかはっきりと見えてこない今この時にも、昔と何ら変わることなく生命の木は人々に光をもたらし、進むべき道を示してくれます。

人生を愛し、自分自身の真実とつながり、使命目的を果たす道へと、生命の木はいつも私たちを導いています。

一人一人の生命の木がすくすくと育ち、ますます光と愛に満ちた毎日でありますように。

２０２１年11月

廣田雅美

参考文献

アルフレッド・ダグラス『タロット』河出書房新社
アレイスター・クローリー『アレイスター・クローリー著作集2 トートの書』国書刊行会
アンソニー・ルイス『完全版タロット事典』朝日新聞出版
イスラエル・リガルディー『柘榴の園』国書刊行会
井上教子『タロット解釈実践事典』国書刊行会
宇宙科学研究倶楽部編『星座の神話と伝説がわかる本』学研プラス
鏡リュウジ『鏡リュウジの実践タロット・リーディング』朝日新聞出版
ガブリエル・モージェイ『スピリットとアロマテラピー』フレグランスジャーナル社
グスタフ・デイヴィッドスン『天使辞典』創元社
ジャン・スピラー『前世ソウルリーディング』徳間書店
ジュディ・ホール『クリスタルバイブル』産調出版
スーザン・カーティス『エッセンシャルオイルブック』双葉社
ゼヴ・ベン・シモン・ハレヴィ『ユダヤの秘義』平凡社
ゼブ・ベン・シモン・ハレヴィ『カバラ入門』出帆新社

ゼブ・ベン・シモン・ハレヴィ『カバラの宇宙』出帆新社
ゼヴ・ベン・シモーン・ハレーヴィ『図説カバラ世界入門』出帆新社
ダイアン・フォーチュン『神秘のカバラー』国書刊行会
デイヴィッド・フォンタナ『シンボルの世界』河出書房新社
中山茂『占星術』紀伊國屋書店
ヘイゼル・レイブン『エンジェルバイブル』産調出版
ポール・ローランド『実践するカバラ』出帆新社
マイク・ブース『オーラソーマタロット』モデラート
松本ひろみ『カバラの知恵』出帆新社
真野隆也『天使』新紀元社
麻里フランソワーズ『72の守護天使が導く幸運事典』ソニー・マガジンズ
マンガラ・ビルソン『直感のタロット』市民出版社
マンリー・P・ホール『カバラと薔薇十字団』人文書院
ロバート・シモンズ&ネイシャ・アーシャン『ブック・オブ・ストーン』ナチュラルスピリット
『聖書　新共同訳』日本聖書協会
『占星術の本　ブックス・エソテリカ第32号』学研
John Dillon-Guy. *Aura-Soma Full-Spectrum Numerology*. JW Ruddock&Sons Ltd.
Mike Booth. *Aura-Soma and The 72 Angels of The Kabbalah, Teacher's Manual*. ASIACT Academy
Terah Cox. *Birth Angels*. Andrews McMeel Publishing

特別付録「セフィロトカード」の使い方

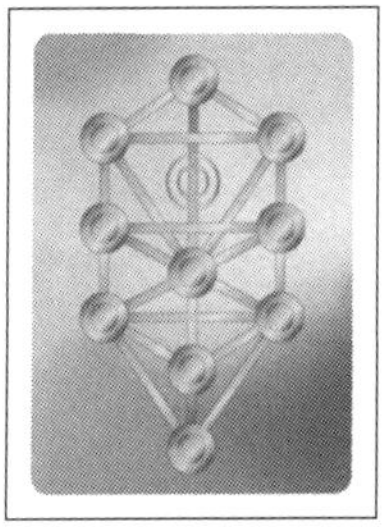

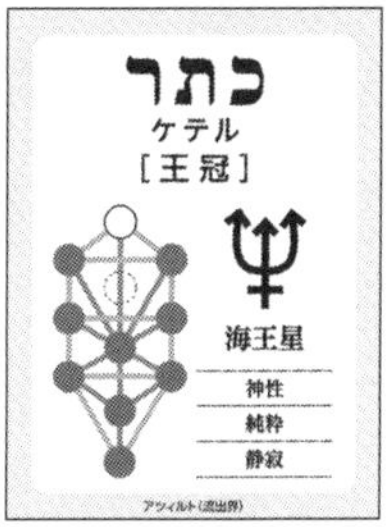

① ハサミやカッターで巻末のカードを切り取ります。
角が気になる方は丸くカットしても OK ◎
市販のラミネートシートでコートするのもオススメです。

② 気になるカードを引いて今日一日の過ごし方へのヒントを得たり、お好みのカードを持ち歩いたり、自由に使って生命の木と親しみましょう。

〈セフィロトカードの具体的な使い方はこちら〉

◉ セフィロトカードのリーディング（基礎編）
120ページ

◉ セフィロトカードのセフィラ活性化ワーク
123ページ

◉ セフィロトカードのリーディング（応用編）
195ページ

◉ セフィロトカードの瞑想
318ページ

＼読者特典動画のご案内／

著者の廣田雅美さんから生命の木についてのとっておきメッセージ&セフィロトカードの楽しい使い方の解説動画をご用意しました。こちらのページにアクセスして、パスワードを入れてご視聴ください。
※ご視聴にはインターネット環境が必要です。
https://book.hikaruland.co.jp/20040122/treeoflife/
パスワード：seimeinoki2020

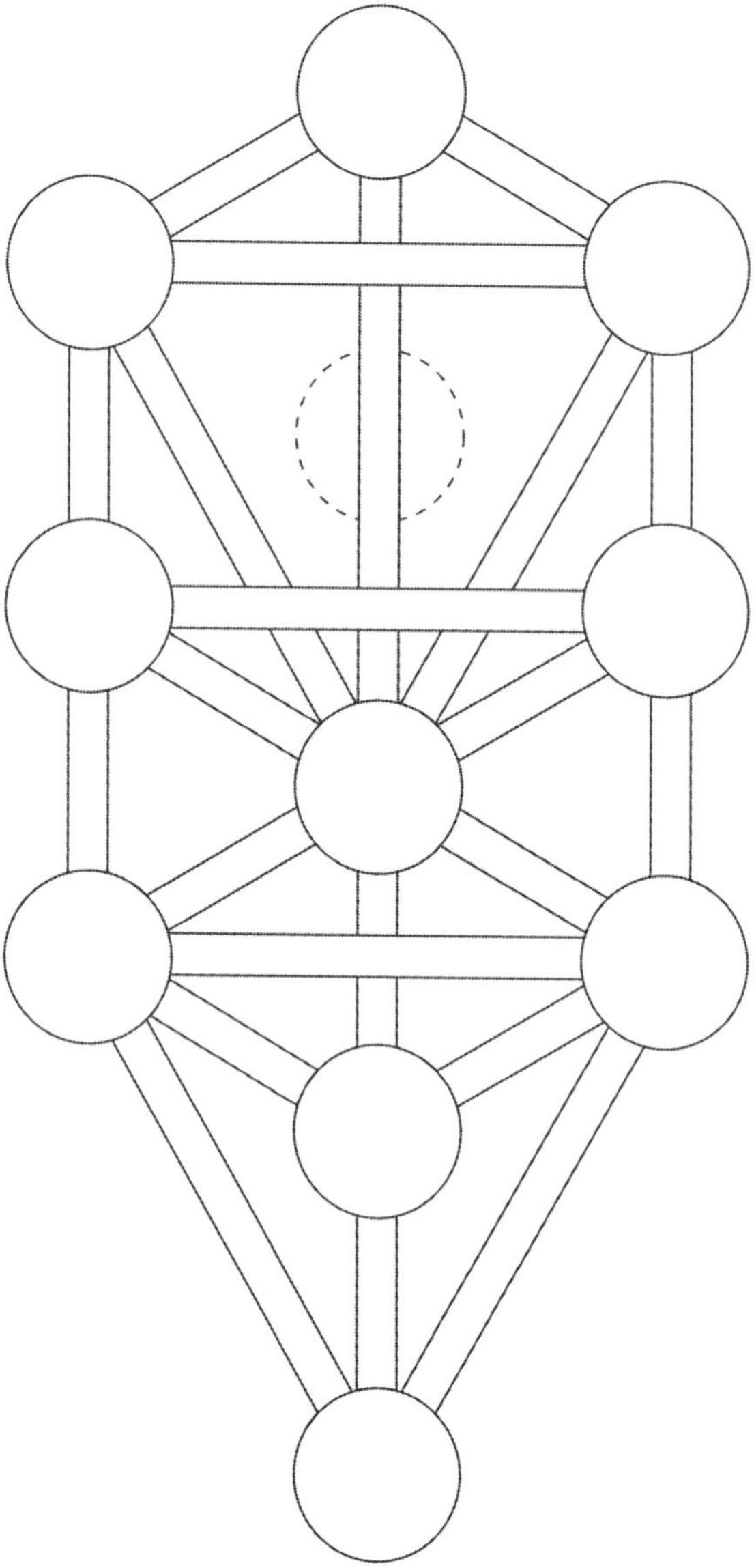

ワーク用紙①　生命の木シート

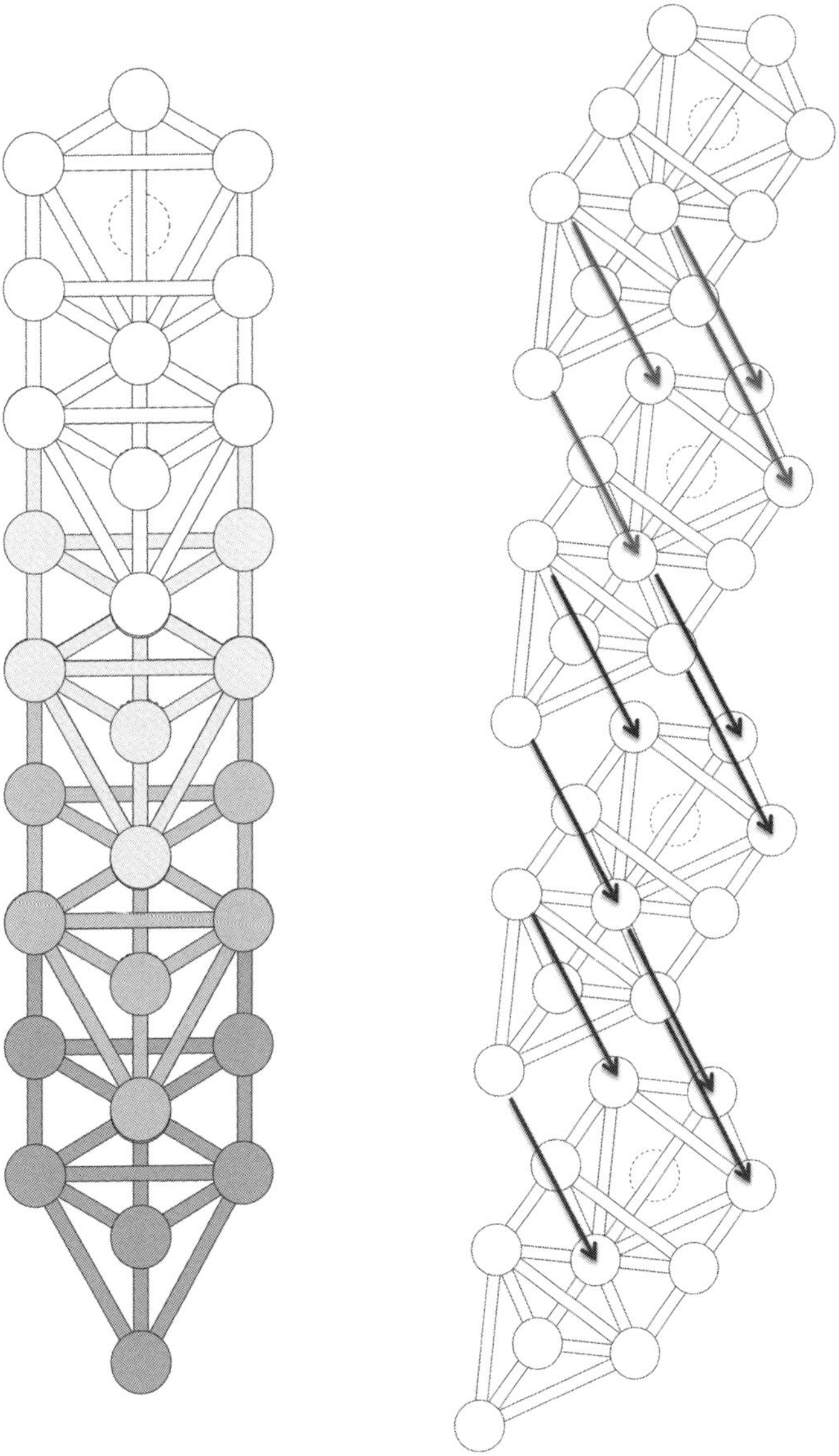

ワーク用紙②　ゴールデンスレッド

廣田雅美　ひろた まさみ
神奈川県横浜市生まれ。桐朋学園大学短期大学部演劇専攻卒業
有限会社 Angepasse（アンジュパッセ）代表
幼少時代より子役としてテレビや舞台に出演。女優として活動中に洋服の色で外見の印象が変わることに興味を持ち、カラーコーディネートを学ぶ。1992年、カラーワンアソシエイツインターナショナルイメージ＆スタイルコンサルタントの資格を取得し、個人向けのコンサルティングや講演を行う。同時にアクティングスキルをインストラクションに活かして、ビジネスマナーや CS 向上など企業研修の講師を務める。1997年、オーラソーマ ® カラーケアシステムに出会い、色が外見の印象だけではなく内面にも深く影響を与えることに感動し、カラーケアコンサルタント＆ティーチャーの資格を取得。セッションやセミナーを通して自分を含め、多くの人の変容を目の当たりにし、スピリチュアルな探求を深める。2001年、千葉県市川市に Angepasse をオープン。現在はオーラソーマ、生命の木、エリックスエッセンス、クリスタル、ヌメロロジーなど、自ら体験し意識の成長に役立つと感じるセッションやセミナーを全国で提供、企業研修講師としても活動中。

アンジュパッセ　http://angepasse.com
毎日を軽やかにハッピーに！　自分ではない誰かになろうと無理しない、今の自分に OK を出して人生を楽しむ。自分の才能や可能性を見つけたい、もう少し軽やかになりたい、自分を好きになりたい、スピリチュアルな視点を持ちたい、そんなあなたに。アンジュパッセは「本当の私」を見つけるお手伝いをします。

＊本作品は2020年４月、ヒカルランドより刊行された『カバラの叡智　生命の木パーフェクトガイド BOOK』の新装版です。

カバラの叡智
［新装版］生命の木パーフェクトガイドＢＯＯＫ

第一刷　2021年12月31日
第三刷　2024年6月30日

著者　廣田雅美

発行人　石井健資
発行所　株式会社ヒカルランド
〒162-0821 東京都新宿区津久戸町3-11 TH1ビル6F
電話 03-6265-0852 ファックス 03-6265-0853
http://www.hikaruland.co.jp info@hikaruland.co.jp
振替 00180-8-496587
本文・カバー・製本 中央精版印刷株式会社
DTP 株式会社キャップス
編集担当 小澤祥子

ISBN978-4-86742-068-3

＊ご案内の価格、その他情報は発行日時点のものとなります。

כתר

ケテル

[王冠]

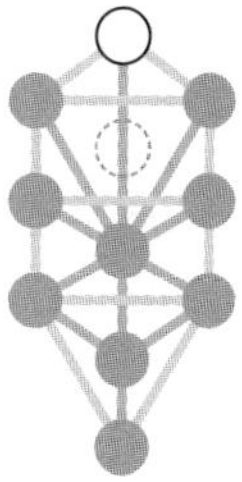

♆

海王星

神性

純粋

静寂

アツィルト(流出界)

〈各カードの説明〉

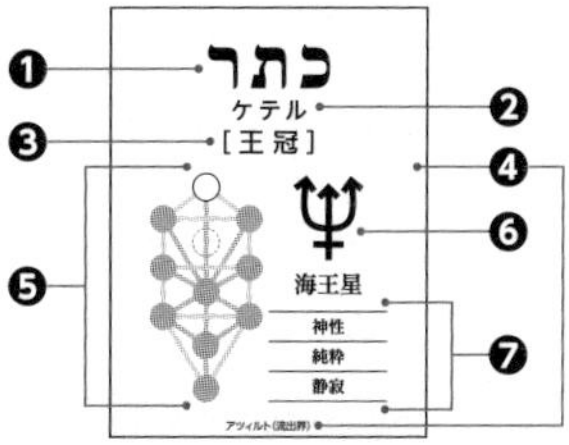

❶セフィラの名前(ヘブライ語)	
❷セフィラの名前(カタカナ)	❸セフィラの意味
❹4つの世界 アツィルト(流出界) / ブリアー(創造界) イエッツラー(形成界) / アッシャー(活動界)	
❺生命の木でのセフィラの位置と色	
❻惑星	❼特質

בינה

ビナー

[理解]

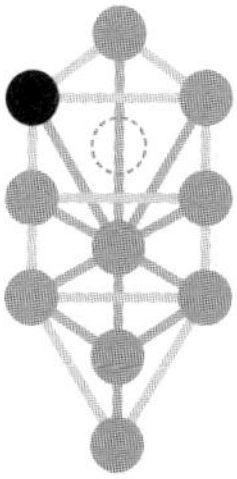

♄

土星

女性原理

受動

形

アツィルト(流出界)

חכמה

コクマ

[知恵]

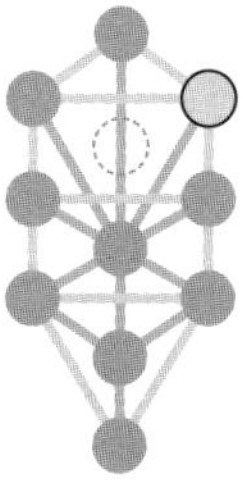

♅

天王星

男性原理

能動

力

アツィルト(流出界)

גבורה

ゲブラー

[厳格]

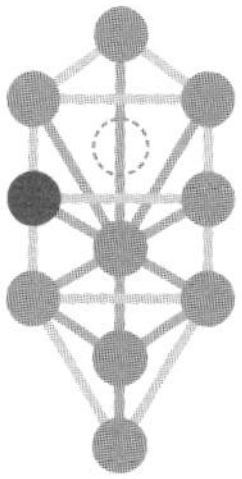

♂

火星

強さ

正義

識別

ブリアー(創造界)

חסד

ケセド

[慈悲]

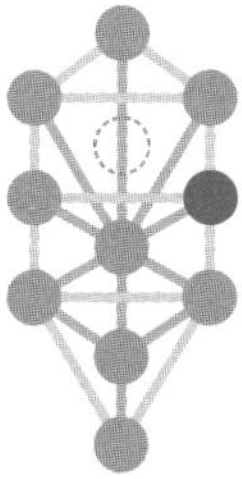

♃

木星

偉大

愛

創造

ブリアー(創造界)

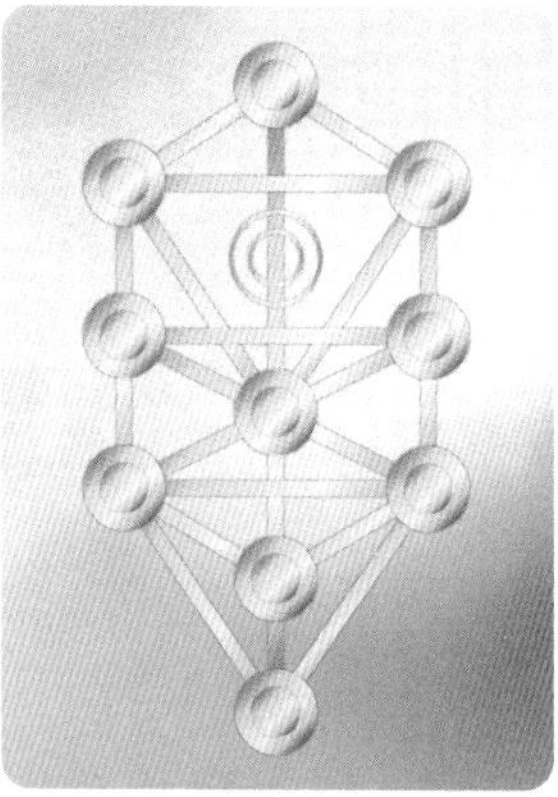
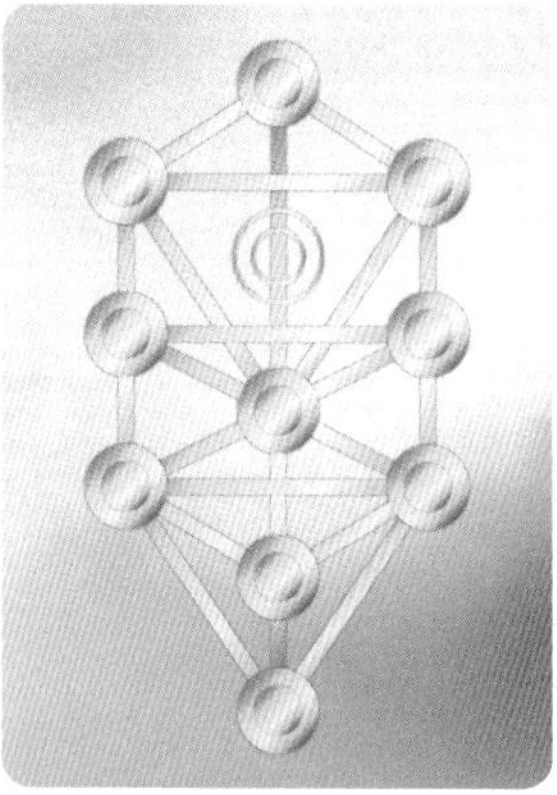
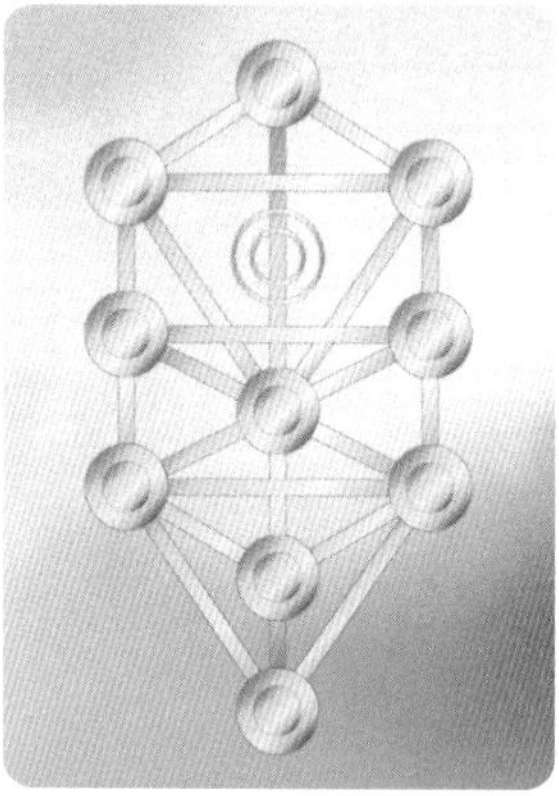
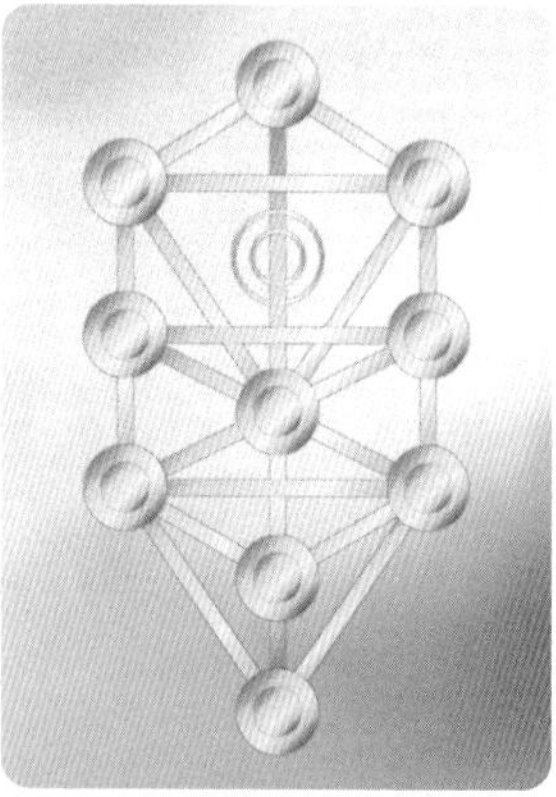
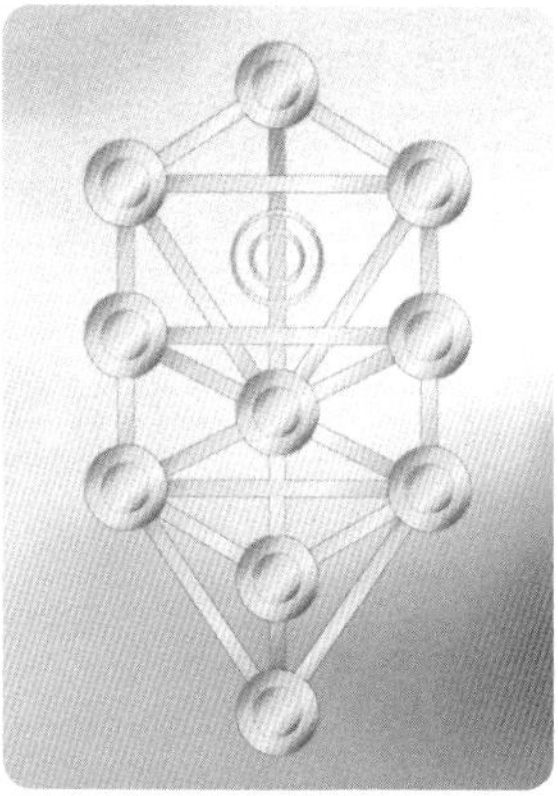
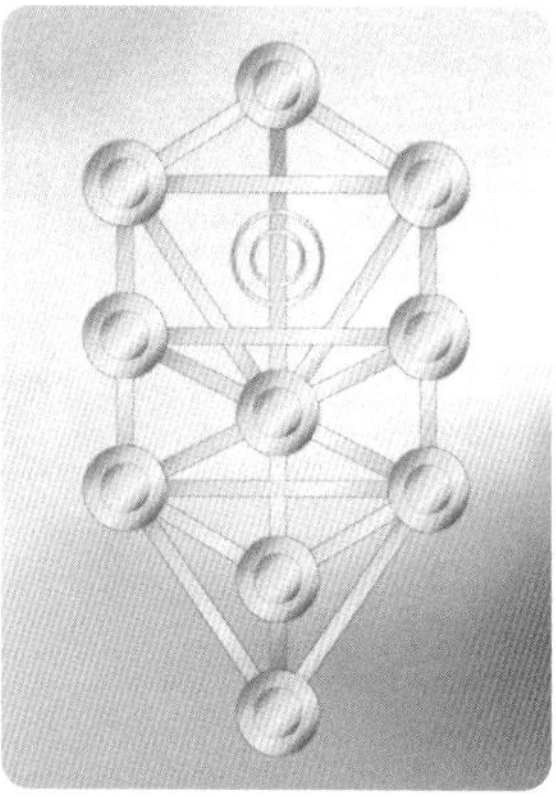

תפארת
ティファレト
［美］

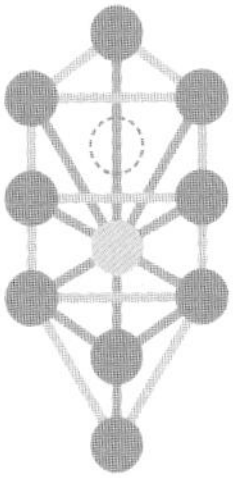

☉

太陽

調和

バランス

ハイヤーセルフ

ブリアー（創造界）

נצח
ネツァク
［永遠］

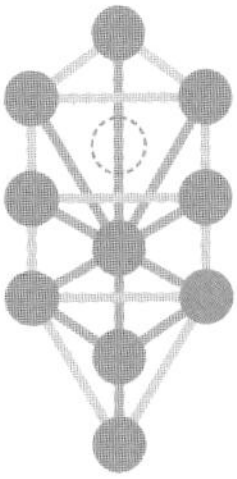

♀

金星

勝利

情動

直感

イエッツラー（形成界）

הוד
ホド
［反響］

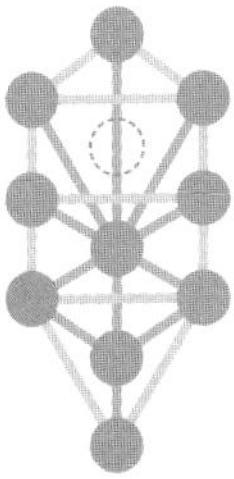

☿

水星

栄光

理性

判断

イエッツラー（形成界）

יסוד
イエソド
［基礎］

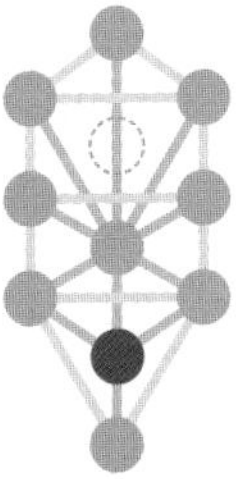

☽

月

土台

パーソナリティ

潜在意識

イエッツラー（形成界）

מלכות
マルクト
［王国］

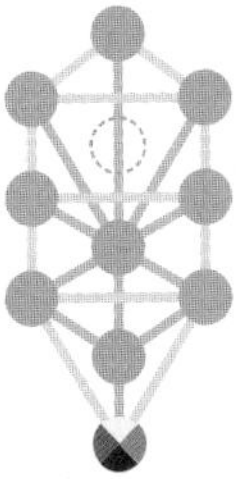

⊕

地球

肉体

感覚

物質世界

アッシャー（活動界）

דעת
ダアト
［知識］

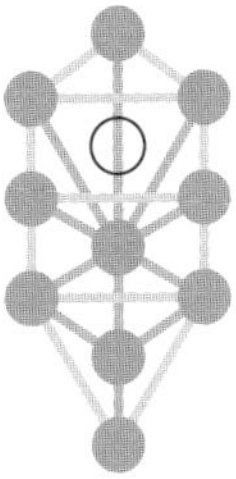

♇

冥王星

悟り

気づき

神を知る体験

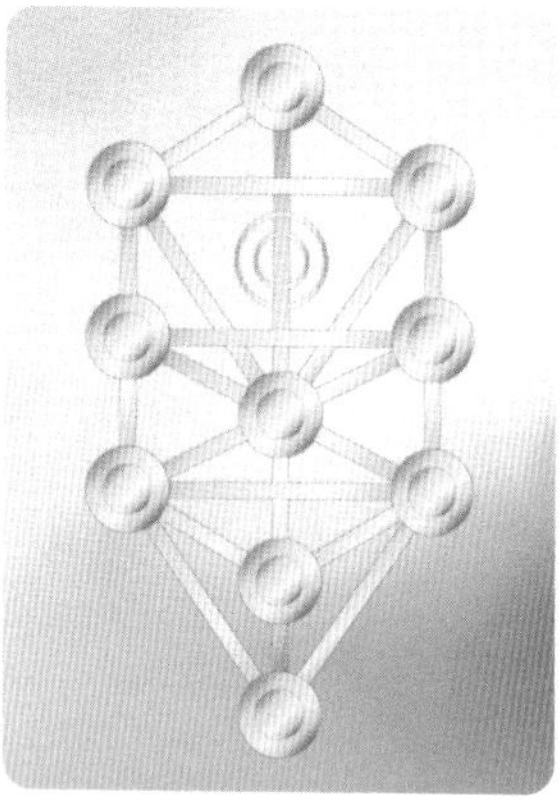
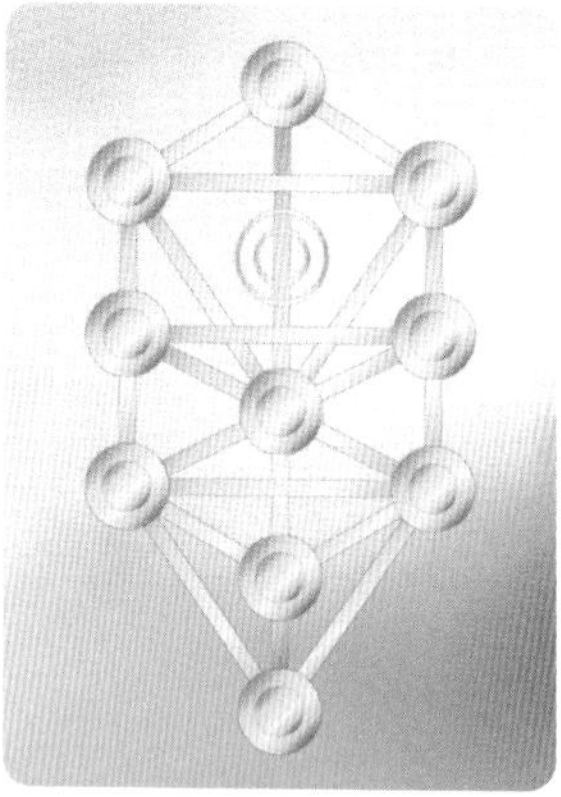
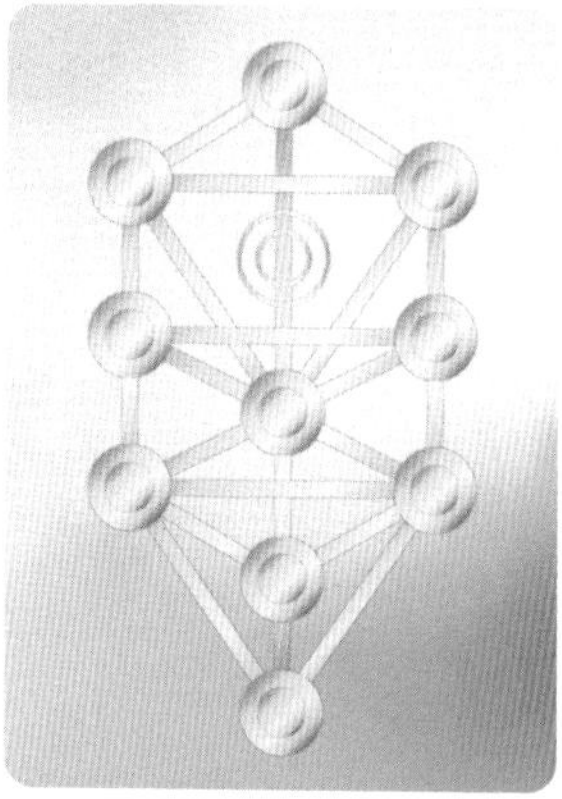
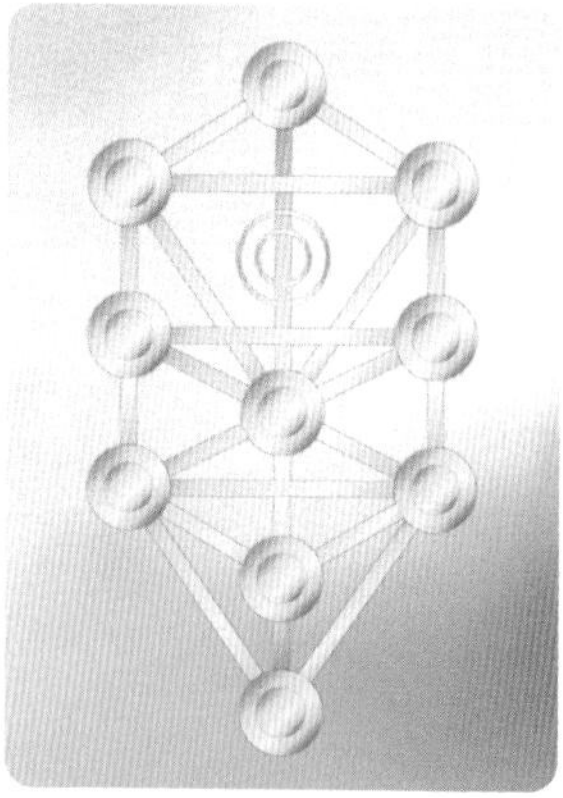
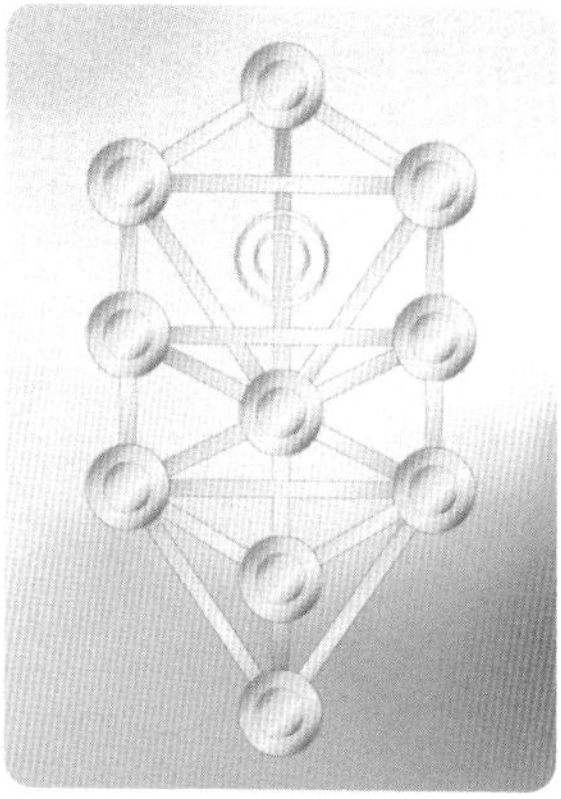
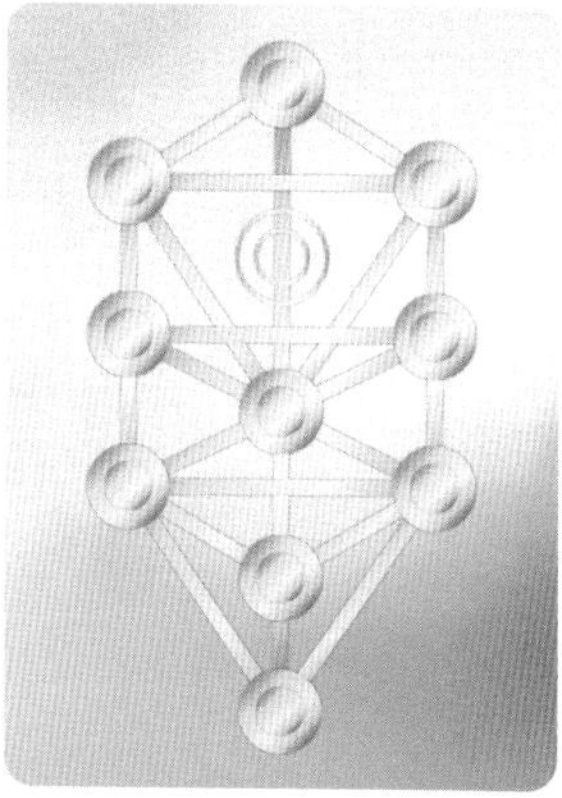